Philipp Fuge

DER WEG IST MEIN ZUHAUSE

Philipp Fuge

DER WEG IST MEIN ZUHAUSE

Zu Fuß von Gibraltar ans Nordkap

KNESEBECK *Stories*

INHALT

SPANIEN

- 7   Tarifa und die ersten Schritte
- 19   Sevilla und der Beginn des Jakobsweges
- 27   Extremadura, unendliche Weiten
- 32   Von Mérida über Cáceres zum Tajo-Stausee
- 37   Übers Kastilische Scheidegebirge bis nach Salamanca
- 46   Rund um Zamora
- 49   Auf dem Camino Francés bis zu den Pyrenäen

FRANKREICH

- 67   La France
- 71   Garonne und Dordogne
- 74   Périgueux und Limoges

- 78   Creuse, Cher und Loire
- 86   Durch die Bourgogne
- 93   Region Grand Est
- 96   Von Metz nach Trier

DEUTSCHLAND

- 105   Eifel, Westerwald und Rothaargebirge
- 112   Sauerland und Ostwestfalen-Lippe
- 118   Rund um Hannover
- 123   Lüneburger Heide und Hamburg
- 128   Deutschlands höchster Norden

IM NORDEN I

137	Südjütland
142	Mitteljütland
149	Von Nordjütland über die Ostsee nach Göteborg
154	Bohuslän und Dalsland
158	Värmland
161	Finnskogen
166	Trysil und Drevfjäll
170	Rogen und Helags
178	Vålådalen und der Indalsälven
184	Hotagsfjäll und Borgafjäll
196	Marsfjäll, Sorsele, Arvidsjaur

IM NORDEN II

205	Polarkreis, Jokkmokk und Muddus-Nationalpark
214	Pajala, Kolari, Yllästunturi
225	Pallastunturi, Enontekiö, südliche Finnmark
230	Von Kautokeino nach Alta
235	Vom Altafjord bis an die Barentssee
245	Von Honningsvåg zum Nordkap
253	Dank

SPANIEN

»Santiago, sí!« –
unter falscher Flagge Richtung Nordkap

36 GRAD NORD
TARIFA UND DIE ERSTEN SCHRITTE

Es fühlt sich unfassbar gewaltig an, den ersten Schritt zu tun, und gleichzeitig vollkommen lächerlich. Nach kurzer Zeit bleibe ich wieder stehen und schaue auf meine Schuhe hinunter. Unter meinen Sohlen befindet sich der südlichste Punkt des europäischen Festlandes, die Punta de Tarifa, eine der gleichnamigen andalusischen Hafenstadt vorgelagerte Landspitze. Von hier aus will ich bis ans äußerste Ende Skandinaviens laufen, zum Nordkap, 6575 Kilometer quer durch Europa. Ganz schön verrückt!

Ich sehe mich um. Der Strand liegt so früh am Morgen noch völlig verlassen da. Ein paar Möwen kreisen über den Wellen und stoßen ab und zu einen schrillen Schrei aus. Ansonsten bin ich allein auf dem feuchten Streifen des anbrandenden Meeres. Immerhin, ein paar hundert Meter habe ich schon geschafft. Jeder Schritt zählt, auch wenn ich mir das im Augenblick nicht vorstellen kann.

Es ist der 4. Januar, und dennoch ist der Himmel beinahe sommerlich blau. Gegenüber, auf der anderen Seite der Straße von Gibraltar, zeichnet sich scharf die Gebirgskette des marokkanischen Ufers ab. Es ist nur sechzehn Kilometer von Europa entfernt, an der engsten Stelle etwas weiter östlich sogar nur vierzehn. Ich im warmen Sonnenschein mit Blick auf Afrika. Genau so hatte ich mir den Start meiner Tour erträumt.

Plötzlich scheint mir mein Vorhaben gar nicht mehr so furchteinflößend. Der Weg wird mein Zuhause sein, ein wunderschönes Zuhause. Das beweist der Platz, an dem ich gerade stehe, ganz eindeutig. Ich werde einfach von Augenblick zu Augenblick leben und versuchen, jeden einzelnen wertzuschätzen. Ganz gleich, ob Sonne oder Regen, ob Sturm oder Gewitter, Schnee oder Hagel. Ob Pfad oder Landstraße, ob Waldweg oder querfeldein. Ob Großstadt, Dorf oder mitten im Nirgendwo. Mein Ziel ist das Unterwegssein, das Ankommen geschieht mit jedem Schritt.

Ich möchte das, was der Weg mir bietet, mit allen Sinnen aufsaugen, ich möchte die Bäume rauschen hören, die Steine unter den Schuhen spüren, zusehen, wie die Wolken über die wechselnde Landschaft ziehen, so lange, bis es ganz oben am Nordkap nicht mehr weitergeht, weil Europa einfach zu Ende ist.

Übrigens ist dies nicht meine erste lange Tour. 2016 bin ich von Berlin ans Nordkap gewandert. Kaum war ich zurück, wollte ich auch schon wieder los. Wenn ich halb Europa schaffe, dann geht auch ganz Europa, dachte ich mir damals. Und erstaunlicherweise glaube ich das noch immer. Ein einzelner Mensch am Ufer der Straße von Gibraltar, der sich in den Kopf gesetzt hat, ans andere Ende des Kontinents zu wandern. Hoffentlich kann ich etwas von dieser größenwahnsinnigen Zuversicht in mir wachrufen, wenn es mal nicht so mühelos vorangeht. Eine winzige Dosis würde völlig ausreichen.

In Tarifa kaufe ich die ersten regionalen Orangen meines Lebens, frisch vom Baum – da kann keine deutsche Supermarktapfelsine mithalten. Nachdem ich fünf von den Dingern verdrückt habe, geht es weiter an der Küste entlang in Richtung Norden. Sandstrand, sumpfig-feuchte Wiesen und schattige Pinienhaine wechseln sich ab. Immer wieder staune ich über das frühlingshafte helle, warme Licht und das kräftige Grün der Pflanzen. Ein bisschen riecht es sogar nach Sommer. Ich wusste zwar, dass der Winter hier deutlich milder ist als in Berlin, doch mit einem solch großen Unterschied hatte ich nicht gerechnet.

Ich fühle mich absolut energiegeladen. Aber trotzdem, übernehmen sollte ich mich nicht. Schon gar nicht gleich am ersten Tag.

Neun Kilometer müssen für heute genügen. Eigentlich müsste ich von der zweitägigen Anreise mit Bus und Bahn völlig erschöpft sein. Wahrscheinlich bin ich das auch und merke es nur nicht, weil mich die vielen neuen Eindrücke so sehr in Anspruch nehmen. Schließlich bin ich zum ersten Mal in meinem Leben in Spanien.

Dass hier ausschließlich Spanisch Weltsprache ist, habe ich schon vorhin am Busbahnhof festgestellt. Auch die Dame hinterm Tresen der Campingplatzrezeption schaut mich leicht irritiert und etwas belustigt an, als ich sie auf Englisch anrede.

»Americano?«, fragt sie.

»Alemania«, stottere ich.

Sie zückt ihr Handy, und wir kommunizieren mittels Online-Übersetzer. Da ich leider kein Spanisch spreche, werde ich mich für die nächsten zwei Monate wohl mit dieser Art der Verständigung anfreunden müssen.

Die Zeltwiese des Campingplatzes liegt nicht direkt unten am Wasser, sondern ein Stück den Berg hoch. Mit einem herrlichen Blick über die Straße von Gibraltar schlage ich zwischen bunten Blumen und Agaven mein Nachtlager auf. Der erste von 267 Schlafplätzen!

Ich rufe meinen Mann Martin an und erzähle ihm vom sommerlichen Winter in Andalusien. Dabei spüre ich Heimweh in mir wach werden. Wie war das eigentlich vor drei Jahren? Damals war ich fünf Monate unterwegs, und das Alleinsein wertzuschätzen und zu genießen ging leichter als erwartet. Ich hoffe, das wird auch diesmal so sein.

Ein warmer Wind weht mir um die Nase, Vogelgesang und das Rascheln grüner Blätter erfüllen die Luft. Ich entspanne mich. Heimweh ist normal. Es kommt und vergeht auch wieder. Heimweh gehört dazu.

Im Übrigen zwingt mich niemand, quer durch Europa zu wandern. Ich bin hier, weil ich mir das so ausgesucht habe, und ich gehe jeden Schritt, weil ich das möchte. Auf mich warten neun Monate absolute Freiheit, inklusive der Freiheit, meine Reise zu beenden, wo und wann immer ich will.

Ich laufe ans Ufer hinunter. Die Palmen auf der Terrasse einer Strandbar sind mit Lichterketten und leuchtenden Rentieren geschmückt. Wann wohl die erste Osterdekoration auftaucht? Wenn mein Plan aufgeht, dann irgendwo im Osten Frankreichs. Und zu Ostern selbst werde ich wieder in Deutschland sein. Das ist doch überschaubar, oder?

Die Sonne steht als leuchtender Feuerball knapp über dem Meer. Ihr goldenes Licht spiegelt sich auf dem Wasser. Ein strahlender Streifen reicht über die anbrandenden Wellen bis hin zu meinen Füßen. Über den Himmel zieht sich ein beeindruckendes Farbspektrum. Strahlendes Gelb, warmes Orange und immer dunkler werdende Blautöne gehen vollkommen nahtlos und harmonisch ineinander über. Nachdem die Sonne den Horizont berührt hat, ist sie innerhalb weniger Minuten verschwunden, und prompt gehen die Sterne auf.

So weit im Süden steht der Polarstern ziemlich tief, nur knapp über der dunklen Silhouette eines Pinienwäldchens. Doch mit jedem Tag, den ich unterwegs bin, wird er ein kleines bisschen höher klettern. Oder vielmehr ich werde das tun, Breitengrad für Breitengrad, immer weiter nach Norden, vom 36. bis hinauf zum 71. In neun Monaten, tief im arktischen Herbst, wenn ich dick eingepackt und trotzdem noch schlotternd im Fjäll stehe, während Nordlichtfetzen über den Himmel wabern und ich den Kopf weit in den Nacken legen muss, um den Polarstern zu sehen, will ich an diesen Augenblick zurückdenken.

Besonders lang sind zu dieser Jahreszeit die Tage selbst in Südspanien nicht. Gegen neun Uhr wird es hell, und um achtzehn Uhr sollte ich allerspätestens irgendwo das Zelt aufgestellt haben, sonst überrascht mich die Dunkelheit. Also nichts wie los!

Auf einer Schotterpiste gehe ich in engen Serpentinen den Berg hinter dem Campingplatz hinauf. Doch der Weg endet blind an einem Gehöft. Weit und breit ist keine Markierung mehr zu sehen. Stattdessen Stacheldraht und bellende Hunde.

Hätte ich mich bloß für die schmale Landstraße unten im Tal entschieden, geht es mir durch den Kopf. Doch so richtig ärgern kann ich mich nicht. Dafür ist der Ausblick von hier oben zurück auf die Straße von Gibraltar einfach viel zu schön. Die bewaldeten Hänge, das blaue Meer und dazwischen ein weißer Saum aus Sand.

Vor 5,5 Millionen Jahren waren Europa und Afrika miteinander verbunden und das Mittelmeer ein riesiger Salzsee. Damals hätte ich nicht nur nach Marokko hinüberschauen, sondern sogar hinüberlaufen können. Ich werfe einen letzten Blick auf das Atlasgebirge, dann laufe ich wieder hinunter und schlage die Landstraße ein. Schon bald ist die Küste hinter mir verschwunden. Wenn ich das nächste Mal am Meer stehe, wird es die Ostsee sein.

Zu Himmelfahrt möchte ich meine Eltern in unserem Sommerhaus in der Nähe von Schleswig besuchen, so der Plan. Ich stelle mir vor, wie ich die letzten Kilometer auf vertrauten Wegen bis dorthin laufe. Plattes Land, Wiesen, Äcker, Kuhweiden und Windräder nehmen vor meinem inneren Auge Gestalt an. Ob ich es jemals so weit schaffe?

Plötzlich stehen zwei Esel vor mir. »Moin!«, sage ich ganz in Gedanken. Dabei heißt es hier: »Hola!« So viel Spanisch habe ich schon gelernt. Doch den Eseln ist egal, welche Sprache ich mit ihnen spreche. Sie schauen mich interessiert an und laufen auch nicht weg, als ich ein Foto von ihnen mache. Wer weiß, vielleicht freuen sie sich sogar über ein bisschen Abwechslung.

Esel sind nicht die einzigen Tiere auf dieser Straße. Mir begegnen Kühe, Pferde, Schafe, Ziegen und sogar Schweine. Weidezäune sind im südlichsten Zipfel Andalusiens offenbar nicht üblich und auch nicht nötig, denn ich sehe nur ein einziges Auto.

Auf der Hügelkuppe vor mir taucht ein klappriger, museumsreifer Pritschenwagen auf. Am Steuer sitzt ein dürrer, alter Mann mit Schiebermütze auf dem Kopf und Zigarettenstummel im Mundwinkel. Er hebt im Vorbeifahren freundlich die Hand. Ich grüße zurück und bringe mein allererstes »Hola!« über die Lippen. Der Wagen verschwindet hinter der nächsten Ecke, das Motorengeräusch verhallt, und alles ist wieder still.

Ich erreiche den Naturpark »Los Alcornocales«. Das bedeutet »Die Korkeichenwälder«, und der Name ist Programm. Ein grünes Dickicht verschluckt mich, Sonnenstrahlen fallen durchs Blätterdach warm auf meine Haut, die Vögel singen und die Welt duftet nach Frühling. Ich bin froh, dass mich die Wegmarkierungen diesmal nicht im Stich lassen, denn sonst hätte ich Angst, verloren zu gehen. Mit Einbruch der Dämmerung laufe ich noch immer unter Korkeichen. Also rolle ich meine Isomatte aus und lege mich einfach irgendwo dazwischen, ohne Zelt.

Ab und zu schrecke ich hoch, weil der Wald seltsame Geräusche macht, manchmal ist ein merkwürdig durchdringendes Schreien zu hören, und ein paar Mal gibt es ganz nah ein lautes Rascheln, als hüpfe etwas durchs Unterholz. Gegen Morgen schließlich legt sich eine kühle Schicht Tau über meinen Schlafsack, und ich bibbere unentwegt vor mich hin.

Als ich endlich aufstehe, fühle ich mich wie gerädert. Einfach so draußen unter Bäumen zu schlafen klingt romantischer, als es tatsächlich ist. Ja, es war schön, zwischen dem knotigen Geäst die Sterne funkeln zu sehen. Doch jetzt, während ich in meine vom Tau durchfeuchteten Wanderklamotten schlüpfe, wünsche ich mir nichts sehnlicher als ein Badezimmer und eine warme Dusche.

In fahlem Hellblau scheint ein wolkenloser Morgenhimmel durch die Zweige. Das wird ein sonniger Tag. Doch bis es so weit ist, muss ich noch ein bisschen frieren. Nicht mal ein heißer Kaffee ist drin, denn aus Gewichtsgründen bin ich ohne Kocher unterwegs. Den will ich erst bei meinen Eltern in Schleswig-Holstein ins Gepäck nehmen. In Süd- und Mitteleuropa werde ich wohl oft genug auf Möglichkeiten stoßen, mir etwas Warmes zu essen zu kaufen, anders als weiter nördlich im dünnbesiedelten Skandinavien.

Zunächst bleibt der Weg wildromantisch: knorrige Korkeichen, die durch einen bärtig von den Zweigen herabhängenden Flechtenbewuchs nur noch verwunschener wirken. Hier und da plätschern Bäche über dick bemooste Steine in felsige Schluchten hinab. Dann höre ich immer lauter die Autobahn rauschen, die quer durch den Naturpark führt, und schließlich wandere ich direkt daran entlang. Auf der ehemaligen Landstraße kann man sehen, was passiert, wenn die Natur sich das Land zurückerobert. Die Baumwurzeln drücken den Asphalt an einigen Stellen so kräftig nach oben, dass kleine Steinhäufchen entstehen. Von beiden Seiten wuchert die Vegetation in Richtung Mittelstreifen, und streckenweise ist der Weg kaum mehr als einen Meter breit. In der Hoffnung, diese Nacht weniger zu frieren, würde ich gern das Zelt aufstellen. Fragt sich nur, wo, denn das Gebüsch beidseits der Straße ist eindeutig zu dicht.

Plötzlich wird es überraschend leise. Die Autobahn ist in einen etwa zwei Kilometer langen Tunnel abgetaucht. Alles, was von ihr übrig ist, ist ein sonnenbeschienener, dammartiger Hügel, auf dem hier und da ein paar Baumgrüppchen wachsen. Etwas Besseres hätte mir kaum passieren können. Ich baue das Zelt einfach mitten über dem Tunnel auf!

Die Aussicht ist herrlich und der Lärm wie weggezaubert. Stattdessen Korkeichenwälder, so weit das Auge reicht. Die Sonne geht unter, und wieder nimmt der Himmel die herrlichsten Farben an. Sichtbar höher steht der Nordstern noch nicht, aber immerhin trennen mich von Tarifa schon gut sechzig Kilometer. Knapp ein Prozent der Gesamtstrecke.

Alcalá de los Gazules ist eines der sogenannten Weißen Dörfer, die zu den bekanntesten Sehenswürdigkeiten Andalusiens gehören. Wie ein Häubchen Schnee zieren die Häuser einen weithin sichtbaren Hügel. Die Gassen des Städtchens sind verwinkelt, hier und da wachsen Orangenbäume, und immer wieder stößt man auf verschwiegene Plätze mit Cafés, Bars und kleinen Kirchen.

Ich schlendere ein bisschen umher, doch allzu viel Zeit habe ich nicht. Der Campingplatz liegt vier Kilometer außerhalb, und da will ich heute noch hin. Zwar werde ich die Strecke morgen wieder zurücklaufen müssen, was eigentlich ein bisschen unökonomisch ist, doch was tut man nicht alles für eine warme Dusche.

Hätte ich vorher gewusst, wie teuer die Übernachtung ist, dann hätte ich mich vielleicht anders entschieden: zwanzig Euro für zwei Personen und ein Auto. Ich versuche zu erklären, dass ich bloß eine Person ohne Auto bin. Da könne sie nichts machen, das sei ein Standardpreis, teilt mir die Dame an der Rezeption etwas schnippisch mit und mustert mich misstrauisch. Na gut, bevor ich weggeschickt werde, beiße ich lieber in den sauren Apfel.

Auf dem verlassen wirkenden Gelände stehen ein paar heruntergekommene Wohnwagen-Vorzelt-Arrangements herum. Das Wasser im Pool schimmert moosig grün und lädt nicht gerade zum Baden ein. Der auf der Homepage angekündigte Lebensmittelladen entpuppt sich als Süßigkeitenautomat, und die Duschen sind kalt. Aber was soll's, sauber werde ich trotzdem und satt ebenfalls, wenn auch nicht auf die gesündeste Art und Weise.

Jetzt steht einer erholsamen Nacht nichts mehr im Wege, denke ich mir – etwas vorschnell. Als ich zum Zähneputzen noch mal aus dem Zelt krieche, kommt mir etwas Felliges entgegengesprungen. Im ersten Augenblick erschrecke ich, weil ich im Dunkeln nicht genau erkenne, worum es sich handelt, doch dann wird mir klar, dass es eigentlich nur ein Hund sein kann und offenbar ein freundlicher, denn sonst hätte er mich wohl schon gebissen, statt an meinem Gesicht und meinen Händen herumzulecken. Er scheint unbedingt ins Zelt zu wollen, doch da möchte ich ihn auf keinen Fall haben. Zum Glück ist er nicht besonders groß, und so gelingt es mir, ihn wegzuschubsen und den Reißverschluss zuzuziehen.

Als ich zurückkomme, steht mein neuer Freund schon wieder schwanzwedelnd vor mir. Im schwachen Licht der Laternen erkenne ich einen braungrauen Münsterländermischling, kein Welpe mehr, aber auch noch nicht ausgewachsen. Er startet einen erneuten Versuch, mit ins Zelt zu schlüpfen. Ich versuche es mit gutmütigem Zureden, aber keine Chance. Schließlich schreie ich ihn an, so laut, dass in der Ferne ein paar andere Hunde anschlagen. Das funktioniert. Er zieht ab. Doch wenig später höre ich es dicht neben meinem Ohr rascheln und schnaufen. Na gut, dann schlaf halt hier, aber bitte vorm Zelt.

Am nächsten Morgen liegt er immer noch da. Eingerollt und vorsichtig mit dem Schwanz wedelnd blinzelt er mit noch halb verschlafenen Augen ins Sonnenlicht und schaut mich treuherzig an. Jetzt tut es mir leid, dass ich ihn gestern so angebrüllt habe.

Während ich zusammenpacke, weicht er mir nicht von der Seite, und als ich loslaufe, schließt er sich mir an. Anfangs gehe ich noch davon aus, dass er irgendwann umdreht, doch die Kilometer vergehen, und kurz vor Alcalá de los Gazules ist er immer noch da. Zwanzig Euro für die Nacht und den Hund noch gratis obendrauf, ein echtes Schnäppchen!

Für eine Weile überlege ich tatsächlich, ob ich ihn nicht einfach behalten soll. Ich habe ihm sogar schon einen Namen gegeben: Rasmus. Sehr spanisch ist das nicht, aber die Art, wie er mir zugelaufen ist, erinnert mich an Astrid Lindgrens Geschichte von Rasmus und dem Landstreicher. Doch was würde ein Hund auf dieser Wanderung bedeuten? Ich hätte Verantwortung nicht nur für mich, sondern für ein weiteres Lebewesen. Ich müsste Futter für ihn tragen, müsste dafür sorgen, dass er immer genug Wasser hat, müsste Pause machen, wenn er müde wird.

Und das ist noch nicht alles: Ich plane, auf dieser Reise sieben verschiedene Länder zu durchqueren, und habe keine Ahnung, unter welchen Bedingungen ich mit Rasmus einreisen dürfte. Auch mit der einen oder anderen Übernachtung könnte es schwierig werden, denn bestimmt sind Hunde nicht überall erlaubt.

Während ich so nachdenke, kommt uns ein wolliger Pudelmischling entgegen. Rasmus läuft freundlich wedelnd auf ihn zu. Habe ich jetzt zwei Hunde? Der neue schnuppert interessiert an meinem Hosenbein. Ich überlege, wie ich ihn nennen könnte – Oliver, Tom, Harry? Die Weltliteratur wimmelt nur so von Waisenkindern. Ich hocke mich auf den Boden und streichle die beiden. Zwei Hunde, nein, das geht nicht, das geht auf gar keinen Fall!

Der Pudelmix sieht mich an, als könnte er Gedanken lesen. Dann steht er auf, stupst Rasmus in die Seite, und die beiden trotten in Richtung Campingplatz davon. Nach ein paar Schritten drehen sie sich noch einmal um und schauen mich an, fast, als würden sie mir freundlich zunicken. Ich winke und wende mich zum Gehen. Bestimmt ist es besser so. Aber trotzdem muss ich ein bisschen mit den Tränen kämpfen.

Hinter Alcalá de los Gazules verändert sich die Landschaft: weniger Wald und mehr Ackerbau. Die Felder sind durchweg eingezäunt, die Landstraße ist eine schmale Schneise zwischen Stacheldraht. An jedem Bauernhof und in jedem Dorf bellen die Hunde. Sie bauen sich vor mir auf, manchmal fünf oder sechs auf einmal. Mit gesträubtem Fell knurren sie mich an und folgen mir ein paar Schritte, die Schnauze dicht an meinem Hosenbein. Besitzer, die das kümmern könnte, sind nirgendwo zu sehen. Es ist das reinste Spießrutenlaufen. Kaum habe ich den Zuständigkeitsbereich der einen Truppe hinter mir, fängt vor mir die nächste Einheit zu kläffen an. Vielleicht ganz gut, dass Rasmus nicht auch noch dabei ist.

Zwischen so vielen übereifrigen Aufpassern gestaltet sich die Schlafplatzsuche schwierig. Den nächsten größeren Ort namens San José del Valle wollte ich eigentlich erst morgen früh erreichen, doch notgedrungen laufe ich einfach immer weiter und stehe irgendwann mitten im Stadtzentrum. Ich könnte nach einem Hotel Ausschau halten, doch der Campingplatz gestern hat meine Reisekasse schon ziemlich belastet.

6000 Euro habe ich für meine Tour gespart. 800 Euro sind bereits für die Ausrüstung und die Anreise nach Tarifa draufgegangen. 700 Euro brauche ich für die Fahrt vom Nordkap zurück nach Berlin und für den Fall, dass unterwegs neues Equipment fällig wird. Bleiben noch 4500 Euro übrig – 500 Euro pro Monat.

Ein junger Mann mit langen Haaren lädt gerade kistenweise Orangen in einen Kleintransporter. Er wirkt ein bisschen hippiemäßig und sieht irgendwie aus, als ob er nicht nur Spanisch spricht. Ich laufe auf ihn zu. Ein bisschen rutscht mir das Herz in die Hose bei dem Gedanken, einen wildfremden Menschen um Hilfe zu bitten. Doch ich nehme allen Mut zusammen. Er hat mich sowieso längst entdeckt und schaut mich neugierig an.

Bingo! Er kann Englisch, und plötzlich fällt es mir gar nicht mehr so schwer, mein Anliegen vorzutragen. Und noch mal bingo! Der Typ ist Fußballtrainer und bietet mir die Turnhalle samt warmer Dusche als Nachtquartier an. Nachdem ich ihm geholfen habe, seinen Wagen zu beladen, fährt er mich dorthin und schenkt mir zum Abschied auch noch eine große Tüte Orangen.

Beim Abendessen sitze ich gemütlich an einen Gymnastikball gelehnt auf einer weichen Turnmatte im Geräteraum. Besser geht's nicht! Ich darf hier sein, weil ein Mensch nett zu mir war. Das ist viel schöner, als irgendwo gegen Geld für eine Nacht geduldet zu werden.

Am nächsten Morgen laufe ich genau zu der Stelle zurück, wo ich gestern ins Auto gestiegen bin. Ich will nicht schummeln, nicht einen Kilometer. Sollte ich es tatsächlich bis ans Nordkap schaffen, dann möchte ich wirklich jeden Schritt des Weges gelaufen sein.

In einem kleinen Tante-Emma-Laden versorge ich mich mit neuem Proviant. Ein Supermarkt mit kommunikationsfreier Selbstbedienung hätte den Einkauf erleichtert, doch leider finde ich keinen. Zum Glück ist der Verkäufer hinterm Tresen sehr freundlich und geduldig. Mit Händen und Füßen gelingt es mir, alles zu bekommen, was ich brauche, und ich lerne sogar ein paar neue Wörter: queso, pan und chocolate – Käse, Brot und Schokolade.

Am Stausee Guadalcacín mache ich eine ausgedehnte Rast. Das Wasser glitzert im Sonnenschein und die Berge am gegenüberliegenden Ufer spiegeln sich auf der blanken Oberfläche. Der riesige See scheint das Blau des Himmels aufzufangen und auf die gesamte Umgebung zu verteilen, sodass alles in einem weichen, azurfarbenen Licht erscheint. Ich genieße die Sonne und stelle fest, dass ich sogar schon ein bisschen braun geworden bin – und das im Januar.

Nachmittags gelange ich nach Arcos de la Frontera. Die weiß getünchten Häuser mit der Basilika in der Mitte liegen weithin sichtbar über dem Tal des Guadalete. Über Jahrhunderte hinweg befand sich die Stadt im Grenzgebiet zwischen Christen und Mauren, daher der Name: »Frontera« bedeutet Grenze. Ich schlendere durch ein Gewirr aus von Stützbögen überspannten engen Gassen. Orientalische trifft auf europäische Architektur, und zwischen den Häusern tun sich spektakuläre Blicke auf.

Wieder frage ich mich, ob ich mir ein Hotel suchen soll, doch dann laufe ich einfach den Hügel hinab in die Dämmerung hinein und verbringe die Nacht ein Stück nördlich der Stadt im Straßengraben zwischen Leitplanke und Stacheldrahtzaun. Unterm Sternenhimmel ist es überall schön. Ich sehe drei Sternschnuppen, und als ich überlege, was ich mir wünschen soll, muss ich feststellen, dass ich wunschlos glücklich bin.

37 GRAD NORD
SEVILLA UND DER BEGINN DES JAKOBSWEGES

Heute überquere ich den 37. Breitengrad. Es geht auf Sevilla zu, und die Wege werden befahrener. Immer wieder laufe ich an fast schon autobahnartigen Schnellstraßen entlang. Ab und zu kann ich ein Stück durch Olivenplantagen wandern, doch meistens ist das Land neben mir eingezäunt, und ich muss durch Müllberge waten, dazu die vorbeidonnernden Autos. Kaum zu fassen, was so alles versehentlich aus den Wagenfenstern fällt: nicht bloß Coladosen, Plastikflaschen und Kaffeebecher, sondern auch Bügelbretter, Drehstühle, Mikrowellen und vieles mehr. Unwillkürlich ducke ich mich und schiele nach oben zum Fahrdamm. Nicht dass jemand seinen Rasenmäher oder Staubsauger ausgerechnet jetzt entsorgt, wo ich hier langgehe. Doch nein, ich kann aufatmen: klarer, blauer Himmel ohne Gegenstände in der Luft.

Dann kommt eine Brücke. Hier gibt es keinen Randstreifen, nur ein Geländer und direkt daneben die Straße. Der Verkehr ist dicht, viel Gehupe, Stoßstange an Stoßstange und trotzdem noch ein ziemliches Tempo. Um nicht dazwischenzugeraten, beschließe ich, mich außen am Geländer entlangzuhangeln. Schritt für Schritt balanciere ich über die bröckelige Asphaltkante. Losgetretene Gesteinsbrocken platschen unten auf und hinterlassen kreisförmige Wellen. Mir wird ein bisschen schwindelig. Vielleicht ist diese Kletteraktion doch keine so gute Idee. Fußgänger gehören offensichtlich nicht hierher. Zum Glück gelange ich trotzdem unbeschadet auf die andere Seite und spaziere weiter über allerlei Möbel und Haushaltsgeräte hinweg, was mir jetzt nach der Brückenerfahrung beinahe komfortabel vorkommt.

Gegen Nachmittag taucht ein Motel auf. Es sieht nicht gerade einladend aus, aber das Ambiente passt zu diesem Asphaltcowboytag. Ich betrete ein gut besuchtes Restaurant. In der Mitte steht ein Tresen, über dem an martialischen Eisenhaken riesige Schinken hängen. In einem weiß gekachelten Raum im Hintergrund läuft ein Koch hin und her.

Einer der Kellner sieht mich auffordernd an.

»Have you got a room for tonight?«, frage ich vorsichtig.

»Inglés!«, stellt er grimmig fest und bedeutet mir zu warten.

Kurz darauf bahnt sich ein kleiner, dicker Herr in schlecht sitzendem Anzug seinen Weg zwischen den Schinken hindurch auf mich zu – vermutlich das englischsprachige Management.

»Good evening«, sagt er, sodass es ziemlich spanisch klingt, und schaut mich mürrisch an.

»Good evening«, erwidere ich. »I'd like to have a room for one night.« Ein fragender Blick ist die Antwort. Ich wiederhole meine Bitte, doch ohne Erfolg. Im dritten Anlauf versuche ich es mit: »Bed! One night! Please?« Immer noch Stirnrunzeln, gepaart mit wachsender Ungeduld.

Ich greife zum Äußersten und stammele ein paar Worte Spanisch: »Dormir – una noche – por favor?«

»Ah, sí, sí, sí.« Der kleine, dicke Mann wirbelt herum und tippt etwas in seine Kasse ein: »Diez euros, por favor.«

Zehn Euro, das ist echt billig, falls ich ihn richtig verstanden habe. Ich krame in meinem Portemonnaie und gebe ihm einen Zwanziger. Tatsächlich, er gibt mir zehn zurück samt Schlüssel und Zimmernummer, kaum zu glauben.

Bei dem Preis rechne ich mit dem Schlimmsten, doch die Unterbringung ist okay. Nur die Dusche ist eine glatte Fehlkonstruktion. In zwei Metern Höhe kommt ein kurzer Schlauch aus der Wand, aus dem es mehr tröpfelt als fließt. Ich erwäge einen Kopfstand, um meine verschwitzten Wanderfüße sauber zu kriegen. Doch nein, die Nummer am Brückengeländer war für heute genug. Mehr Turnen muss nicht sein.

Am nächsten Tag gelange ich auf ruhigere Straßen. Und nicht nur das: Einige Kilometer vor der Ortschaft Utrera erreiche ich den Jakobsweg. Ein Stein am Rand eines Ackers, versehen mit der Muschel und einem gelben Pfeil, der typischen Markierung. Endlich bin ich als Fußgänger ein bisschen mehr vorgesehen.

Der Jakobsweg ist kein einzelner Weg, sondern ein riesengroßes Wegenetz, das ganz Europa durchzieht. Was ich im Augenblick unter den Füßen habe, ist die »Via Augusta«, die von Cádiz nach Sevilla führt. Dort schließt die »Via de la Plata« an, auf der ich bis nach Nordspanien bleiben werde, um kurz vor Léon auf das berühmteste und am meisten begangene Teilstück des Jakobswegenetzes zu stoßen: den »Camino Francés« vom französischen Saint-Jean-Pied-de-Port am Fuße der Pyrenäen bis ins 769 Kilometer entfernte Santiago de Compostela. Hier werde ich zum Rückwärtspilger, das heißt, ich werde entgegen der üblichen Laufrichtung nicht nach Santiago, sondern nach Frankreich gehen. Doch bis es so weit ist, kann ich getrost den gelben Pfeilen folgen.

Zwei Radler erkundigen sich nach dem Ziel meiner Wanderung. Ich druckse ein bisschen herum. Eigentlich weiß ich ja, wohin ich will, aber kann ich das jetzt schon laut aussprechen? Die halten mich doch für verrückt.

»Vielleicht bis Salamanca, mal sehen«, erwidere ich zögernd.

Sie fragen, wo ich gestartet bin. Diesmal antworte ich wahrheitsgemäß. Die beiden bekommen große Augen. »Von Tarifa bis hierher? Zu Fuß?« Sie halten das für »very tough«. Hm, wenn die wüssten … Doch um ehrlich zu sein, ich weiß ja selbst noch nicht genau …

Hinter Utrera führt der Jakobsweg auf einem schmalen Asphaltstreifen an der Autobahn entlang. Neben mir hält ein Polizeiwagen. Habe ich irgendwas falsch gemacht? Ein Beamter lehnt sich aus dem Fenster und sagt etwas. Wow, mein Spanisch wird langsam besser. Ich verstehe nämlich immerhin »Santiago« und mutmaße, dass er wissen möchte, ob ich dorthin laufe. »Santiago, sí, sí«, erwidere ich kurzerhand. Er nickt zufrieden, macht ein Daumenhoch-Zeichen und fährt davon. Solange meine Laufrichtung es glaubhaft erscheinen lässt, werde ich wohl den Pilger simulieren. Offenbar kommt das gut an und erleichtert die Kommunikation.

Um zum Campingplatz in Dos Hermanas zu gelangen, muss ich auf die andere Seite der Autobahn. Nur wie? Einfach hinüberlaufen geht auf keinen Fall. Das wäre nicht nur verboten, sondern auch wirklich lebensmüde. Leider ist weit und breit keine Unterführung oder Brücke zu sehen, aber ich entdecke ein Abflussrohr, das schnurgerade unter der Straße hindurchführt und bei dem Wetter kein bisschen nass ist. Der kreisrunde, helle Ausschnitt am anderen Ende gibt den Blick auf einen Feldweg frei. Genau da will ich hin. Wenn ich auf allen vieren krieche, ist dieser »Tunnel« groß genug. Ich sehe mich noch einmal um, ob nicht wieder irgendwo ein Polizeiwagen in der Nähe ist, dann nehme ich den Rucksack ab, stopfe ihn in das Rohr und krieche hinterher. Wahrscheinlich wäre es gar kein großes Drama, ertappt zu werden. In einem so katholischen Land darf man, falls es sich um eine Pilgerschaft nach Santiago handelt, bestimmt auch Abflussrohre als Wanderwege nutzen.

Der Campingplatz hat geöffnet, und ich muss nur für mich bezahlen. Kosten für eine fiktive zweite Person oder ein imaginäres Auto fallen nicht an. Das Gelände ist wunderschön, voller grüner Hecken, Pinien, rankender Blätterpflanzen, Kakteen, Agaven und bunter Blumenrabatten. Mehr Sommer geht nicht, jedenfalls nicht im tiefsten Winter. Die Waschmaschine funktioniert, und wenig später hängt meine nasse Kleidung rund ums Zelt verteilt in der Botanik.

Als es zu dämmern beginnt, ist alles trocken. Kaum zu glauben, aber drei Stunden Sonne haben gereicht. Ein gesegnetes Land, dieses Andalusien!

Auf einem schnurgeraden, nicht enden wollenden Boulevard laufe ich auf die Innenstadt von Sevilla zu. Am Straßenrand wachsen Palmen und Orangenbäume. Sevilla ist die Hauptstadt der Region Andalusien und mit knapp 700 000 Einwohnern die viertgrößte Stadt Spaniens. Hier ist immer Sommer oder zumindest Frühling.

Im Zentrum herrscht eine ganz besondere Atmosphäre, wie ich sie noch an keinem anderen Ort der Welt erlebt habe. Aufgrund der jahrhundertelangen maurischen Geschichte ist die Architektur stark orientalisch geprägt. Ich fühle mich, als wäre ich in einem Märchen aus Tausendundeiner Nacht gelandet.

Es gibt üppig grüne Parks mit marmornen Bänken, versteckt unter überwucherten Pavillons, prächtige Alleen und schattige Eckchen, wo Springbrunnen plätschern. Ich laufe über große Plätze, auf denen sich schneeweiße Tauben tummeln, durch verwinkelte Gassen und über die Avenida de la Constitución, eine Prachtstraße, die mich bis zur Kathedrale führt. Leider bin ich zu spät, um sie zu besichtigen. Doch die drittgrößte Kirche der Welt ist auch von außen sehr beeindruckend. Errichtet wurde sie auf den Überresten einer Moschee. Der Glockenturm, die sogenannte Giralda, war das Minarett. Die Mauern sind prunkvoll mit Ornamenten verziert, was dem Gebäude ein ungeheuer filigranes Aussehen verleiht.

Auf der Westseite bei der Statue des heiligen Jakob befindet sich der offizielle Beginn der Via de la Plata. Es gelingt mir sogar noch, einen Stempel für meinen Pilgerausweis zu ergattern, den allerersten. Das ist wichtig, denn in vielen Herbergen darf man nur dann übernachten, wenn man mit Hilfe dieser Stempel beweisen kann, dass man wirklich den Jakobsweg läuft. Ich gehe zu einem der Wärter, die gerade die letzten Besucher durch die Hintertür hinauslassen. Ein Vorzeigen meines Pilgerausweises in Verbindung mit einem höflichen Lächeln reicht aus, um mich verständlich zu machen. Er bedeutet mir, einen Augenblick zu warten. Kurz darauf kommt jemand in liturgischem Gewand, gibt mir den Stempel und spricht obendrein noch den Pilgersegen für mich.

Die ersten paar hundert Meter der Via de la Plata laufe ich heute noch. Dann erreiche ich das Hostel, wo ich mir ein Bett im Schlafsaal gebucht habe. Ein bisschen nagt das schlechte Gewissen an mir angesichts meines Segelns unter falscher Flagge, doch ich hoffe, es ist in Ordnung, wenn man statt nach Santiago zum Nordkap pilgert.

Bis es nördlich von Sevilla so richtig schön wird, dauert es eine Weile. Zum ersten Mal seit meiner Ankunft in Spanien ist der Himmel grau. Sommerlich warm ist es trotzdem, aber es fehlt das helle Licht.

Das Zentrum von Sevilla verschwindet hinter mir im Dunst. Ein Trampelpfad führt mich durch die Auen des Flusses Guadalquivir. Kein Vergleich zur prächtigen Uferpromenade gestern in der Altstadt. Zwischen Müllbergen und bunten Wiesenblumen grasen ein paar Pferde. Blechhütten in armseligen Gemüsegärtchen, gackernde Hühner, angepflockte Schafe. In einem winzigen Zwinger hockt ein klapperdürrer Hund und sieht mich aus blanken, braunen Augen an, die in seinem verhungerten Gesicht riesengroß erscheinen. Wütend schaue ich mich um. Wer tut denn so etwas? Doch abgesehen von ein paar meckernden Ziegen kann ich niemanden entdecken. Einer spontanen Eingebung folgend schmeiße ich alles an Proviant über den Zaun, was ich dabeihabe –

fast alles, denn mir fällt gerade noch rechtzeitig ein, dass Hunde keine Schokolade fressen dürfen.

Nach einigen Stunden kommt die Sonne zurück. Der Jakobsweg schlängelt sich einsam zwischen frisch gepflügten Äckern hindurch und verliert sich irgendwo am Horizont in der vor Hitze flimmernden Luft. Auf die großen rötlichen Lehmbrocken fällt jetzt wieder dieses warme Licht. Die Fotos, die ich hier mache, werden von meinem Handyspeicher geradewegs in die Kategorie »Strand« einsortiert.

Die Sonne geht prächtig unter, prächtig wieder auf und scheint den ganzen nächsten Tag über prächtig weiter. Andalusien wie im Bilderbuch! Als Hintergrund der weiß getünchten Häuser in den malerischen Ortschaften wirkt der sowieso schon unverschämt blaue Himmel noch ein bisschen strahlender. Die Atlantikküste westlich der Straße von Gibraltar heißt Costa de la Luz, Küste des Lichts. Zwar bin ich schon ein Stück weg vom Meer, doch ich finde, der Name ist auch hier noch passend. Es ist einfach ein bisschen heller als anderswo auf der Welt.

In Castilblanco de los Arroyos bevölkern scharenweise Störche die hoch aufragenden Säulen einer zugewucherten Ruine. Offenbar halten sie es angesichts des warmen Wetters nicht für nötig, zum Überwintern nach Afrika zu fliegen. Ich bleibe eine Weile stehen und schaue zu ihnen hinüber. Auch diese Vögel werden irgendwann gen Norden aufbrechen, nur werden sie schneller am Ziel sein als ich.

Am Nachmittag gelange ich in einen Korkeichenwald. Plötzlich höre ich dicht neben mir ein Grunzen und Schnaufen. Ich sehe mich um und entdecke eine Herde Iberischer Schweine, die zwischen den Stämmen nach Eicheln suchen. Manche lassen sich nicht stören, andere schauen mich aufmerksam an. Sie sind zierlicher und dunkler als unsere Hausschweine, wühlen mit ihren Rüsseln im Boden herum, und über den kleinen Augen wippen große

Schlappohren. Scheu sind sie nicht, eher neugierig. Einige laufen ein Stück neben mir her bis zu einer schlammigen Wasserpfütze, wo sie sich zu einem ausgedehnten Baderitual hinreißen lassen, das doch wichtiger zu sein scheint als meine Anwesenheit.

Einen Schlafplatz zu finden ist heute nicht weiter schwer. Um nächtlichen Besuch zu vermeiden, bringe ich etwas Abstand zwischen mich und die Schweine. Dann lege ich mich einfach ins hohe Gras. Rund und hell steigt der Vollmond über den Baumwipfeln empor, und um mich herum duftet es nach Thymian, Rosmarin und Salbei.

Im Zwielicht der Morgendämmerung wirkt die Gegend merkwürdig verwunschen. Kakteen stehen als bizarr geformte Silhouetten vor einem feurigen Himmel. Die Ebene des Guadalquivir bleibt hinter mir zurück, und steinige Wege winden sich die Sierra Norte hinauf.

Mein Wandern in Spanien ist geprägt vom Rhythmus der Siesta. Insbesondere die kleinen Läden haben zwischen zwei und fünf Uhr am Nachmittag geschlossen. Gelingt es mir nicht, vor der Siesta einzukaufen, muss ich hungrig irgendwo warten. Doch heute habe ich Glück, denn Almadén de la Plata erreiche ich rechtzeitig.

Jenseits des Ortes führt der Jakobsweg durch Obstgärten und dann als verschlungener Pfad über eine Weide hinweg. Die Sonne scheint warm auf die friedliche Landschaft herab. Plötzlich setzt sich eine etwas entfernt grasende Ziegenherde laut bimmelnd in Bewegung. Zwei Hütehunde rennen herbei, von meiner Anwesenheit offenbar nur mäßig begeistert. Ich könnte argumentieren, dass ein gelber Jakobswegpfeil am Gattertor hängt und ich sozusagen erlaubterweise hier eingedrungen bin, doch scheint es mir ratsamer, widerstandslos den geordneten Rückzug anzutreten und einen Umweg über die Landstraße in Kauf zu nehmen.

Als ich endlich zurück auf dem Camino bin, dämmert es bereits. Ich lege mich auf eine felsige Terrasse zwischen Korkeichen mit weitem Blick ins Tal. Hundegebell dringt zu mir herauf. Ich denke an meine Begegnung von vorhin und werde kurzzeitig nervös. Doch dann wird mir klar, wie unwahrscheinlich es ist, dass sich ein Hund, der da unten seinen Hof bewacht, bis hier hoch verirrt. Möglicherweise ist mit schlappohrigen Rüsselnasen zu rechnen, mit anderen Besuchern jedoch nicht.

38 GRAD NORD
EXTREMADURA, UNENDLICHE WEITEN

Kurz hinter dem Städtchen El Real de la Jara verlasse ich Andalusien und betrete die Region Extremadura. Die Grenze bildet ein unscheinbarer Bach, der Arroyo de la Víbora. Drüben liegt auf einem Hügel weithin sichtbar die Ruine des Castillo de las Torres.

Mir erscheint das Erreichen der nächsten Region als sehr großer Meilenstein. Nüchtern betrachtet überschreite ich zwar bloß eine aus Verwaltungsgründen gezogene Linie, und der Schritt hinüber ist nicht länger als die vielen anderen Schritte, die ich täglich laufe, doch gibt er mir auf eine ganz besondere Weise das Gefühl voranzukommen, was noch dadurch verstärkt wird, dass ich kurz darauf den 38. Breitengrad hinter mir lasse.

Wesentlich anders als in Andalusien sieht es hier zunächst nicht aus: Korkeichenwälder, Schweine, Weinberge, Olivenplantagen, Orangenhaine, frisch gepflügte Äcker, jede Menge Zäune und andauernd pflichtbewusste Hofhunde. Die Extremadura ist ein ziemlich dünn besiedelter Landstrich. Städte von überregionaler Bedeutung gibt es keine. Dafür reichlich Landwirtschaft. Weite Teile Spaniens werden von hier aus mit Getreide versorgt. Trotzdem zählt die Gegend zu den ärmsten des Landes, was man manchen Dörfern durchaus ansieht.

Nach Monesterio zum Beispiel würde sich wohl kein Tourist verirren, läge es nicht zufällig an der Via de la Plata. Ich habe nichts dagegen, heute Abend hier zu sein, im Gegenteil: Zu meiner Wanderung durch Europa gehören nicht nur die Orte, an denen Menschen Urlaub machen, sondern auch die, an denen sie wohnen. Ich gönne mir ein echtes Ein-Sterne-Hotel in einem echten Ein-Sterne-Ort, freue mich über die warme Dusche, das feste Dach über dem Kopf, die weiche Matratze und bin vollkommen zufrieden.

»Die Sonne scheint bei Tag und Nacht …«, aber Spanien kann auch anders. Hinter Monesterio ist alles grau in grau. Ein feuchter Nebel hängt in der Luft, sodass ich kaum die Hand vor Augen sehen kann. Ein Trampelpfad führt mich fernab jeder Straße oder Ortschaft über eine windzerzauste, baumlose Ebene bis nach Fuente de Cantos. Dort streife ich so lange zwischen den Regalen im Supermarkt umher, bis ich das Sortiment fast auswendig kenne, alles nur in der Hoffnung, dass mir wieder warm wird. Draußen regnet es mittlerweile in Strömen.

Vielleicht sollte ich in die Pilgerherberge gehen, überlege ich, während ich auf dem Parkplatz bibbernd und tropfnass mein Essen verstaue. Ich stehe unschlüssig herum, und der Regen läuft an mir herunter. Muss ich mir denn ausgerechnet heute beweisen, dass ich bei jedem Wetter im Zelt schlafen kann? Ja, ich fürchte, ich muss! Also stapfe ich weiter. Mal könnte ich mich dafür ohrfeigen, dann wieder fühle ich mich ungeheuer frei und wahnsinnig stolz. Schließlich bin ich nicht losgezogen, um von Hostel zu Hostel zu wandern – je mehr Low Budget, desto mehr Abenteuer!

Ich finde einen Schlafplatz, ein bisschen schief auf der Uferböschung eines Flusses, aber gut versteckt. Der Regen lässt nach, und die dicht über dem Horizont stehende Sonne schickt doch noch ein paar Strahlen unter den Wolken hindurch. Beim Einschlafen höre ich den Fluss rauschen und merke, dass es mir guttut, hier zu sein. Heute Nacht wohne ich auf diesem Fleckchen Erde, und für keinen Palast der Welt würde ich es eintauschen wollen.

Das Spanienwetter ist zurück. Lehmrot leuchtende Äcker, so weit das Auge reicht, und mitten hindurch ein Sandweg voller Pfützen, in denen sich glitzernd das Blau des Himmels spiegelt, manche so groß wie kleine Seen. Unter meinen Sohlen klebt schwer und schmierig die Ackerkrume, und meine Hosenbeine sind bis zum Knie hinauf starr vor Dreck.

So wandere ich durch die schier endlosen Weiten der Extremadura und sehe stundenlang kein Auto, kein Gehöft, kein Dorf. Hier bin nur ich, der versucht, auf dieser riesengroßen Erde ein Stück vorwärtszukommen – eine kleine Gestalt, die sich Millimeter für Millimeter ganz langsam nach Norden bewegt. Kein Baum, keine Oberleitung, keine Wolke. Es flattern noch nicht einmal Vögel durch die Luft. Ich tauche ein in ein riesengroßes Nichts und träume mich so weit weg, dass ich beinahe überrascht bin, als ich in den Vororten der Stadt Zafra feststelle, dass fünf Stunden vergangen sind und ich ungefähr zwanzig Kilometer gelaufen bin, ohne dass mir das bewusst geworden wäre.

Die Pilgerherberge befindet sich im oberen Stockwerk eines windschiefen, weiß gekalkten Gebäudes. Die Herbergsmutter führt mich auf eine Dachterrasse, von der mehrere Türen zu den Schlafsälen abgehen. Alle stehen leer zu dieser Jahreszeit, ich bin der einzige Gast und habe freie Auswahl.

Ich richte mich ein, breite meine nassen Klamotten auf der Terrasse aus und blicke herunter auf das nachmittägliche Zafra. Die Herbergsmutter bringt mir einen Kaffee und setzt sich zu mir.

»Frío, frío?«, fragt sie und zieht die Arme zum Körper, um ein Frösteln anzudeuten.

Ja, ich weiß schon, dass »frío« kalt heißt. Das habe ich gleich nach »hola« gelernt. Denn ob ich friere, gehört zu den häufigsten Fragen, die mir auf meinem Weg durch Spanien bisher gestellt wurden. Getoppt nur noch von »Santiago, Santiago?«.

Ich schüttle den Kopf.

Sie schaut mich ungläubig an und umklammert mit beiden Händen bibbernd ihre heiße Kaffeetasse.

Es ist interessant, wie unterschiedlich Temperaturempfinden sein kann und wie sehr es von Gewöhnung abhängt. In Nordeuropa jedenfalls wäre das hier Badewetter.

Ich laufe einfach ins Blaue hinein. Im wahrsten Sinne des Wortes, denn die Welt wirkt wie in die Farbe des Himmels getaucht, so hell scheint die Sonne und so klar ist die Luft. Manchmal überholen mich höllisch stinkende, uralte Mopeds mit bedenklich klappernden Anhängerkonstruktionen. Ich komme durch ein paar ärmliche Dörfer: notdürftig mit Planen verklebte Fensterlöcher und quer über die Straße gespannte Wäscheleinen. Dann wieder Felder, Weinberge, Olivenplantagen – kilometerweit, ohne ein einziges Fleckchen unbeackerte Erde, kein Wäldchen, kein Gebüsch, kein Unkraut. Absolut nichts.

Notgedrungen schlage ich mein Zelt vollkommen ungeschützt am Rande eines Ackers auf. Doch da ich zu fast noch nachtschlafender Zeit wieder aufbreche, bleibe ich unbemerkt.

Tief im dunkelblauen Westen funkeln die letzten Sterne, im Osten macht sich bereits ein kräftiges Morgenrot breit. Für ein paar Kilometer ist tatsächlich »frío, frío« angesagt, doch kaum ist die Sonne aufgegangen, laufe ich im T-Shirt weiter.

Die Landschaft verändert sich nur wenig. Ab und zu erschrecke ich mich vor bellenden Hunden, was eine beinahe willkommene Abwechslung darstellt. Ansonsten sehe ich meinem Schatten zu, der erst links neben mir, dann vor mir und abends auf meiner rechten Seite wandert. Keine große Überraschung, wenn man nach Norden geht.

Am Ende eines langen Tages erreiche ich Mérida, mit knapp 60 000 Einwohnern die Hauptstadt der Region Extremadura. In römischer Zeit war sie unter dem Namen Emerita Augusta ein wirtschaftliches, kulturelles und militärisches Zentrum. Die beeindruckenden Überreste großer, antiker Gebäude wirken wie Fremdkörper in einer heutzutage eher kleinstädtischen Atmosphäre.

Zwischen zweigeschossigen Neubauten ragen die Säulen des Diana-Tempels in den Himmel, und der Arco de Trajano steht mitten in der Fußgängerzone. Ein paar Touristen schießen Fotos – ich auch –, doch für die Menschen, die hier wohnen, scheint das bisschen Antike nichts Besonderes zu sein. Sie eilen einfach unter dem Triumphbogen hindurch, bepackt mit vollen Einkaufstüten, oder die Aktentasche unterm Arm.

Die Frage nach einem Schlafplatz klärt sich auf wundersame Weise wie von selbst. Auf der alten Römerbrücke kommt mir ein Mann winkend und gestikulierend entgegen. Ich verstehe immerhin das Wort »peregrino« – Pilger – und halte ihm meinen Pilgerausweis hin. Er zeigt auf sich, sagt »hospitalero« und bedeutet mir, ihm zu folgen. Ich habe den Herbergsvater getroffen, was für ein Zufall! Oder ist es hier üblich, die Pilger abends von der Straße zu sammeln? Jedenfalls gabeln wir unterwegs noch drei Spanier auf.

Rasch entspinnt sich eine lebhafte Unterhaltung. Einer der Pilger kann Französisch und übersetzt für mich. Südlich von Salamanca soll Schnee liegen, das reinste Wetterchaos. Ungläubig schaue ich in den wolkenlosen Abendhimmel. Ich sollte mir besser keine Sorgen machen. Es sind schließlich noch 250 Kilometer bis dorthin. In meinem Tempo dauert das etwa zehn Tage, da kann sich noch viel verändern. Und außerdem, wenn die Spanier das milde Wohlfühlwetter, das derzeit herrscht, »Winter« nennen, dann ist das, was sie als »Schneesturm« bezeichnen, vielleicht gar nicht so schlimm.

39 GRAD NORD
VON MÉRIDA ÜBER CÁCERES ZUM TAJO-STAUSEE

Ich verlasse Mérida auf einem Fußweg unter den hoch aufragenden Ruinen des Acueducto de los Milagros – dem Aquädukt der Wunder – hindurch. Einem Wunder gleicht dieses Bauwerk mit seiner harmonischen Architektur tatsächlich. Ursprünglich bestand die alte römische Wasserleitung aus über hundert Pfeilern, die auf drei Ebenen durch elegante Bögen miteinander verbunden waren und sich über eine Länge von 830 Metern erstreckten.

Heutzutage fungiert der Aquädukt als eine Art Hotel für Störche. Auf den Säulen und Bögen sitzen die Nester dicht an dicht, überall stehen die langbeinigen Vögel, klappern mit den Schnäbeln und schauen auf die Stadt hinab. Ein beeindruckendes Schauspiel.

Das Wasser, das die Römer über den Aquädukt nach Emerita Augusta hineinleiteten, stammte aus dem sogenannten Proserpina-Stausee, der bis heute als wichtiges Trinkwasserreservoir dient. Die antike Staumauer ist vollständig erhalten, noch immer in Betrieb, und für einige hundert Meter läuft der Camino sogar auf ihr entlang.

Nachmittags überquere ich den 39. Breitengrad. Ein Sandweg schlängelt sich über locker mit Korkeichen bestandenes Weideland. Mein innerlicher Jubel wird von einem beständigen Blöken in den unterschiedlichsten Tonlagen begleitet, denn es gibt Unmengen Schafe in der Gegend. Vom glockenhellen Sopran bis zum brüllend lauten Bass ist alles dabei. Die Stimmen klingen bemerkenswert charakteristisch und individuell, wie ich amüsiert feststelle.

Das Land wird felsiger, und ich weiß nicht recht, wie ich auf diesem Untergrund einen Schlafplatz finden soll. Doch wie so oft gibt mir der Weg genau das, was ich brauche, und zwar genau dann, wenn ich es brauche. Ein paar hohe, massive Felsbrocken bilden eine Art Kreis mit einem winzigen Stück Wiese in der Mitte, gerade groß genug für mein Zelt. Ein perfektes Versteck! Hier fühle ich mich sicher, aber nicht eingesperrt, denn nach oben hin habe ich zwischen den Blättern der Bäume hindurch freie Sicht in den Abendhimmel und später in die Sterne. 39 Grad Nord, und Polaris steht gerade hoch genug, dass die natürliche Mauer, die mich umgibt, ihn nicht verdeckt.

Ich frühstücke im Schein des ersten Sonnenstrahls, der sich durch eine Ritze zwischen den Steinen zu mir hereinschiebt und genau auf mein Butterbrot fällt. Rings um mein Versteck grasen ein paar Kühe. Sie schauen mich kurz an, als ich hervorkrieche, wirken aber nur mäßig interessiert und geben sich schon bald wieder unter träge malmenden Kaubewegungen der Nahrungsaufnahme hin. Zwar sind sie von ehrfurchtgebietender Größe, aber anders als die vielen Hofhunde, die mir immer wieder das Leben schwer machen, bellen sie nicht und laufen mir auch nicht hinterher. Definitiv ein Pluspunkt für die Kühe!

Der Supermarkt in Alcuéscar entpuppt sich mal wieder als Tante-Emma-Laden. Der Verkäufer merkt rasch, wie schwer ich mich tue, eine Bestellung vorzubringen. »Peregrino?«, fragt er nur. Ich nicke. Daraufhin packt er ein paar Sachen in eine Papiertüte, reicht sie mir über den Tresen und zeigt mir eine Hand mit fünf ausgestreckten Fingern. Das ist dann wohl der übliche Pilgermix für fünf Euro.

Auf einer Parkbank neben einem Springbrunnen esse ich zu Mittag und stelle fest, dass ich mit meinem passiven Einkauf zufrieden sein kann. Schokolade, ein Paket Kekse, zwei Weißbrote, eine Salami, etwas Käse, drei Orangen, Oliven, Wasser und ein Stück Kuchen. Nur die kleine Flasche Wein hätte ich weggelassen, aber das ist typisch Spanien. Ich glaube, Wein gilt hier als kräftigendes, isotonisches Erfrischungsgetränk.

Jenseits des Ortes führt der Camino auf der alten Römerstraße entlang. Die Via de la Plata ist ein über 2000 Jahre alter Handelsweg. Mir vorzustellen, dass schon so viele Menschen vor mir über das holprige Pflaster unter meinen Füßen gegangen sind, ist ein faszinierendes Gefühl. Sogar ein paar römische Meilensteine stehen noch am Rand. Einzig die parallel verlaufende, moderne Landstraße trübt das Zeitreisegefühl, doch immerhin sorgt ein dicht mit Ginster überwucherter Streifen für ein wenig Abstand.

Inmitten dieses Gestrüpps schlage ich mein Zelt auf, irgendwo im Nirgendwo und dennoch an einem Punkt, der mir ein paar Freudentränen in die Augen treibt. Denn ziemlich genau hier knacke ich die 500 Kilometer. Zwar sind das noch nicht einmal zehn Prozent der Strecke, aber ich finde, es ist trotzdem ein Grund zum Feiern. Genau der richtige Augenblick für das Fläschchen Wein.

In den schmalen, verwinkelten Gassen der Altstadt von Cáceres gibt es jede Menge Mittelalter, das sogar zum Weltkulturerbe gehört. Manchmal öffnet sich die enge Bebauung, und ich trete auf einen der malerischen Plätze, die die hoch aufragenden Kirchen umgeben, oder lande unter knorrigen Bäumen in einem kleinen Park an der Stadtmauer, von der hinab man weit ins Land blicken kann. Man müsste bloß die Autos wegfahren, die hier und da parken, und Cáceres wäre die perfekte Kulisse für einen Historienfilm.

Leider ist in der Pilgerherberge kein Bett mehr frei. Ich soll weiterlaufen bis nach Casar de Cáceres. Sehr witzig! Das sind zwölf Kilometer, und es ist schon später Nachmittag. Wie stellen die sich das vor? Mit Händen und Füßen versuche ich, mein Problem begreiflich zu machen, doch die Antwort ist nur ein bedauerndes Schulterzucken.

Also begebe ich mich im Wettlauf mit der Dämmerung auf die nicht gerade wenig befahrene Landstraße hinaus. Zwei Stunden später stehe ich nach den wohl schnellsten zwölf Kilometern der gesamten Tour mit hängender Zunge vor der Bar Siglo.

Drinnen ist es eng und laut. Obwohl ich mit meinem großen Rucksack allen im Weg stehe, beachtet mich niemand. Ich lege meinen Pilgerausweis auf den Tresen und krame in meinem Hirn nach den passenden Vokabeln. Doch die Bedienung versteht mich auch ohne Worte, kassiert fünf Euro und führt mich auf die andere Straßenseite, eine schmale Treppe hinauf und durch eine schwere Tür, die laut in den Angeln quietscht. Dahinter verbirgt sich ein leerer Schlafsaal voller Doppelstockbetten mit durchgelegenen Matratzen – für mich das Paradies, jedenfalls nach einem Tag wie diesem.

Der Tajo-Stausee wird, wie schon der Name verrät, vom Tajo oder portugiesisch Tejo durchflossen. Das ist der längste Fluss der Iberischen Halbinsel und nach dem Guadalquivir in Sevilla der zweite richtig große auf meinem Weg durch Europa. Irgendwann wird der Ebro kommen, die Garonne, die Loire, die Seine, die Mosel, der Rhein …

Der Stausee glänzt in der Sonne und schmiegt sich mit seinen zahlreichen Seitenarmen, Ausbuchtungen und Inselchen erstaunlich harmonisch in die hügelige Landschaft. Es ist schwer zu sagen, ob sich der Himmel im Wasser oder das Wasser im Himmel spiegelt oder beides zugleich. Jedenfalls ist alles, was ich sehe, von einem zartblauen Schimmer umhüllt, sogar das Straßenpflaster.

Ich schlage einen Schotterweg ein, der in engen Serpentinen den Berg hinaufführt. Hoch über dem See öffnet sich eine Wiesenterrasse mit einem überdachten Picknickplatz.

Gerade will ich mich häuslich einrichten, als sich ein Geländewagen den Berg zu mir hinaufschiebt. Zwei Männer steigen aus, grüßen freundlich und stellen die übliche Frage: »Camino de Santiago?« Ich nicke. Sie packen allerlei Essen aus und zünden ein Feuer an. Ich überlege. Soll ich einfach weitergehen oder darum bitten, hier mein Zelt aufbauen zu dürfen?

Schließlich tippe ich meine Frage ins Handy ein und halte den beiden die spanische Übersetzung hin. Ein sehr herzliches »Sí, sí« und noch einiges mehr, das ich nicht verstehe, ist die Antwort. Was ich aber sehr wohl verstehe, sind die einladenden Gesten.

Antonio bedeutet mir, mich zu ihnen an den Tisch zu setzen, wo Jorge gerade Berge von über dem Lagerfeuer gegartem Fleisch auftafelt. Iberisches Schwein, das sie selbst geschossen haben. Da bin ich als Vegetarier heute mal nicht so streng. Jorge und Antonio spießen große Brocken mit ihren Taschenmessern auf, reißen das Brot mit der bloßen Hand vom Laib und ermuntern mich, ebenfalls ordentlich zuzulangen. Es geht robust zu, aber es schmeckt. Wir trinken Wein aus der Flasche mit reingedrücktem Korken und verbringen einen sehr lustigen Nachmittag.

Gegen Abend treten wir das Feuer aus, und Jorge und Antonio verabschieden sich. Ich sage, dass ich seit Sevilla nicht mehr so gut gegessen hätte, was tatsächlich stimmt. In Sevilla gab es Pizza – zugegebenermaßen nicht sehr spanisch. Umso schöner also, dass ich jetzt mal was richtig Landestypisches kennengelernt habe. Die beiden müssen lachen und preisen wortreich die Vorzüge frisch zubereiteten Fleischs vom freilaufenden Iberischen Schwein aus reiner Eichelmast. Dann steigen sie in ihr Auto und fahren winkend davon.

40 GRAD NORD
ÜBERS KASTILISCHE SCHEIDEGEBIRGE BIS NACH SALAMANCA

An der Tür der Pilgerherberge in Carcaboso hängt ein Zettel, auf dem ich wieder mal nur Spanisch verstehe. Was hatte ich denn erwartet? Etwa, dass auf vierzig Grad nördlicher Breite Englisch doch noch zur Weltsprache wird? Jedenfalls hat die Herberge zu, so viel ist sicher. Doch es gibt noch eine zweite Unterkunft im Ort, und hier habe ich mehr Glück.

Als auf mein Klopfen niemand öffnet, drücke ich die Klinke und tappe in einen düsteren Flur. Dann höre ich Schritte. Ein älterer hospitalero schlurft mir gebückt entgegen und sieht mich fragend an. Ich zeige ihm den Pilgerausweis. Er nickt, kassiert die üblichen fünf Euro und führt mich in einen kleinen Raum mit nur einem Bett – nicht gerade geräumig, aber ein Zimmer für mich allein. Das ist deutlich mehr Luxus, als ich erwartet hatte.

Ich bin nicht der einzige Pilger im Hostel, ein Ehepaar aus Österreich ist auch hier. Wir unterhalten uns über den Weg bis hierher und das regnerische Wetter, das für die nächsten Tage angesagt ist. Die beiden waren schon oft in Spanien und kennen die Via de la Plata bereits. Auf die Frage, wohin ich unterwegs sei, fange ich an zu stottern und druckse irgendwas von wegen Richtung Norden und Salamanca. Es kommt mir blöd vor, dass ich lüge, doch geht mir meine Idee, durch ganz Europa zu laufen, immer noch schwer über die Lippen, denn manchmal fühlt sich dieser Plan ziemlich verrückt und aussichtslos an.

Am nächsten Morgen erklärt mir die Wirtin, dass ich nachher am Arco de Caparra vorbeikommen werde. Der Triumphbogen sei das auffälligste Überbleibsel der Römerstadt Caparra und Wahrzeichen der Region Extremadura. Sie versucht, mir beizubringen, wie man das »rr« in Caparra richtig rollt. Ich starte mehrere Anläufe, muss jedoch kapitulieren. Das ist definitiv eine Nummer zu groß für mich. Es wäre bereits ein Fortschritt, wenn ich überhaupt ein paar Worte mehr Spanisch könnte, ob ich dabei auch noch das »r« rolle, ist möglicherweise zweitrangig.

Die Wettervorhersage stimmt. Der Tag ist trüb. Mittags biege ich auf die alte Römerstraße ab, die heute nur noch eine Sandpiste in der Einöde ist. Nach etwa sechs Kilometern taucht völlig unvermittelt der Triumphbogen auf – riesengroß und mitten im Nichts. Die regenschwangere Luft schluckt jeden Laut. Ich höre kaum meine eigenen Schritte. Unter meinen Füßen liegt eine Stadt begraben, die lange, lange tot ist. Das spüre ich beim Anblick der hoch aufragenden, von Nebelschwaden umhüllten, verfallenen Steinsäulen nur umso deutlicher. Die Szenerie ist beeindruckend und unheimlich zugleich.

Ich passiere ein Gattertor und betrete Weideland. Wenig später fallen die ersten Tropfen. In der Ferne sehe ich verschwommene Gestalten, die sich über die dunstige Wiesenlandschaft hinweg langsam auf mich zubewegen. Ich erkenne einen Hirten, der ein paar Kühe vor sich hertreibt. Vielleicht sollte ich hier mein Nachtlager aufschlagen, bevor ich noch nasser werde. »Soy peregrino. Puedo acampar aquí?« – Ich bin Pilger. Darf ich hier zelten? – stottere ich mühsam.

Der freundliche Gesichtsausdruck des Mannes lässt vermuten, dass es wohl eher ein »Ja« als ein »Nein« ist, was er da wortreich von sich gibt. Er führt mich zu einem Stück Wiese unter Bäumen neben einer Feldsteinmauer, deutet auf den Boden, nickt mir zu und geht weiter.

Rasch baue ich mein Zelt auf, um mich vor dem Regen zu verkriechen. Zum Glück wird es nicht schlimmer, sondern tröpfelt nur ein bisschen vor sich hin. Ich liege noch lange wach und schaue hinaus. Ab und zu sind Kühe zu sehen und manchmal auch zu hören, doch sie kommen mir nicht allzu nah, und so ziehe ich schließlich das Zelt zu und schlafe beruhigt ein.

Die Silhouette des Kastilischen Scheidegebirges rückt näher. Die Gegend wird rauer. Nur noch sehr vereinzelt erinnern Palmen an das andalusische Sommergefühl. Die Orangenbäume sind ganz verschwunden. Und noch etwas ist anders: Da sind Bäume ohne Blätter – im Winter eigentlich nichts Besonderes, aber ich hatte völlig vergessen, dass es so etwas gibt.

»Salamanca 84 km« verrät ein Schild in Baños de Montemayor. Doch bis dahin sieht es mit Einkaufsmöglichkeiten eher schlecht aus. Ich brauche also neuen Proviant. Der Laden, ein ungefähr acht Quadratmeter großes Kellerloch am Marktplatz, ist nur sehr mäßig sortiert und hat hauptsächlich Obst, Putzmittel und Süßigkeiten im Angebot. Für Putzmittel habe ich derzeit keinerlei Verwendung. Süßigkeiten sind dagegen als Energielieferant zur Überquerung des Kastilischen Scheidegebirges gar nicht so schlecht. Und zum Abendessen gönne ich mir eine Vitaminbombe aus Orangen, Ananas und Bananen.

Die Pilgerherberge ist zugleich eine Art Informationszentrum. Unten stehen Schaukästen über Kultur, Geschichte, Tier- und Pflanzenwelt der Extremadura, im Dachgeschoss befinden sich die Zimmer. Die letzte Nacht habe ich auf einer Kuhweide verbracht, heute wird es ein Heimatmuseum sein. Über mangelnde Abwechslung kann ich mich nicht beklagen. Und immer wieder gibt es wunderbare Überraschungen, denn wen treffe ich, als ich ins Zimmer trete? Die Österreicher aus Carcaboso.

Sie erzählen von einer mehrmonatigen Wanderung von Graz bis nach Santiago de Compostela, die sie vor ein paar Jahren unternommen haben. Die sind genauso verrückt wie ich, geht es mir durch den Kopf. Und plötzlich fällt es mir ganz leicht, über mein Vorhaben zu reden.

Traude und Peter sind begeistert, nicht bloß von meinen Wanderplänen, auch von der Baumspendenaktion. Ich versuche nämlich, pro Kilometer, den ich zurücklege, einen Euro für ein Wiederaufforstungsprojekt im Senegal zu sammeln. Mit einem einzigen Euro kann dort ein ganzer neuer Baum gepflanzt werden: 1 Kilometer = 1 Euro = 1 Baum. Sollte ich das Nordkap wirklich erreichen, sind das 6575 Bäume.

Jeden Abend poste ich in meinem Blog ein paar Fotos und schreibe von meinem Spaziergang durch Europa. Dank großzügiger Spendenbereitschaft sind mir die Bäume schon jetzt ein gutes Stück voraus, und manchmal stelle ich sie mir wie eine Art Allee vor, die meinen Weg säumt. Vor dem Hintergrund, dass weltweit pro Sekunde 4000 Quadratmeter Wald gerodet werden, mag meine Idee lächerlich klingen. Ungefähr genauso lächerlich, wie sich in Tarifa an den Strand zu stellen, den ersten Schritt in Richtung Nordkap zu gehen und allen Ernstes zu glauben, man käme irgendwann dort an. Und trotzdem habe ich jetzt, nach 27 Tagen, immerhin schon 660 Kilometer geschafft, knapp zehn Prozent der Strecke.

Unerbittlich trommelt der Regen auf die Dachschräge über mir. Ich liege oben in einem der Doppelstockbetten auf einer weichen und, untypisch für Pilgerherbergen, noch kaum durchgelegenen Matratze. Wie gern würde ich mir die Decke über den Kopf ziehen und weiterschlafen, doch es ist kurz nach sieben und Zeit aufzustehen.

Gleich hinter Baños de Montemayor geht es steil bergauf. Aber dank des starken Rückenwinds ist es halb so schlimm, und im Nu bin ich ziemlich weit oben. Ich laufe am Hang entlang. Unter mir liegt Nebeldunst, über mir wächst Eichenwald. Meine Tritte schmatzen auf dem matschig-nassen Weg. In den Senken hat sich feuchtes Laub gesammelt, und zwischen den kahlen Bäumen steht bräunlich verwelkter Adlerfarn.

Ich komme gut voran, denn das Wetter hält mich von längeren Pausen ab. Nur hin und wieder fische ich ein paar Süßigkeiten aus meinem Rucksack. Zuckerbrot und Regen – das wäre ein durchaus geeignetes Motto für diesen Tag. Abends kann ich zwar absolut nichts Süßes mehr sehen, doch meiner Kondition scheint die ungesunde Ernährung nicht geschadet zu haben. Ich habe über dreißig Kilometer zurückgelegt, die Extremadura hinter mir gelassen und die Region Castilla y León erreicht.

Am Morgen hatte ich noch damit gerechnet, mein Nachtlager bei Dauerregen auf einem zugigen Berghang aufzuschlagen, doch in Fuenterroble de Salvatierra gibt es eine Pilgerherberge, und zwar eine wirklich legendäre. Es ist das Pfarrhaus von Pater Don Blas. Große, hohe Schlafsäle mit dicken unverputzten Mauern und schweren Holztüren, in den Ecken knistert Feuer in riesigen Kaminen, und in einer gemütlichen Küche gibt es Essen und Getränke für jeden. Alles auf Spendenbasis.

Pater Don Blas beherbergt nicht nur Pilger, sondern ein buntes Grüppchen von Leuten, die im Moment keine andere Bleibe haben: Obdachlose, Menschen auf der Flucht und einige Aussteiger, die gegen freie Kost und Logis in Haus und Garten ein bisschen mithelfen. Einer von ihnen ist Alfonso. Er schaufelt mir reichlich heiße Suppe auf den Teller. Dazu gibt es Orangensaft und Brot, das so frisch aus dem Ofen kommt, dass die Butter darauf zerläuft.

Nachdem ich aufgegessen habe, bekomme ich ein Bett für die Nacht. Auf dem Zimmer treffe ich Micha aus Köln. Micha tourt seit mehreren Jahren mit dem Fahrrad durch Europa, ohne festen Wohnsitz und ohne festen Job. Er kommt mit extrem wenig Geld aus und scheint genau zu wissen, was er da tut und weshalb. Im Gespräch wirkt er manchmal wie ein wandelndes Lexikon der Kapitalismuskritik.

Beim Frühstück lerne ich Pater Don Blas kennen, einen stillen, bescheiden wirkenden Menschen, der, obwohl seine zivile Kleidung eher nach bäuerlicher als nach geistlicher Arbeit aussieht, eine weihevolle Ausstrahlung besitzt. Vielleicht liegt das an seinen ruhigen Bewegungen, an der Art, wie er sich mal dahin, mal dorthin setzt und mit seinen Gästen spricht. Mit den meisten nur kurz, doch jedes Mal auf eine bemerkenswert unerschütterliche Weise zugewandt.

Er kommt auch zu mir. Ich verstehe mal wieder nur »peregrino«. Doch gerade eben habe ich ihn Französisch reden hören. Das wenigstens kann ich gut genug, um zu erklären, wer ich bin und was ich hier mache. Er lächelt, als er von meiner weiten Wanderung und meinem Baumprojekt hört. Dann schaut er zum Fenster hinaus, wo jetzt tatsächlich dicke Schneeflocken tanzen, ganz, wie man es mir in Mérida vorausgesagt hat.

»Tu peux rester quelques jours, jusqu'à ce que le temps soit meilleur.« Ich kann hierbleiben, bis das Wetter besser ist. Das klingt nach einer sehr guten Idee, und ich muss nicht lange überlegen. Dankbar nehme ich das Angebot an.

Don Blas nickt freundlich, wünscht mir einen schönen Tag und wendet sich einem klapperdürren, jungen Mann zu, der auf einer Bank neben dem Kamin sitzt und traurig zusammengesunken in seine Kaffeetasse starrt. Der Typ sei Niederländer und wohl schon ewig hier, erzählt mir Micha. Er sitze fast immer so da und rede mit niemandem.

Ich blicke hinüber zu dem Pater und merke, wie ich eine tiefe Hochachtung empfinde für das, was er leistet. Die eigenen vier Wände zu einem Ort bedingungsloser Barmherzigkeit zu machen und fremde Menschen aufzunehmen, die aus den unterschiedlichsten Gründen in Not geraten sind, ist wohl der Inbegriff eines wahrhaft gottgefälligen Lebens. Wie tief muss man im Glauben wurzeln und wie aufrecht in Gott vertrauen, um auf eine so ehrliche, selbstlose und vollkommen uneitle Weise fromm zu sein!

Am nächsten Morgen hat sich das Wetter beruhigt. Ich starte in einen sonnigen Tag mit strahlend blauem Himmel. Bitterkalt ist es dennoch, und auf den Pfützen glitzert eine hauchdünne Eisschicht. In der Ferne sehe ich mein Ziel für heute Mittag, den Pico de la Dueña, mit 1140 Metern der höchste Punkt meines Weges über das Kastilische Scheidegebirge. Doch wirkt er bloß wie ein kleiner Hügel inmitten einer ansonsten flachen und beinahe erdrückend weiten Landschaft.

Ein schmaler Sandweg führt kaum merklich aufwärts. Wie in den Bergen sieht es hier nicht aus. Den größten Höhenunterschied habe ich schon vorgestern auf dem Weg nach Fuenterroble de Salvatierra überwunden. Auf das Kastilische Scheidegebirge steigt man, von Süden kommend, zwar hinauf, doch einen Abstieg nach Norden gibt es nicht. Stattdessen landet man auf einer riesigen Hochebene, der Meseta, die sich Hunderte von Kilometern über Salamanca, Zamora und León bis nach Burgos erstreckt. Erst am Beginn der Region La Rioja, nur noch gut 200 Kilometer von der französischen Grenze entfernt, geht sie in ein tiefer gelegenes, sanft hügeliges Weinbaugebiet mit deutlich milderem Klima über. Bis dorthin werde ich um die 800 Meter hoch bleiben und mache mich auf frostige Nächte gefasst.

Auf dem Pico de la Dueña liegt tatsächlich Schnee, doch es sind nur ein paar Flocken, wie ein Häubchen Puderzucker. Die Aussicht reicht unermesslich weit. Sogar Salamanca kann ich in der Ferne bereits erahnen. Vom Berg hinab renne ich beinahe, ich breite die Arme aus, und es ist fast wie Fliegen. Auch unten auf der Straße behalte ich ein ordentliches Tempo. Erst mit dem letzten bisschen Dämmerung krieche ich ins Zelt, noch sechzehn Kilometer von der Stadt entfernt, gut versteckt in einem Korkeichenhain.

Es ist schweinekalt, und zwar im wahrsten Sinne des Wortes. Gerade bin ich eingeschlafen, als ich auch schon wieder hochschrecke. Draußen trampelt und schnauft es. Vorsichtig öffne ich den Reißverschluss und erkenne schattenhaft die Umrisse einiger borstiger Körper. Etwa ein halbes Dutzend Augenpaare schimmern im fahlen Mondlicht. Was nun?

Ohne lange nachzudenken, richte ich mich auf, mache Licht, brülle ein bisschen herum und wedele mit den Armen. Um die Schweine zur Flucht zu bewegen, muss ich ihnen zeigen, wer der Boss ist. Natürlich habe ich nicht wirklich die Hosen an, doch so zu tun, als ob, ist meine einzige Chance. Zum Glück ist meine Performance überzeugend genug: Die Rotte läuft erschreckt auseinanderläuft, ringsum knackt es panisch im Gebüsch, und kurz darauf ist alles wieder still.

In der Morgendämmerung fröstele ich ganz schön. Das Zelt ist völlig vereist und beim Einrollen knarzt es, als würde ich versuchen, ein rostiges Blech zusammenzufalten. Ein kleiner Vorgeschmack aufs herbstliche Nordskandinavien, falls ich es jemals so weit schaffe.

Wenn man gewissermaßen im Eisschrank erwacht und sehnsüchtig auf das erste bisschen Wärme wartet, dann gewinnt der sonst so selbstverständliche Sonnenaufgang die Qualität eines Wunders. Ich setze mich auf einen Stein am Wegesrand und schaue zu, wie sich die reifgraue Landschaft allmählich erwärmt und wieder Farbe annimmt.

Gäbe es keine Sonne, oder wäre ihr Abstand zur Erde nur ein geringfügig anderer, wäre kein Leben möglich. Unsere Existenz ist abhängig von unzähligen kosmischen Phänomenen, die wir nur sehr bruchstückhaft begreifen. Wir leben auf einem winzigen Planeten in einem kleinen Sonnensystem am Rande der Milchstraße, die ihrerseits aus Milliarden von Sternen besteht und doch nur eine von unzähligen Galaxien ist, die unser Universum ausmachen. Die

Atome, aus denen sich unsere Körper zusammensetzen, stammen von weit entfernten, vor langer Zeit explodierten Sternen, trieben Jahrmillionen durchs All und brachten wie durch Zufall unsere Erde hervor.

Neben mir plätschert ein Bach gemächlich nach Salamanca hinunter. Wasser verdunstet über den Meeren und regnet über dem Land wieder ab, um zurück ins Meer zu fließen, wo algenartige Bakterien die Photosynthese erfanden und begannen, den für uns lebenswichtigen Sauerstoff zu produzieren. Ganz allmählich, im Laufe eines Zeitraums von über drei Milliarden Jahren, wurde die Atmosphäre damit angefüllt, bis genau jene Konzentration erreicht war, die wir zum Atmen brauchen.

Ich ziehe die Handschuhe aus und halte meine Hände in den Sonnenschein. Urzeitliche Gasteilchen strömen in meine Lungen und werden – gebunden an Eisen, das von anderen Sternen, ja womöglich aus anderen Galaxien stammt – mit dem Blutstrom bis in meine Finger transportiert, die langsam wieder warm und beweglich werden. Das klingt echt abgefahren, und angesichts von so viel »Zufall« nicht an Gott zu glauben, erscheint mir ziemlich unvernünftig. Ein Pilger, der die Sonne anbetet – keine Ahnung, ob das im Sinne des Erfinders ist, doch ich tue es mit tief empfundener Demut und ehrlicher Dankbarkeit.

Gegen Mittag erreiche ich ein weithin sichtbares Pilgerkreuz nahe beim Gipfel des Teso de las Zorreras. Von hier aus ist Salamanca zum Greifen nah. Ein buntes Häusermeer liegt ausgebreitet zwischen der lehmroten Erde und dem sagenhaft blauen Himmel. Auf dem Weg hinab vernehme ich immer lauter das Rumoren der nahenden Großstadt, und ehe ich mich's versehe, stehe ich mitten in einem Gewirr enger Straßen, hupender Autos und hin und her eilender Menschen.

Auf der alten Römerbrücke spaziere ich über den Río Tormes in die Altstadt hinein. Hier sind fast alle Gebäude aus hellem

Sandstein, der in der Sonne ganz unwirklich leuchtet. Besonders hübsch ist die mit über 300 Jakobsmuscheln verzierte Fassade der Casa de las Conchas.

Ich laufe über die Plaza Mayor, die als schönster Platz Spaniens gilt. Das von herrschaftlichen Prachtbauten gesäumte Areal erscheint inmitten der schmalen Gassen unfassbar weitläufig. Wäre hier nicht so viel los, könnte man sich fast so verloren fühlen wie in den endlosen Weiten der Meseta draußen vor der Stadt.

Über die »Scala coeli«, die Treppe zum Himmel, klettere ich aufs Dach der Universität, eine der ältesten Spaniens, und genieße einen herrlichen Blick über Salamanca. Von hier oben gelingt es mir endlich, die gigantische Kathedrale im Ganzen aufs Foto zu bekommen. Die Sicht reicht bis zurück zum Pico de la Dueña, und auch den Weg von morgen kann ich jetzt schon sehen.

41 GRAD NORD
RUND UM ZAMORA

Unter wolkenlosem Himmel zieht eine Schafherde durch die unendlich weite, flache Landschaft. Absolut nichts verstellt den Horizont und man glaubt beinah die Erdkrümmung erahnen zu können. Plötzlich steht ein alter roter Ohrensessel am Wegesrand. Wie kommt der denn hierher? Auf jeden Fall kommt er wie gerufen. Ich mache es mir gemütlich und genieße die postkartenverdächtige Kulisse. Erst als das letzte weiße Wollknäuel in der Ferne verschwunden ist, laufe ich weiter auf schnurgeraden, staubigen Wegen durch den rötlichen Sand der Meseta auf Zamora zu.

»Heute Morgen Eimer Wein?«, fragt mich das Handy von Laurencio, dem hospitalero der dortigen Pilgerherberge. Ich stutze, was will er mir damit sagen? Mit einem Eimer Wein intus wäre ich sicher keine dreißig Kilometer gewandert. Dann fällt mir ein, dass der Ort, wo ich aufgebrochen bin, »El Cubo del Vino« hieß – »der Eimer Wein«. Na klar! Ich muss grinsen und nicke.

Laurencio lädt mich zum Abendessen ein. Er habe reichlich gekocht, und da ich der einzige Pilger sei, solle ich unbedingt ordentlich zulangen. Das lasse ich mir nicht zweimal sagen. Es ist eine wirklich leckere Paella, die da auf dem Tisch steht. Dazu Salat und Wein, wenn auch kein ganzer Eimer.

Am nächsten Morgen begleitet mich Laurencio bis zum Stadtrand. So gelange ich, ohne mich zu verlaufen, zurück auf den Camino. Ein geheimnisumwobener Nebel liegt über allem, und dadurch, dass ich immer erst kurz vorher sehe, wo ich hintrete, ist der Weg heute eine einzige große Überraschung – ganz im Gegensatz zu gestern, denn da hatte ich den Eindruck, auf dieser endlosen, platten Hochebene in der Ferne schon beinah das erste Rentier zu entdecken.

Ich zelte auf einer kleinen Lichtung in einem dichten Gebüsch am Wegesrand. Eine Amsel wippt auf einem Zweig und singt ihr Abendlied. Der Wind säuselt leise durchs Geäst, und dankbar atme ich die frische, kühle Nachtluft. Seit meinem Aufbruch in Tarifa habe ich fast jede Nacht unter freiem Himmel verbracht, und für die nächsten acht Monate wird sich daran nichts ändern. Ich merke, wie glücklich mich dieser Gedanke macht. Gut, dass mich noch ein paar tausend Kilometer von den Rentieren trennen!

Das Wochenende steht bevor, und ich muss zusehen, dass ich mich mit ausreichend Proviant eindecke. In Riego del Camino soll es laut Internet einen kleinen Dorfladen geben. Doch Fehlanzeige, der Ort wirkt völlig ausgestorben, es sind noch nicht mal Leute auf der Straße. Hier gibt es keine Einkaufsmöglichkeiten, weder geöffnet noch geschlossen, jedenfalls keine, die mit bloßem Auge und ohne Spanischkenntnisse zu finden wären.

Daher bin ich froh, als der Camino kurz darauf direkt an der Autobahn entlangführt, denn hier habe ich Chancen auf eine Tankstelle. Ich schaue den Autos zu und überlege, ob ich gern schneller wäre. Nein, ich denke nicht. Es mag paradox klingen, doch je langsamer ich bin, desto mehr Zeit habe ich. So wenigstens fühlt es sich an. Die Idee, dass ich durch Schnelligkeit Zeit gewinnen könnte, erscheint mir mit jedem Tag, den ich unterwegs bin, ein bisschen abwegiger.

Zum Glück ist die Tankstelle auf meiner Seite der Autobahn und nur ein Maschendrahtzaun trennt mich von der heiß ersehnten Kalorienzufuhr. Einen Moment lang zögere ich, doch mein Magen nimmt mir die Entscheidung laut knurrend ab. Ich werfe den Rucksack ins Gras und schwinge mich kurzerhand auf die andere Seite. Ein paar Leute auf dem Parkplatz gucken komisch, aber das ist mir egal. Wer zu Fuß quer durch Europa läuft, ist nun mal ein Sonderling und fällt manchmal auf. Daran habe ich mich inzwischen gewöhnt.

Abends gelange ich nach Barcial del Barco. Wie in so vielen Orten an meinem Weg, so ist auch hier das Geklapper der Störche allgegenwärtig. Sie sitzen auf jedem Schornstein, jedem Türmchen und jedem Elektromast. So viele Störche wie in den letzten Wochen habe ich in meinem ganzen Leben noch nicht gesehen. Obwohl die Dämmerung bereits hereinbricht und es hier eine Pilgerherberge gibt, laufe ich durch das Dorf hindurch und weiter ins Blaue oder eher schon nächtlich Blauschwarze hinein. Eigentlich bescheuert, doch ich schlafe zu gern im Zelt.

Es geht auf einer zum Wanderweg umgebauten Bahnstrecke entlang. Reste des Schienenstrangs glänzen noch durch den Schotter. Hier kann man sich beim besten Willen nicht verirren, und es ist gar nicht schlimm, dass es schon so düster ist. Nach einer Weile höre ich neben mir den Río Esla rauschen. Über einen Streifen hohen Grases, das mir feucht vom Abendtau um die Beine schlägt, laufe ich zum Ufer hinab. Die Vögel machen zum Ausklang des Tages ein ordentliches Spektakel. Ich esse zu Abend, gemütlich angelehnt an den Stamm einer knorrigen Korkeiche, vielleicht eine der letzten auf meinem Weg nach Norden.

42 GRAD NORD
AUF DEM CAMINO FRANCÉS BIS ZU DEN PYRENÄEN

Ich komme rasch vorwärts auf der stillgelegten Bahntrasse. So schnell wie ein normaler Zug bin ich zwar nicht, aber ich denke, mit einem wegen Störungen im Betriebsablauf verspäteten ICE kann ich mithalten. Im Übrigen gibt es allerhand zu sehen, was auf Wanderwegen sonst nicht zu finden ist. Die Puente de Hierro zum Beispiel, eine über 250 Meter lange Eisenbahnbrücke hoch über dem Río Esla. Die Stahlkonstruktion aus dem Jahr 1882 wurde belassen und bloß ein Holzbohlenweg über die Schienen gelegt – Bahnromantik pur! Und hinterher laufe ich sogar in einen Bahnhof ein.

Es ist ein bisschen trüb heute. Doch gegen Nachmittag kommt die Sonne zurück, weswegen ich meinen Plan, in Alija del Infantado in die Pilgerherberge zu gehen, kurzerhand verwerfe. Hier einzuchecken wäre ohnehin nicht einfach geworden, denn es hängt nur eine Telefonnummer an der verschlossenen Tür, und für eine Kommunikation ohne Hände und Füße reicht mein Spanisch definitiv nicht.

In einer Mischung aus Tankstelle, Sportsbar und Dorfladen statte ich mich mit neuem Trinkwasser aus. Das Sortiment besteht in erster Linie aus Benzinkanistern, Chipstüten und Herrenmagazinen. An einer von Zigarettenrauch eingenebelten Theke sitzen auf Barhockern ein paar Männer in abgetragener Kleidung, Bierflaschen in den Händen. Manche starren vor sich hin, andere schauen auf einen Bildschirm oben in der Ecke, wo ein Tennismatch übertragen wird. Eine halb offene Tür, die in den hinteren Teil des Ladens führt, ist mit Postern von spärlich bekleideten, jungen Frauen in allerlei aufreizenden Positionen zugekleistert. Darüber hängt, wie ein schlechter Scherz, ein Kruzifix. Ich nehme zwei Flaschen Wasser aus dem Kühlschrank, zahle und verlasse diesen anheimelnden Ort, so schnell ich kann.

Zurück auf der Straße kommt mir eine alte Dame entgegen, die sich etwas krumm auf ihren Gehwagen stützt: »Peregrino, peregrino?«, fragt sie und noch eine ganze Menge mehr, aber abgesehen von ein paar Ortsnamen, einschließlich »Santiago, Santiago?«, verstehe ich nichts. Dann wiederholt sie noch einmal: »Sevilla, Sevilla?« Offenbar will sie wissen, wo ich gestartet bin. »Tarifa«, erwidere ich, doch da sie mich nur verständnislos ansieht, ergänze ich der Einfachheit halber: »Sevilla, sí!« Jetzt lächelt sie ganz selig, sagt immer wieder »Bravo, bravo!«, greift nach meiner Hand und wünscht mir in einem aufgeregten Wortschwall »Buen camino!« und keine Ahnung, was noch alles.

Meine letzten Schritte auf der Via de la Plata, die mich knapp 700 Kilometer weit von Südspanien bis hierher begleitet hat, führen noch einmal so richtig schön durch Korkeichenwald. Plötzlich liegt vor mir, halb vergraben im rötlichen Staub, ein Pilgerarmband aus Stoff, blau mit gelben Pfeilen. Ich hebe es auf und streife es über mein Handgelenk. Es passt. Als wollte der Weg mir ein Abschiedsgeschenk machen, geht es mir durch den Kopf, und beschwingt wandere ich nach La Bañeza hinein. Von hier aus werde ich mich über Landstraßen bis zum Camino Francés durchschlagen. Doch das mache ich morgen. Heute will ich nur noch essen, ausruhen und Wäsche waschen.

An der Tür zur Pilgerherberge hängt wieder ein Zettel. Aber diesmal muss ich zum Glück nicht telefonieren, sondern nur beim Nachbarhaus klingeln. Eine ältere Dame öffnet. Ich zeige ihr meinen Pilgerausweis, sie fragt: »Santiago?«, ich antworte: »Sí.« Der übliche Dialog. Ab morgen allerdings muss ich mir was Neues einfallen lassen, denn dann werde ich auf dem Weg in Richtung Pyrenäen sein.

In der Herberge bin ich völlig allein und habe freie Wahl zwischen zwölf ausrangierten, alten Krankenhausbetten aus schwerem Metall, fein säuberlich aneinandergereiht in einem riesigen Schlafsaal, dazwischen ein Mittelgang, der auf ein überdimensioniertes Kruzifix zuführt. Rechts und links davon hängen in klobigen Rahmen riesige Bilder vom blutenden Jesus mit leichenhaft blassem, schmerzverzerrtem Gesicht. Durchs Fenster fallen die letzten Strahlen der untergehenden Sonne. Im Halbdunkel hat die Szenerie definitiv Potenzial zu einem richtig miesen Horror-B-Movie.

Ich schlafe schlecht im »Hospital des Grauens«, nicht wegen der Albträume, viel schlimmer ist die Heizungsanlage. Ein dicker, dunkelgrauer Metalltank hinten in der Ecke, der ungeheuren Lärm macht und einen widerlichen Benzingestank verbreitet. Leider gelingt es mir trotz intensiver Bemühungen nicht, das Monstrum abzuschalten.

Am nächsten Morgen vergesse ich kopfschmerzgeplagt prompt meine Wanderstöcke in der Herberge. Natürlich fällt mir das schon nach den ersten Metern auf, aber die Tür ist bereits ins Schloss gefallen. Also muss ich ein zweites Mal bei den Nachbarn klingeln. Da es schon kurz vor neun ist, dürfte das wohl okay sein, denke ich mir. Doch als dann ein ziemlich missmutig dreinblickender Herr im Schlafzug unter einem nur halb hochgezogenen Rollladen hervorlugt, bin ich mir nicht mehr so sicher.

»Do you speak English?«, frage ich auch noch und könnte mich schon im nächsten Moment dafür ohrfeigen. Dass viele Spanier darauf mit einer Mischung aus stolzer Verwunderung und höhnischem Lachanfall reagieren, weiß ich mittlerweile eigentlich. Der Mann sagt etwas, worin »peregrino« und »no« vorkommen. Es klingt ziemlich ungehalten und er ist drauf und dran, das Fenster wieder zu schließen.

»Por favor, señor«, sage ich bittend, der Rest muss ohne Worte gehen. Ich deute mit der Hand auf die Herberge und stelle pantomimisch das Wandern mit Stöcken da. Ich gebe mir wirklich Mühe, doch die Antwort ist bloß ein genervter Blick.

Gerade fange ich an, mich damit abzufinden, dass die Stöcke weg sind, da kommt ein dicker Herr mit einer laut schnaufenden Bulldogge an der Leine die Straße hinabgeschlendert. Zwar kann auch er kein Englisch, doch ist er deutlich besser gelaunt als der Typ hinter dem Rollladen und bereit, sich auf mein rudimentäres Spanisch einzulassen: »peregrino – llave – albergue« (Pilger – Schlüssel – Herberge), sage ich, dann schlage ich rasch nach, was »vergessen« heißt und ergänze »olvidar« und dann noch »bastones«. Laut Online-Übersetzer bedeutet das »Wanderstöcke«.

Der Herr hinterm Fenster guckt immer noch verärgert, doch der mit dem Hund lächelt freundlich, und in seinem rundlichen Gesicht blitzt ein Verstehen auf. Wortreiche Verhandlungen sind die Folge, in deren Verlauf auch der Herr hinter dem Rollladen zu lachen beginnt. Die Bulldogge steht schnaufend daneben und sabbert auf den Bürgersteig. Die Sache dauert, keine Ahnung, was die da besprechen. Es klingt, als hätten sie längst das Thema gewechselt. Doch wenn ich meine Stöcke wiederhaben will, bleibt mir wohl nichts anderes übrig, als zu warten.

Als endlich ein Schlüssel hinausgereicht wird, steht die arme Bulldogge bereits in einer knietiefen Speichelpfütze. Der Hundebesitzer winkt mir, ihm zu folgen, schließt mir die Herberge auf, ich nehme meine Stöcke, die zum Glück gleich neben der Tür an der Garderobe hängen, schüttle meinem Retter die Hand, sage: »Muchas gracias!« und bin weg – später als geplant, doch immerhin habe ich ein paar neue Vokabeln gelernt.

Es ist heiß heute. Ich stiefele an einer nicht sehr befahrenen Landstraße entlang. Die Luft flimmert über den Weiten der Meseta. Die Ackerflächen scheinen sich ins Endlose auszudehnen. Weit im Norden ist die schneebedeckte Silhouette des Kantabrischen Gebirges erahnbar.

Gegen Nachmittag glaube ich, in der Ferne Häuser zu sehen. Das muss Villar de Mazarife sein, wo ich auf den Camino Francés stoßen werde. Ein paar Mal verschwindet der Ort am hitzedunstigen Horizont, um wenig später wie eine Fata Morgana wieder aufzutauchen. Als ich endlich dort bin, liegt schon goldenes Abendlicht über den Dächern. Mehrmals werde ich wild gestikulierend angesprochen: »Camino Santiago?« und aufgeregtes Fingerzeigen in die Gegenrichtung. Ja, ich weiß, ich laufe verkehrt herum, und ich merke, das könnte anstrengend werden. Jedes Mal stottere ich »Camino – dirección – Francia«, was zumindest dazu führt, dass ich in Ruhe gelassen werde.

Drei junge Frauen kommen die Straße hinunter. Kaum zu glauben, als ich wieder zu stottern anfange, wechselt eine von ihnen mühelos ins Englische und erkundigt sich interessiert nach meiner Reise. Ich kriege es mal wieder nicht hin, zu sagen, dass ich zum Nordkap laufe, sondern behaupte, ich wolle in Richtung Deutschland wandern und schauen, ob ich es bis nach Hause schaffe. Doch schon das löst hinreichend erstaunte Blicke aus.

Ich nutze die Gelegenheit, um nach einer Möglichkeit zum Zelten zu fragen, und erfahre, dass es kurz hinter dem Ort einen Rastplatz gibt. Im Übrigen dürfe man aber auch sonst überall längs des Jakobsweges schlafen, da habe niemand etwas dagegen. Das ist ja wie in Skandinavien! Nur ist es hier nicht das »Allemansrätten« – zu Deutsch »Jedermannsrecht« –, sondern mein in einem so katholischen Land unantastbarer Pilgerstatus, der mir das Outdoorleben erleichtert.

Dass ich mich am Camino in die Botanik hauen darf, ist eine nette Sache. Als ich jedoch am nächsten Tag durch die Straßen von Léon streife, lerne ich, dass es Zeiten gab, in denen man um das Wohl der Pilger noch um einiges besorgter war. Darauf wenigstens deutet das Hostal de San Marcos unmissverständlich hin. Der sandsteinfarbene Prachtbau, in dem heute ein Luxushotel untergebracht ist, war früher tatsächlich eine Pilgerherberge. Mittlerweile ist hier für Pilger nichts mehr zu holen. Um einen Stempel für meinen Pilgerpass zu bekommen, muss ich die Kathedrale finden, was nicht allzu schwer ist, denn sie ragt weithin sichtbar in einen wolkenlosen Himmel empor.

Ich überlege, ob ich mich unwohl fühlen sollte, so als Rückwärtspilger. Bisher konnte ich zumindest noch den Anschein erwecken, dass ich nach Santiago laufe. Nun aber, da ich mich Schritt für Schritt davon entferne, kommt es mir vor, als dürfte ich die Infrastruktur für »richtige« Pilger nicht länger nutzen. Ich bin Protestant, und Santiago bedeutet für mich nicht dasselbe wie für einen Katholiken. Um im Dialog mit der Stille eine Stärkung im Glauben zu erfahren und um, wie es so treffend heißt, mit den Füßen zu beten, muss ich nicht nach Santiago pilgern, das Nordkap ist ebenso gut.

Meine Bedenken zerstreuen sich schon nach wenigen Kilometern. Ungefähr dreißig Koreaner in fabrikneuer Outdoorkleidung sammeln sich um einen Bus mit der Aufschrift »Camino de Santiago Adventure«. Daneben steht ein junger Guide, der eine an einem Stab befestigte Jakobsmuschel in die Luft hält und irgendetwas in ein Mikrofon brüllt. Ein Stück weiter sitzen ein paar junge Leute unter einem bunten Sonnenschirm und hören laut Musik. Dann stolpert mir ein Trüppchen leicht angetrunkener Amerikaner entgegen, die mich in breitem Englisch fragen, wo ich herkomme. »Berlin«, sage ich. Sie heben ihre Bierdosen, prosten sich zu, rufen »That's Europe, man!« und wanken weiter. Beruhigt stelle ich fest, dass auch Pilger, die in die richtige Richtung pilgern, nicht immer »richtige« Pilger sind.

Bisher stand die Morgensonne rechts von mir, doch ab heute blinzele ich ihr entgegen, denn für die nächsten zwei Wochen laufe ich nach Osten. Nach Norden geht es erst kurz vor der französischen Grenze wieder. Meine Reise durch Europa hat nämlich nicht nur eine Süd-Nord-, sondern auch eine West-Ost-Dimension: Tarifa liegt auf 5 Grad West, das Nordkap auf 25 Grad Ost.

Der Weg über die Meseta verläuft ohne jede Kurve an einer schier endlosen Baumreihe entlang, ein Acker folgt dem nächsten, und mein Auge sucht vergeblich nach irgendeiner Abwechslung. Ich knacke die 1000-Kilometer-Marke und merke es kaum. Ob 999 oder 1001, hier sieht alles gleich aus. Es kommt mir vor, als hinge die Zeit fest. Einzig die hereinbrechende Dämmerung erinnert mich daran, dass ich mir einen Schlafplatz suchen muss. Der Tag endet, wie er begonnen hat, nur dass mir die Sonne jetzt in den Nacken scheint und ich vierstellig bin.

Während man um die Mittagszeit in dieser schattenlosen Landschaft selbst im Februar regelrecht gebraten wird, sind die Nächte in der Meseta bitterkalt. Die Temperatur sinkt auf unter null Grad, und jeden Morgen schüttle ich eine fette Eisschicht von meinem Zelt.

Tagein, tagaus dasselbe Spiel: Zuerst steht die Sonne vor mir, dann zu meiner Rechten, und wenn ich sie im Rücken habe, ist es Zeit, das Zelt aufzubauen. Ich schlafe ein, fange irgendwann im Morgengrauen an zu frieren, stehe auf, ziehe mich um, packe ein, gehe weiter, habe wieder die Sonne im Gesicht und weiß nicht mehr, ob gestern, heute oder morgen ist.

Manche Pilger scheuen die knapp 200 als langweilig verschrienen Kilometer zwischen Burgos bis León und nehmen den Bus. Doch so verrückt es klingen mag, ich finde, das Laufen lohnt sich. Die Eintönigkeit erlaubt es, völlig ungestört bei sich selbst zu sein und sich dennoch in der Weite zu verlieren. Man kann Demut und Dankbarkeit lernen und Gott spüren, dadurch, dass man sich genauso klein fühlt, wie man tatsächlich ist auf dieser Welt. Vielleicht ist in gewissem Sinne gerade die Meseta das heimliche Herzstück des Camino.

Kurz vor Burgos wird die Gegend wieder hügelig. Am Fuße eines auffällig geformten Tafelberges liegt weithin sichtbar das Städtchen Castrojeriz. Doch obwohl ich den Eindruck habe, recht schnell unterwegs zu sein, wollen die Häuser einfach nicht näherkommen, und ich erreiche den Supermarkt erst während der Siesta.

Essen habe ich zum Glück ausreichend dabei. Was ich brauche, ist Wasser. Ich entdecke eine Tankstelle. An der Tür eines flachen Häuschens neben den Zapfsäulen hängt ein Zettel mit den Öffnungszeiten – schade, hier ist auch Siesta. Doch plötzlich höre ich jemanden rufen. Auf dem Balkon des Nachbarhauses steht ein Mann und winkt zu mir hinunter. Dann verschwindet er.

»Hola – peregrino – un momento« – so viel habe ich verstanden. Tatsächlich taucht der Mann wenig später unten auf der Straße wieder auf. »Hola – peregrino – agua«, stottere ich. Er zieht einen Schlüsselbund aus der Tasche, geht in das Häuschen, kommt mit einer großen Flasche Wasser wieder heraus und überreicht sie mir. Ich zücke mein Portemonnaie, doch der Mann winkt ab. »Regalo«, sagt er und will ganz offensichtlich kein Geld. Er wünscht mir »Buen camino!«, lächelt und geht davon. Ich schaue nach, was »regalo« heißt. Es bedeutet Geschenk.

Hinter Castrojeriz führt die Straße mitten durch die Ruinen des Klosters San Anton hindurch. Mächtige Säulen ragen in den Himmel, und Spitzbögen überdachen den Weg. Ich bleibe stehen und schaue hinauf. Im Zwielicht der Dämmerung erkenne ich schattenhaft eine große Anzahl Tauben, die dort oben zwischen den Mauervorsprüngen umherflattern. In regelmäßigen Abständen ertönt lautes Gurren, hallt an den Wänden wider und erfüllt den Raum so gleichmäßig, dass ich nicht zu sagen vermag, aus welcher Ecke es ursprünglich kommt. Über die Baumwipfel schiebt sich der Vollmond empor. Die Stimmung ist geheimnisvoll, aber auch ein wenig unheimlich, und ich fühle mich wie eine dieser winzigen Figuren auf einem Gemälde von Caspar David Friedrich.

Unweit des Klosters suche ich mir einen Schlafplatz. Der Mond ist so ungewöhnlich hell, dass ich lange nicht richtig zur Ruhe komme. Auch die Tiere der Umgebung scheint das Mondlicht aus dem Konzept zu bringen. Auf dem Boden zwischen den Kiefern rund ums Zelt höre ich es aufgeregt rascheln und trippeln. Ab und zu singt ein Vogel kurz auf, nur ein paar Töne, dann verstummt er jäh, als habe er sich selbst eines peinlichen Irrtums überführt. Dazwischen kräht von irgendwo aus der Ferne alle naselang ein Hahn.

Burgos naht, wie Großstädte zu nahen pflegen – dicke Oberleitungen, zugemüllte Brachen und Gewerbegebiete, eingebettet in ein Chaos aus Autobahnen und Schnellstraßen. Gebrauchtwagenhändler, Möbelhäuser, Lagerhallen und Fabrikgebäude. Dann Wohnsiedlungen und schließlich das moderne Universitätsviertel mit einem abrupten Übergang in die historische Altstadt.

Die Herberge ist, was das Abfertigen großer Menschenströme angeht, sehr effizient organisiert, allerdings ohne jede Form von Gastfreundlichkeit. Der Empfangsbereich hat den Charme eines Meldeamtes, und unwillkürlich suche ich nach der Möglichkeit, eine Nummer zu ziehen. Ein missmutig dreinblickender, vierschrötiger Mann gibt mir zu verstehen, dass ich meine Papiere vorzeigen soll. Er mustert eingehend und kritisch das Passbild, dann mich, dann wieder das Passbild. Ja, ich weiß, der Bart ist inzwischen recht lang geworden ... Mit einem lauten Knall haut er mir einen Stempel in den Pilgerausweis, und im Tausch gegen fünf Euro bekomme ich Laken und Handtuch. Für heute Nacht bin ich Nummer 57.

Die Wand gegenüber vom Tresen besteht dicht an dicht aus Schubladenschränken. Ich soll meine Schuhe ausziehen und in die Schublade 57 stellen. Ist eigentlich nicht so kompliziert. Trotzdem überwacht der vierschrötige Typ penibel jede meiner Bewegungen, als ob mir ein folgenschwerer Fehler unterlaufen könnte.

Ein Treppenhaus verbindet drei turnhallenartig große Stockwerke mit je fünfzig Schlafplätzen. Die Etagenbetten sind mit halbhohen Trennwänden gegeneinander abgegrenzt, sodass sich kleine Nischen bilden. Ich hieve meinen Rucksack in die 57 hinauf. Das Bett unter mir ist leer. Auch sonst steht nur hier und da Gepäck herum, und vereinzelt hängen Handtücher über den Bettgestängen.

Ich lasse die Beine von der Bettkante baumeln und schreibe Tagebuch. Um Punkt zehn geht das Licht aus, und mit einem Mal ist es stockdunkel. Bis morgen früh um sechs ist Nachtruhe, und um sieben Uhr müssen alle Pilger raus sein. Ich nehme an, dass die Neonröhre über mir ihren Betrieb genauso abrupt wieder aufnehmen wird, wie sie ihn eingestellt hat. Gefahr zu verschlafen besteht also nicht.

Als sich das Licht um sechs Uhr morgens wieder einschaltet, fühlt es sich beinahe an, als müsste ich zur Arbeit gehen. Doch draußen auf der Straße, wo um mich herum der Berufsverkehr tobt, merke ich einmal mehr, wie gut ich es habe. Es sind die anderen, die zur Arbeit gehen, ich gehe zum Nordkap.

Den Weg aus Burgos hinaus durch einen lang gestreckten Stadtpark teile ich mir mit vielen Spaziergängern. Eigentlich gehe ich auch bloß spazieren, überlege ich, während ich die Leute beobachte. Es ist eben ein langer Spaziergang, wahrscheinlich der längste meines Lebens. Ich bin in der luxuriösen Situation, dass ich für ein Dreivierteljahr jeden Tag spazieren gehen darf, bis ganz oben am Nordkap das Land steil ins Meer abfällt und es einfach nicht mehr weitergeht. Plötzlich spüre ich eine Dankbarkeit – so tief, dass mir Tränen in die Augen steigen.

Ich lasse die Parkanlagen hinter mir und wandere am Flughafen vorbei. Eine startende Maschine führt mir vor, wie langsam ich bin, doch das stört mich nicht im Geringsten. Im Moment erscheint mir meine Freiheit unter den Wolken grenzenlos. Weshalb sollte ich ausprobieren wollen, wie es darüber ist?

Nach 22 Tagen in der Provinz Castilla y León passiere ich die Grenze nach La Rioja. Wie es hier aussieht, kann man sich leicht vorstellen: Weinberge, Weinberge und noch mehr Weinberge, dazwischen ein paar Orte, Santo Domingo de la Calzada zum Beispiel. Es wurde im 11. Jahrhundert vom später heiliggesprochenen Domingo de Viloria gegründet, der hier eine Straße, eine Brücke und eine Herberge erbauen ließ, um den Pilgern den Weg nach Santiago zu erleichtern. Mission erfüllt, würde ich sagen, denn die Straßen sind voller Menschen in Wanderkleidung. Ich grinse über die Automaten, die an so ziemlich jeder Straßenecke rund um die Uhr vom Schokoriegel bis zum Blasenpflaster jedes Pilgerbedürfnis zu stillen versuchen. Ob der heilige Domingo sich das so vorgestellt hat?

In der Kathedrale gibt es eine, wie ich finde, traurige Kuriosität: Im Kirchraum leben Hühner. Hintergrund ist eine Heiligenlegende aus dem 14. Jahrhundert, der zufolge ein Pilger in Santo Domingo de la Calzada unschuldig des Diebstahls bezichtigt und zum Tod verurteilt wurde. Die trauernden Eltern fanden ihn zwar am Strick hängend, aber lebend vor, denn er saß auf den Schultern von Santo Domingo. Der Richter aß gerade zu Abend, als er dies erfuhr. »Euer Sohn ist genauso tot wie die zwei Hühner auf meinem Teller«, soll er gesagt haben. Woraufhin sich die Hühner flatternd erhoben und quicklebendig das Weite suchten.

Quicklebendig sind die Hühner, die heute in der Kathedrale leben, ebenfalls. Nur das Weite suchen können sie nicht, dazu ist ihr Käfig viel zu klein.

Ein prächtiges Abendrot liegt über den Weinbergen, mein Feldweg schlängelt sich in sanften Windungen über die Hügelkuppen, ab und zu hoppelt ein Kaninchen vorbei, und das Weiß der Mandelbaumblüten, das schon tagsüber auffällig leuchtet, erstrahlt in der Dämmerung noch etwas zauberhafter. Unten im Tal blinken die Straßen und Häuser von Logroño.

Hinter der nächsten Kurve taucht ein Rastplatz auf. Leider prangt zwischen den Picknicktischen eine riesengroße Schautafel, die mit allerlei Icons diverse Verbote ausspricht – von Blumenpflücken über freilaufende Hunde bis zu Grillen und Lagerfeuer, und leider ist auch Zelten dabei.

Auf einer der Bänke sitzt ein Mann in abgerissener Kleidung, dessen Gesicht vor allem aus Bart besteht. Unwillkürlich fasse ich mir unters Kinn. Dagegen bin ich noch beinahe gut rasiert.

»Peregrino?« Ich nicke. »Atención, policía, policía ...«, antwortet er und deutet mit seiner knochigen Hand auf den Weg nach Logroño, der sich nach einigen Metern in rabenschwarzer Nacht verliert.

Ich laufe weiter, nur um mich wenig später in einem hölzernen Rastunterstand niederzulassen. Was Besseres ist nicht zu finden. Soll die Polizei doch kommen.

Kaum habe ich mich in den Schlafsack gekuschelt, höre ich in der Nähe angeheitertes Grölen. Nein, das ist nicht die Polizei. Ein Trupp gangunsicherer und offensichtlich alkoholisierter junger

Männer zieht vorbei. Für einen Moment bin ich starr vor Schreck. Was ist, wenn die in Pöbellaune sind? Ich höre ihre Schritte auf dem Schotterweg ganz nah an meinem Ohr. Mein Herz pocht so laut, dass ich befürchte, das Klopfen könnte mich verraten. Gleich haben sie dich entdeckt, und prompt hast du ihre Füße zwischen den Rippen, geht es mir durch den Kopf. Wenn jetzt die Polizei käme, hätte ich absolut nichts dagegen.

Die Typen fläzen sich auf eine benachbarte Parkbank. Undeutlich kann ich ihre Silhouetten erkennen. Es scheppert, als sie auf eine Mülltonne eintreten. Unter lautem Klirren gehen Flaschen zu Bruch, begleitet von johlendem Gelächter.

Ich muss hier weg! Mucksmäuschenstill stopfe ich mein Zeug in den Rucksack, was im Dunkeln gar nicht so leicht ist. Ich kann nur hoffen, dass ich nichts vergesse. Dann schleiche ich an der Rückseite des Rastschutzes durchs Gebüsch davon. Anfangs versuche ich, jedes Geräusch zu vermeiden, doch die Zweige knacken nun mal unter meinen Tritten, also renne ich los, blindlings in den Wald hinein.

Nach einer Weile halte ich vollkommen außer Atem an und lausche. Da ich nichts mehr von den Typen höre, lasse ich mich auf den Boden fallen, packe den Schlafsack wieder aus und schaue in die Sterne hinauf. Das beruhigt. Doch so richtig schlafen kann ich trotzdem nicht.

Am nächsten Morgen in Logroño brauche ich erst mal einen Kaffee. Eine ganze Weile sitze ich in einem kleinen Bistro und bestelle sogar noch einen zweiten und einen dritten. Nach dieser Nacht will ich es einfach nicht eilig haben.

Ich bummele durch die Hauptstadt der Region La Rioja an der Kathedrale vorbei, wo ich meinen Pilgerpass abstempeln lasse, und überquere schließlich den Ebro. Mal wieder so ein Meilenstein, und obwohl ich heute ziemlich langsam bin, habe ich das Gefühl voranzukommen – sogar im doppelten Sinne, denn nur wenige Kilometer hinter der Stadt verlasse ich La Rioja und erreiche Navarra, die letzte Provinz vor der französischen Grenze. Navarra ist bergiger als La Rioja, und in den höheren Lagen wachsen keine Reben mehr, sondern uriger Kiefernwald mit krummen, knotigen Bäumen, deren Wurzeln sich an die Felsen klammern. Es ist eine kontrastreiche Mischung: Grüne Wiesen im Wechsel mit steinigen Anhöhen, von denen hinab der Blick weit ins Land reicht, über die weiß blühenden Mandelbäume hinweg bis zum strahlend blauen Horizont.

Ein beeindruckendes Naturschauspiel bieten die gewaltigen Starenschwärme, die von Zeit zu Zeit durch die Luft kreisen. Ein gigantischer schwarzer Fleck, begleitet von einem an- und abschwellenden Rauschen zieht in koordinierten, wellenförmigen Bewegungen am Himmel hin und her und wirft düsteren Schatten auf die sonnigen Hänge. Kaum vorstellbar, dass diese wolkenartigen Gebilde aus lauter einzelnen Vögeln bestehen.

Bei glasklarer Sicht erklimme ich den Alto del Perdón. Oben angelangt öffnet sich ein herrlich weiter Blick auf die Pyrenäen. Frankreich liegt zum Greifen nah. Ein idyllischer Feldweg schlängelt sich zwischen blühenden Obstbäumen hindurch nach Pamplona hinab.

Ich bilde mir ein, dass vieles hier schon sehr französisch aussieht. Straßenzüge mit hübschen Vorgärten und Puppenstubenfassaden gruppieren sich um liebevoll gestaltete Plätze, wo zwischen Blumenrabatten ein paar Bänke stehen. Die Schere zwischen Arm und Reich klafft in Nordspanien längst nicht so weit auseinander wie im Süden. Es gibt weder hochherrschaftliche von Stacheldraht und scharfen Hunden umgebene Gutshöfe noch marode Blechhütten, deren Dächer notdürftig mit Plastikplanen ausgebessert sind.

Ich schlendere durch die engen Gassen der Altstadt. Bekannt ist Pamplona vor allem für die seit 1591 alljährlich stattfindenden Stierkämpfe. Beim dazugehörigen Stierlauf werden die Tiere durch die Straßen und über öffentliche Plätze getrieben. Ich finde dieses Vergnügen ziemlich fragwürdig und bin froh, dass es traditionell im Juli und nicht ausgerechnet heute stattfindet.

Nachdem ich die beeindruckend dicke Stadtmauer hinter mir gelassen habe, trennt mich nichts mehr vom Aufstieg in die Pyrenäen. Ich liebe es, wenn der Lärm verebbt und man allmählich die Feldlerchen wieder singen hört. Städte produzieren ein fortwährendes, untergründiges Rauschen, das man erst im Kontrast zur Stille wahrnimmt.

Der Camino führt überwiegend am Río Arga entlang und geht meistens nur sanft bergan. Es ist weniger anstrengend als befürchtet, zunächst wenigstens. Saftig grüne Hänge, auf denen Kühe grasen, und im Hintergrund schroffe Gipfel. Am Brunnen in Zubiri fülle ich meine Flaschen. Sehr vorausschauend, wie sich kurz darauf zeigt, denn von nun an geht es steiler aufwärts, ich komme ordentlich ins Schwitzen und kann jeden Schluck Wasser gut gebrauchen.

Nahe der Passhöhe von Erro finde ich auf etwa 800 Metern einen Schlafplatz im Kiefernwald. 800 Meter – allzu gewaltig klingt das nicht, und in der Meseta stünde ich inmitten platter Äcker. Hier jedoch bin ich auf dem besten Weg, ein Hochgebirge zu erklimmen, und rings um mein Zelt liegen sogar noch ein paar Schneereste.

Allmählich heißt es Abschied nehmen von Spanien, diesem wunderschönen, sonnenverwöhnten Land, das ich zwei Monate lang durchwandern durfte: grandiose Landschaft, traumhaftes Wetter, freundliche Menschen. Eigentlich perfekt, wenn die Probleme mit der Verständigung nicht gewesen wären. Doch wer hätte gedacht, dass mein Bild vom ausschließlich Spanisch sprechenden Spanier ausgerechnet in dem winzigen Pyrenäendorf Burguete noch einmal auf den Kopf gestellt würde! Über dem kleinen Laden hängt ein Schild »Janari – Alimentación – Alimentation – Wholefood – Verköstigung«. Baskisch – Spanisch – Französisch – Englisch – Deutsch. Fünf Sprachen! Ich traue meinen Augen nicht. Zwar muss ich ein bisschen schmunzeln über das ungebräuchliche Wort »Verköstigung«, aber das macht die Sache nur umso interessanter. Wer spricht hier mitten im Nichts ein so gewähltes Deutsch, dass er das Wort »Verköstigung« kennt.

Neugierig betrete ich den Laden. Ein paar Regale mit Brot und Nudeln, Konserven und Eingemachtem, Haushalts- und Schreibwaren, in der Mitte frisches Obst, kunstvoll gestapelt, daneben eine altertümliche Waage. Der Mann hinter der Kasse spricht mich zunächst auf Spanisch an, wechselt jedoch auf mein Stammeln hin sofort gewandt ins Englische. Als er hört, woher ich komme, erwidert er in astreinem, wenn auch etwas ungewöhnlichem Deutsch: »Willkommen in meiner Verköstigungshalle!« Er scheint sich richtig zu freuen, dass er mal Gelegenheit zum Sprechen bekommt. Er benutzt ausgefallene Vokabeln wie »wonnevolles Winterwetter« oder »die Seele erhebende Pilgerschaft«, das Ganze mit leichtem Akzent, aber grammatikalisch völlig korrekt.

Ich frage ihn, wo er so gut Deutsch gelernt habe. »Selbstunterweisung« während der Mußestunden in seiner »Verköstigungshalle«, ist die Antwort. Man habe hier weite Augenblicke der Arbeitsruhe, Menschen durchströmten seinen Laden nicht immer scharenweise, die meisten seien Pilger, die in die Fremde wandelten, und für sie sei es gewiss erbaulich, wenn sie auf jemanden stießen, der sich ihres Heimatmundes befleißigen könne. Spanisch, Baskisch und Französisch beherrsche er ohnehin von Kindheit an. Obendrein noch Englisch und Deutsch zu lernen sei ein Leichtes gewesen, und jetzt sei er in der Lage, mit beinahe jedem Pilger zu sprechen. Er tritt ein Stück zur Seite und zeigt hinter sich auf ein etwas verstecktes Regal. Ich erkenne ein paar

Lederbände, dazwischen zerlesene Reclamhefte: Lessing, Goethe, Schiller, Kleist, Heine, Stifter … Jetzt weiß ich auch, woher er sich so formvollendet auszudrücken weiß. Er hatte ein paar wirklich gute Lehrer.

FRANKREICH

*Wie Gott und fast ohne Geld –
wo, wenn nicht hier?*

43 GRAD NORD
LA FRANCE

Auf dem Hof des Augustinerkloster Roncesvalles türmen sich Schneeberge. Zwar ist der Himmel blau und die Vögel singen im kahlen Geäst, doch lange kann der Winter noch nicht her sein. Zwischen den Buchen wachsen hier und da ein paar Fichten, die ersten auf meinem Weg nach Norden, und wahrscheinlich ist es nur eine Frage von wenigen Tagen, bis die südlichsten Birken auftauchen. Buchenwälder werden mich bis kurz hinter Göteborg begleiten, Fichten bis über den Polarkreis hinaus und Birken beinahe bis ans Nordkap.

Hinter den Klostergebäuden beginnt der Anstieg in den Ibañeta-Pass, den mit 1057 Metern höchsten Punkt meiner Pyrenäenüberquerung. Oben gibt es eine alte Glocke, die früher bei Nebel von den Mönchen geläutet wurde, um Pilgern den Weg zu weisen. Doch so gefahrvoll-romantisch ist die Fußreise nach Santiago heutzutage nicht mehr. Der von Frankreich hinaufkommende Pfad wird durch eine breite Schneise direkt unter einer Oberleitung entlanggeführt und wäre selbst mit verbundenen Augen kaum zu verfehlen. Eine landschaftlich deutlich reizvollere Alternative, die sogenannte Napoleon-Route, verläuft einige hundert Meter höher, doch leider ist sie so früh im Jahr noch gesperrt. Wohl oder übel schlage ich den nur mäßig spannenden, aber erlaubten Weg ein.

Es geht ziemlich holterdiepolter nach Frankreich hinab. Die Leute, die mir entgegenkommen, sehen reichlich erledigt aus. Ich aber habe die Schwerkraft auf meiner Seite und bin einmal mehr froh, gegen den Strom zu pilgern.

In dem Dörfchen Arnéguy erwartet mich ein völlig unspektakulärer Grenzübertritt. Da ist nur ein Bach, die Luzane, und auf der einen Seite ist Spanien, auf der anderen Frankreich. Dass ich das Land wechsle, merke ich kaum.

Der erste größere Ort in Frankreich ist Saint-Jean-Pied-de-Port, ein niedliches Städtchen am Fuße der Pyrenäen. Puppenstubenhafte Bilderbuchatmosphäre und aufgeschlossene Menschen, die sich freuen, dass ich ihre Sprache spreche, wenn auch nicht besonders gut.

Die Freude ist ganz meinerseits. Noch selten war ich so glücklich darüber, in der Schule Französisch gelernt zu haben. Ich fühle mich hier viel weniger einsam als in Spanien, was einzig und allein daran liegt, dass ich mich verständlich machen kann.

Meine Ankunft in Frankreich feiere ich mit einem Pain au chocolat und einem warmen, weichen Bett in der Pilgerherberge. Am nächsten Morgen schenkt mir Nadine, die Wirtin, einen Kaffee nach dem anderen ein und will alles über meine Reise wissen. Dass ich rückwärts pilgere, findet sie sehr praktisch, denn dann könnte ich doch meine spanischen Pilgerführer hierlassen für andere Wanderer, im Tausch gegen ein Buch über die Voie de Vézelay – der Weg, dem ich für die nächsten paar Wochen folgen werde. Der Tausch von Reiseführern – eine prima Idee und ein weiterer Vorteil am Rückwärtspilgern, der mir noch gar nicht in den Sinn gekommen ist.

Vor mir liegt Frankreich! Jetzt heißt es »Bonjour« statt »Hola«. Und wie um mir zu zeigen, dass ich erneut ein Stück nach Norden gekommen bin, taucht tatsächlich die erste Birke auf. Die hiesige Pflanzenwelt ist vielfältig. Es gibt die übliche Mittelmeervegetation, aber auch manches, was weiter nördlich wächst. Buchen stehen neben Palmen und Fichten neben Zypressen. Die Zweige tragen Knospen, aus denen vorsichtig das erste Grün hervorlugt, zartrosa schweben die Blätter der blühenden Obstbäume durch die Luft, und am Wegesrand leuchten die Osterglocken.

Gegen Nachmittag erreiche ich die malerisch auf einem Hügel gelegene Chapelle de Soyartze. Über gelbes Ginstergebüsch hinweg blicke ich zurück bis zu den Pyrenäen, die sich als grau gezackte Linie schroff vor dem blauen Himmel abzeichnen. Neben der Kapelle gibt es eine Wasserstelle und ringsum Wiese. Eigentlich ideal zum Zelten, doch ich bin nicht allein. Ein paar Kinder spielen Ball und ein Grüppchen Erwachsener hat sich um einen Picknicktisch versammelt.

Die Leute reagieren zum Glück sehr freundlich auf meine Frage, ob es erlaubt sei, hier zu übernachten. Ich verstehe nicht alles, was sie antworten, denn sie sprechen mit einem ziemlich starken südfranzösischen Akzent, aber das Wesentliche höre ich heraus. Man dürfe in Frankreich überall zelten, das sei kein Problem. Ich solle nur vorsichtig sein wegen des »tempête«.

O Mann, was heißt noch mal tempête? Ich glaube »Sturm«. Obwohl das eigentlich kaum vorstellbar ist, denn im Augenblick regt sich kein Lüftchen. Stattdessen taucht ein zauberhaftes Abendrot die Silhouette der Pyrenäen in ein kräftiges Rosa, und der Ginster sieht nicht mehr gelb, sondern knallorange aus. Ich sitze da und bestaune gebannt die strahlende Pracht, die mich umgibt. Doch nachdem die Farben verblasst sind, wächst tatsächlich aus vollkommener Windstille innerhalb weniger Minuten der angekündigte Sturm heran.

Mühsam ziehe ich den Reißverschluss zu. Die Zeltplane rattert ohrenbetäubend laut, und meine Behausung wird zusammengedrückt wie eine Streichholzschachtel in der Hand eines Riesen. Die Welt hüllt sich in nächtliches Dunkel. Ich ziehe mir den Schlafsack bis weit über den Kopf, knipse die Taschenlampe an und versuche, in Jule Vernes *Reise zum Mittelpunkt der Erde* zu lesen. Manchmal dämmere ich kurz weg, dann wieder reißt mich der Sturm aus dem Schlaf.

Ich fühle mich schutzlos, weil ich auf eine sehr intensive Weise spüre, dass ich keine Kontrolle habe über das, was da draußen geschieht. Es ist, als triebe ich auf einem tosenden Ozean zwischen den Wellenbergen umher. Ich müsste längst untergegangen sein, doch unbegreiflicherweise schwimme ich noch immer oben.

Am Morgen ist die Welt wie verwandelt. Ein undurchdringliches Grau hängt über den Hügeln. Der gelbe Ginster, die grüne Wiese, die blauen Berge in der Ferne, alles verschwimmt zu einem farblosen Einerlei. Der Sturm ist vorübergezogen und feiner Nieselregen erfüllt die Luft.

Ich wandere über Acker- und Weideland und durch kahle Vorfrühlingswälder. Die Sohlen meiner Schuhe sind schon ziemlich abgelaufen. Eigentlich kein Wunder, schließlich nähere ich mich den 2000 Kilometern. Zum Glück regenerieren sich meine Füße im Gegensatz zu den Schuhen immer wieder wie von selbst. Es ist unglaublich, was der menschliche Körper zu leisten vermag. Selbst die teuersten Wanderschuhe sind nach 3000 Kilometern kaum noch zu gebrauchen. Unsere Füße aber schaffen locker das Sechzigfache dieser Distanz. Ein Mensch läuft etwa sechs Kilometer pro Tag. Wenn er achtzig Jahre alt wird, hat er 175 000 Kilometer hinter sich und damit die Erde mehr als viermal umrundet. Dagegen ist meine Reise von Tarifa bis ans Nordkap nicht viel mehr als ein kurzer Wochenendausflug.

Ich lasse das Département Pyrénées-Atlantiques hinter mir und erreiche Les Landes. Der April hat Generalprobe, und das bereits Anfang März. Über Saint-Sever ist der Himmel zur einen Hälfte schwarz, zur anderen blau. Leider verschiebt sich die beeindruckend exakte Trennlinie mit rasanter Geschwindigkeit zu Ungunsten von Blau. Für ein paar Minuten schluckt nächtliche Finsternis den Tag, und dicke Tropfen fallen. Zeit für eine Besichtigung der berühmten Abtei, eine der zahlreichen UNESCO-Weltkulturerbestätten am Jakobsweg.

Ich staune über die gigantischen Ausmaße der Kirche und die prächtigen Verzierungen an den Kapitellen der hohen Säulen. Außerdem bin ich froh, eine Weile im Trockenen zu sitzen, und obendrein bekomme ich auch noch einen Stempel in meinen Pilgerausweis.

Im Supermarkt am Ortsausgang gibt es Croissants kurz vorm Verfallsdatum und überreife Erdbeeren. Ideal für mich, denn ich bin hungrig genug, um alles sofort aufzuessen. Dabei sitze ich matschbespritzt und schlecht rasiert wie nie zuvor in meinem Leben auf einem flachen Mäuerchen, das den Parkplatz von der Straße trennt, und stopfe die Köstlichkeiten in mich hinein. Ein kleines Mädchen zeigt mit dem Finger in meine Richtung und tuschelt seiner Mutter etwas zu. Die wendet sich beschämt ab und zieht das Kind weiter. Ich rücke meine klitschnasse Mütze zurecht und grinse über das ganze Gesicht. Es ging mir selten besser. Doch wahrscheinlich kann man das von außen nicht so genau erkennen.

44 GRAD NORD
GARONNE UND DORDOGNE

Ein Roquefort in Roquefort, das muss einfach sein. Mit meinem Taschenmesser verteile ich den Käse auf einem großen Stück Weißbrot. Während ich esse, blättere ich im Pilgerführer herum. Dabei stelle ich fest, dass ich im falschen Roquefort bin. Das Käse-Roquefort liegt zwar ebenfalls in Südfrankreich, jedoch viel weiter östlich, und heißt, um genau zu sein, Roquefort-sur-Soulzon.

Macht nichts, ein Roquefort in Roquefort ist es ja dennoch, und schmecken tut er sowieso.

Besonders aufregend ist das Nicht-Käse-Roquefort nicht – bis auf eine kleine, kuriose Sehenswürdigkeit: einen Baguetteautomaten. Ich werfe Geld ein und stelle fest: Es handelt sich um keinen Scherz, sondern tatsächlich um eine 24-Stunden-Versorgung der Franzosen mit ihrem Lieblingsbrot. Hätte ich noch Zweifel gehabt, dass ich in Frankreich bin, spätestens jetzt wären sie ausgeräumt.

Nachmittags betrete ich das größte zusammenhängende Waldgebiet Westeuropas: den Naturpark Landes de Gascogne. Ursprünglich befand sich hier eine Heidelandschaft, bis unter Napoleon durch umfängliche Aufforstungsmaßnahmen der »Forêt des Landes« entstand. Eine schnurgerade Schneise führt mich mitten hindurch, fünfzig Kilometer Kurs Nordost, praktischerweise also direkt in Richtung Nordkap. Leider ist der nicht enden wollende Forstweg unter meinen Füßen höchstens so spannend wie die entsprechende Linie auf der Karte, mit anderen Worten ziemlich öde. Um die Sache rasch hinter mich zu bringen, schlage ich mein »Autobahntempo« an: fünf bis sechs Kilometer pro Stunde.

So erreiche ich schon am nächsten Tag die Grenze zum Département Gironde. Ungefähr hier habe ich ein Viertel der Stecke von Tarifa bis ans Nordkap geschafft. Vor mir Wald, hinter mir Wald, neben mir Wald, über mir Nieselregen und unter mir Matsch, durch den sich ein riesengroßer Regenwurm hindurchwindet. Er misst mindestens dreißig Zentimeter und ist unfassbar dick. Ich sehe ihm zu, wie er das Weite oder vielmehr das kühle Tiefe sucht. Dabei feiere ich meinen Etappensieg nicht sehr glamourös mit einem an einem Ende aufgeweichten, ansonsten jedoch trockenen Stück Baguette; den Roquefort habe ich leider schon aufgegessen.

An der Garonne kommt die Sonne zurück. Ich überquere meinen ersten großen Fluss in Frankreich. Der riesige Forêt des Landes ist zu Ende, und nur noch kleine Wäldchen tauchen ab und zu zwischen den Weinbergen auf. Hier wächst der berühmte Bordeaux, bevor er in der Flasche landet.

In der Mairie – dem Rathaus – von Pellegrue geht es gemütlich zu, ohne Wartenummern und mit viel Zeit, um auch mit jemandem, der nicht gerade fließend Französisch spricht, noch ein kleines Schwätzchen zu halten. Ich bekomme Zutritt zur Pilgerherberge im Haus gegenüber, diesmal allerdings nicht in Gestalt eines Schlüssels, sondern in Form eines sehr französischen Codes, den ich an der Tür eintippen muss: 1789. Der Beginn der Französischen Revolution.

Da schon wieder Unwetter angesagt ist, ziehe ich ein festes Dach über dem Kopf der Übernachtung im Freien vor. Und tatsächlich beginnt der Regen am späten Abend, heftig ans Fenster zu prasseln. Unten auf dem Marktplatz fliegen Zweige und Blätter durch die Gegend, und die Tricolore über dem Eingang der Mairie flattert lautstark im Wind.

In den frühen Morgenstunden wird es ruhiger, und als ich aufbreche, glitzert der nasse Asphalt zaghaft im verhaltenen Sonnenschein. Trotzdem weiß das Wetter den ganzen Tag über nicht so recht, wohin mit sich, und ich weiß nicht, wohin mit meiner Regenhose, anziehen oder in den Rucksack.

Doch wechselhaftes Wetter hat nicht nur Nachteile. Während meiner Mittagsrast an der Dordogne zum Beispiel beschert es mir einen herrlichen Regenbogen, der sich von einem Ufer zum anderen hinüberzieht und damit zugleich die Grenze zwischen den Départements Gironde und Dordogne markiert. Ja, ich bin schon wieder ein Département weiter!

Über den Weinbergen hängen spektakuläre Wolkenformationen, manche bedrohlich schwarz, manche schneeweiß. Immer wieder gelangen Sonnenstrahlen hindurch, die wie riesengroße Scheinwerfer die Landschaft punktuell fast sommerlich erhellen, während kaum hundert Meter weiter ein Platzregen niedergeht. Ich kann nicht aufhören zu fotografieren, um dieses beeindruckende Schauspiel irgendwie einzufangen. Das dauert, und mindestens ebenso viel Zeit kostet das ständige An- und Ausziehen der Regenklamotten. Langsam bin ich jeden Tag, aber heute bin ich noch ein bisschen langsamer.

45 GRAD NORD
PÉRIGUEUX UND LIMOGES

Ein alter Mann kommt mühsam die Landstraße hinab, auf einen Stock gestützt und in viel zu groß wirkenden Gummistiefeln. Er spricht mich freundlich an. 92 Jahre sei er alt und habe sein ganzes Leben in diesem Dorf verbracht. Seit er denken könne, kämen regelmäßig Pilger vorbei, und er freue sich immer sehr darüber.

»J'aime les pèlerins«, sagt er zu mir und will viel mehr über meine Wanderung wissen, als ich auf Französisch sagen kann. Es sei eine fantastische Idee, Europa zu Fuß zu durchqueren. Heute könne man das, weil Frieden herrsche. Diese Chance müsse man nutzen. Wenn er sechzig Jahre jünger wäre, würde er mich begleiten. Er lacht und klopft mir kumpelhaft auf die Schulter. Dann spricht er enthusiastisch über die deutsch-französische Freundschaft. Was ich oft viel zu selbstverständlich hinnehme, ist für ihn noch immer ein Wunder, und ich bin ihm dankbar, dass er mich an dieses Wunder erinnert.

Wenig später überquere ich den 45. Breitengrad. Ich bin nach wie vor im Südwesten Frankreichs, aber langsam ist es der nordöstliche Südwesten. Heute habe ich schon fünf Birken gesehen. Bald werden es so viele sein, dass ich aufhören muss zu zählen. So motiviere ich mich Schritt für Schritt und träume mich ganz langsam vorwärts. Träumen ist wichtig! Denn ohne den Traum von einer Durchquerung Europas auf meinen eigenen zwei Beinen wäre ich niemals aufgebrochen. Und ohne den Traum von einer trockenen Jacke würde ich spätestens jetzt nicht mehr weitergehen.

Auf Umwegen laufe ich an dem sich in Schlangenlinien durch die Landschaft windenden Flüsschen Isle entlang in Richtung Osten. Es regnet und regnet und regnet. Im Schaufester der Touristeninformation von Saint-Astier prahlt ein Poster damit, dass dies gleich nach der Côte d'Azur statistisch gesehen die sonnenreichste Gegend Frankreichs sei. Doch was nützt mir das? Im Augenblick bin ich vollgesogen wie ein Schwamm und fühle mich schwer und träge.

Der Bahnhof von Périgueux kommt wie gerufen, und zwar gleich in doppelter Hinsicht: Es gibt eine Wartehalle mit Steckdosen, wo ich nicht nur meine leere Powerbank aufladen, sondern auch noch eine Weile im Trockenen sitzen kann. Zwei Fliegen mit einer Klappe. Zwar ist die Wartehalle einem Schild am Eingang zufolge nur für Reisende, doch ich finde, dass ich das bin. Und da ich mit meinem großen Rucksack gut ins Bild passe, stört sich niemand an mir. Nach zwei Stunden verlasse ich den Bahnhof ausgeruht, aufgewärmt und aufgeladen. Inzwischen hat der Himmel über Périgueux die Farbe gewechselt und ist jetzt strahlend blau.

Nacktschnecken haben ein sehr sicheres Gespür für Regen und wissen genau, wann sie ihre Verstecke im Boden verlassen können. Leider kleben sie auch heute Morgen wieder massenweise auf der Zeltplane. Frankreich verwöhnt mich nicht gerade mit schönem Wetter, aber egal: Vive la France mit allen matschigen Feldwegen, glitschigen Straßen und tropfnassen Wäldern! Für eine Weile gelingt es mir, vergnügt zu bleiben. Erst als mich die niederträchtige Kombination aus Platz- und Dauerregen erwischt, sinkt meine Laune in den Keller.

»Paris 514 km« verkündet ein Schild an der Hauptstraße in Sorges. Das glaube ich sofort, denn mehr Provinz geht nicht. Das, was von außen Bar heißt, ist von innen zusätzlich Spielhalle, Schnellrestaurant, Zeitungskiosk und Tabakgeschäft. Doch der Kakao in diesem Multifunktionsladen ist richtig gut. Obwohl ich einräumen muss, dass ich mich in einer derart durchgeweichten und unterkühlten Verfassung befinde, dass ein Heißgetränk schon außerordentlich mies sein müsste, um eine negative Bewertung von mir zu bekommen.

Anders als in Spanien hat in Frankreich die Saison noch nicht begonnen, und mir sind bisher keine anderen Pilger begegnet. Umso erstaunter schaue ich auf, als plötzlich eine junge Frau mit großem Rucksack den Laden betritt. Antoinette kommt aus Brüssel, wo sie sich vor eineinhalb Monaten auf den Weg nach Santiago gemacht hat. Sie setzt sich zu mir an den Tisch, und wir unterhalten uns eine ganze Weile in einem lustigen Mix aus Englisch, Französisch und Deutsch.

Es ist eines dieser intensiven Gespräche, wie man sie nur unterwegs führen kann, wenn sich Wege rein zufällig kreuzen. Plötzlich redet man mit einem wildfremden Menschen über das Wandern, darüber, was einen getrieben hat loszugehen, was einen jeden Tag motiviert, wieder aufzubrechen, und was man sich davon erhofft, dass man mutterseelenallein durch Wind und Wetter läuft, einem so weit entfernten Ziel entgegen. Man vertraut sich all diese Dinge an, ohne einander wirklich zu kennen und ohne dass man vorhat, sich jemals wiederzusehen. Wenn alles gesagt ist, verabschiedet man sich, und jeder geht seiner Wege.

Dichte Nebelschwaden liegen über der Wiese, und die Bäume am Waldrand erinnern an Tänzer, die in weißen Gewändern eng umschlungen umeinanderwippen. Da Frühnebel meist Sonnenschein ankündigt, ziehe ich das Zelt wieder zu, döse noch ein wenig und warte.

Es lohnt sich: Als ich zum zweiten Mal hinausschaue, bahnen sich die Strahlen der aufgehenden Sonne ihren Weg durch die knospenden Zweige bis auf meinen Frühstückstisch oder vielmehr Frühstücksbaumstumpf. Keine Nacktschnecke weit und breit.

Die Landschaft verliert zunehmend ihren mediterranen Charakter und wirkt mit jedem Schritt vertrauter. Inmitten eines Birkenwäldchens erreiche ich die Grenze zum nächsten Département: Haute-Vienne. Ich schlurfe durch altes Laub. Hier und da pellt sich die weiße Rinde vom Stamm und klackert in losen Fetzen leise vor sich hin. Dann wieder Heide, Kiefern und schattige Wege unter hohen Fichten. Tauben gurren, der Wind rauscht in den Bäumen, und ich freue mich über meine trockene Jacke.

Als ich mich Limoges nähere, ist Schluss mit der Idylle. Ich würde gern einen schöneren Weg laufen, doch die Wanderkarte taugt nicht als Stadtplan, und mein Handy ist mal wieder so gut wie leer. Also entscheide ich mich für eine Hauptverkehrsstraße, die direkt ins Zentrum führt.

Am Hauptbahnhof sehe ich mich nach einer Steckdose um. So einen schönen Warteraum wie neulich in Périgueux gibt es leider nicht. Doch dafür entdecke ich etwas anderes: Hometrainer, an denen man im Austausch gegen körperliche Betätigung das Handy laden darf. Nicht, dass es mir derzeit an Bewegung mangeln würde, aber ich brauche Strom, also fahre ich ein bisschen Fahrrad. Fehlt nur noch ein Schwimmbad, und ich könnte aus dem heutigen Tag meinen eigenen kleinen Ironman machen.

Limoges ist, dicht gefolgt von Metz, die größte Stadt auf meinem Weg durch Frankreich. Hinter der Kathedrale Saint-Étienne erstreckt sich der Botanische Garten. Er liegt sehr malerisch auf einem Hügel. Im Vordergrund bunte Blumenrabatten und kunstvoll zu Mustern zurechtgeschnittene Buchsbaumhecken, dahinter ein herrlicher Blick auf die Stadt. Unten in den engen Gassen trifft Fachwerk spannungsvoll auf moderne Architektur, und ich wandele fleißig ein paar der mühsam errungenen Akkuprozente in Fotos um.

Der Zugang zum Hostel läuft über Türcode per SMS und Kreditkarte. Nirgends eine Rezeption. Wer gibt mir jetzt meinen Stempel für den Pilgerpass? Die Touristeninformation hat schon geschlossen, die Église Saint-Pierre ebenfalls. Das wird wohl nichts mehr, denke ich gerade, da schleppt vor mir eine junge Frau einen Plastikdelfin über den Gehweg, der ungefähr doppelt so groß ist wie sie selbst. Da wir beinahe zusammenstoßen und das Ding wirklich sperrig aussieht, biete ich ihr meine Hilfe an. Sie nickt dankbar, und zusammen tragen wir das Monstrum durch die Eingangstür des Aquarium du Limousin. Das ist meine Chance, die haben doch bestimmt einen Stempel hier. Man muss als Pilger nur beweisen, dass man in den Orten am Weg wirklich gewesen ist. Das geht auch mit einem Stempel vom Aquarium, und wenig später prangt ein dicker Delfin in meinem Pilgerpass.

46 GRAD NORD
CREUSE, CHER UND LOIRE

Ich laufe durch die Monts d'Ambazac, einen westlichen Ausläufer des Zentralmassivs. Es geht auf und ab, teils durchs schattige Halbdunkel eines Fichtendickichts, teils erlaubt kahles Buchengezweig einen weiten Blick auf die bewaldeten Täler und Höhenzüge.

Am Ufer eines Baches, der zwischen großen bemoosten Steinen leise vor sich hin plätschert, wachsen Sumpfdotterblumen in üppigen Büscheln. Ich setze mich ins Gras, ziehe die Wanderschuhe aus und strecke bequem die nackten Füße ins Wasser. Heute kann ich eine Abkühlung gut gebrauchen, denn es ist schon ordentlich frühlingshaft, und um die Mittagszeit bringt mich die Sonne beinah ins Schwitzen.

Von Tag zu Tag wird es wärmer. Die Berge versinken hinter mir am Horizont, und eine weite Ebene tut sich auf. Ein Feldweg zwischen Wiesen und Weiden, darüber ein strahlender Schönwetterhimmel. Die Landschaft im Département Creuse ist auf eine angenehm unspektakuläre Weise idyllisch – oben blau, unten grün, und ich in der Mitte.

Hier gibt es definitiv mehr Kühe als Menschen, doch auch die vielen anderen Tiere hinter den Weidezäunen sorgen immer wieder für Abwechslung. Ein riesiger Ackergaul beugt sich zu mir hinab, lässt sich die Blesse streicheln und schnaubt unter leisem Prusten feuchte Luft durch die Nüstern. Ein paar Schafe ballen sich zu einem erschreckten, aber doch nur halbherzig flüchtenden Haufen zusammen. Unter lautem Hufgetrappel und mit wild flatternden Mähnen folgt mir eine Herde Ponys, so weit ihre Weide dies zulässt. Und ein Ziegenbock trinkt geräuschvoll aus seinem Wassertrog, sehr verständlich bei der Hitze.

Plötzlich ertönt neben mir ein ohrenbetäubendes Geräusch. Ich zucke zusammen und wende mich um. Da steht ein Esel, bläst den Bauch auf, bleckt die Zähne und stößt entsetzlich schräge Laute aus, die nur sehr entfernt nach »Iah!« klingen. Anschließend schiebt er, sichtlich zufrieden, sein Gebiss wieder hinter die Lippen und schaut mich triumphierend an, ganz so, als wolle er sagen: »Na, da hast du dich aber erschreckt, was?«

Doch am meisten überrascht mich ein dunkelbraunes Alpaka, das auf Beinen, die unter dem wolligen Körper nur wie kurze Stummel hervorragen, erstaunlich schnellen Schrittes ans Gattertor gelaufen kommt. Hier bleibt es stehen, reckt stolz den ebenfalls sehr wolligen Hals, macht schmatzend-ploppende Geräusche mit den Lippen und blickt mir herausfordernd ins Gesicht. Ich trete unwillkürlich einen Schritt zurück. Spuckt es jetzt oder spuckt es nicht?

Vorsichtshalber fotografiere ich aus gebührendem Abstand, obgleich das wahrscheinlich gar nicht nötig ist, denn das erheiternde Wesen hinterm Zaun scheint sich an meiner Anwesenheit nicht im Geringsten zu stören. Im Gegenteil, es dreht sich in schwungvollen pirouettenartigen Bewegungen – verblüffend, dass das auf vier Beinen überhaupt funktioniert – mehrmals um sich selbst, posiert von allen Seiten fürs Foto und schaut mit großen braunen Augen unter seinem fransigen Wollpony hervor.

Im Tal der Sedelle ändert sich die Landschaft. Der wildromantische Fluss hat vielen französischen Impressionisten Modell gestanden, und man versteht sofort, weshalb. Der Wald krallt sich mit seinem mächtigen Wurzelwerk in die Uferböschung. Die bizarr geformten Baumkronen überdachen das Wasser, das wie ein im Sonnenlicht glitzernder Schleier durch ein zerklüftetes Flussbett strömt. Einzelne Tropfen hängen als schillernde Perlen an den von dunkelgrünen Moospolstern umhüllten Steinen. Dieses Fleckchen Erde ist von wirklich atemberaubender Schönheit.

Dort, wo auf einem steilen Felsen die Burgruine von Crozant thront, mündet die Sedelle schließlich in die viel breitere, aber ruhiger dahinfließende Creuse. Hier erreiche ich Indre, das nächste Département, und obendrein die nächste Region: Die Départements, die ich seit der spanischen Grenze durchquert habe, gehörten zur Region Nouvelle-Aquitaine. Nun betrete ich Centre-Val de Loire. Und als ob das noch nicht genug wäre, knacke ich kurz darauf oben im Wald die 2000-Kilometer-Marke. Das reicht für heute!

Gerade will ich mein Zelt aufschlagen, als ein klappriger Kleintransporter den Forstweg hinabgeholpert kommt. Vorsichtshalber frage ich, ob ich hier übernachten darf. Doch die Antwort ist das in Frankreich allgemein übliche: »Mais bien sûr, pas de problème!« Gefolgt von einem nett gemeinten Witz, dass ich keine Angst haben müsse, es gäbe zwar Krokodile in der Creuse, aber keine Löwen im Wald.

Ich habe die Franzosen wirklich unterschätzt. Was ihre Freundlichkeit gegenüber wild zeltenden Wanderern angeht, können sie mit den Skandinaviern locker mithalten. Mir war stets das Klischee des kulturbeflissenen, eleganten und etwas arroganten Parisers im Kopf. Doch Frankreich hat mehr zu bieten als »nur« Paris. Ein großes Netz an beinahe autofreien, schmalen Landstraßen, Forst- und Feldwegen führt durch zauberhafte Landschaften und endlose, einsame Wälder. Frankreich ist ein Land voller hilfsbereiter Menschen, die sich wahnsinnig freuen, wenn man ihre Sprache spricht, egal wie schlecht, ein Land für Naturliebhaber, die dem Großstadttrummel entfliehen wollen, kurz gesagt: ein Outdoorparadies. Das hatte ich nicht gewusst.

Nach meiner gestrigen Begegnung mit dem Wollwesen spekuliere ich mindestens auf ein Einhorn samt Regenbogenmähne und Glitzerschweif, aber in Indre grasen nur ganz normale Kühe, Pferde, Schafe, Esel und Ziegen.

Der Frühling zeigt sich als Fast-schon-Sommer von seiner allerschönsten Seite. Er ist so mächtig, dass er mich von oben bis unten erfasst. Blütenduft kitzelt mir in der Nase, vor meinen Augen flattern Schmetterlinge auf und ab, und mittags lässt die Sonne meine Haut so warm werden, dass ich mir absolut nicht vorstellen kann, jemals wieder zu frieren. Von früh bis spät baumelt der Solaraufader an meinem Rucksack, erzeugt Ökostrom und macht mich unabhängig von Pilgerherbergen, Campingplätzen, Wartehallen und Hometrainern. Orion geht immer früher unter, an den Zweigen sprießen die Knospen so rasch, dass man meint, zusehen zu können, und wenn ich tief einatme, schmeckt sogar die Luft nach Frühling. Das helle Licht der länger werdenden Tage durchdringt mich und lässt mich einfach nur glücklich sein, bedingungslos.

Ich genieße es, tagelang zu wandern, und alles, was ich brauche, bei mir zu haben. Ein Leben ohne Geld, wie Gott in Frankreich sozusagen. Zwar nur als flüchtige Illusion einer Unabhängigkeit, die ich niemals haben werde, doch immerhin ... Es ist wie ein Traum von Freiheit, der mich für ein paar kostbare Stunden umgibt. Und was sonst sollte im Leben Bedeutung haben, wenn nicht der schöne Augenblick.

Im Supermarkt von Le Châtelet im Département Cher kann ich mein Portemonnaie unangetastet im Rucksack lassen. Als ich mich nähere, sehe ich, wie gerade der Rollladen heruntergelassen wird. Oh Mist, Mittagspause! Ich renne, und tatsächlich, der Rollladen stoppt. Eine freundlich dreinblickende Frau schaut darunter hervor und fragt, ob ich Pilger sei. Ich nicke.

»Attends!«, sagt sie und verschwindet im Laden. Also warte ich. Nach ein paar Minuten kommt sie zurück und drückt mir eine Tüte mit Lebensmitteln in die Hand. Ich will bezahlen, doch sie winkt ab. Stattdessen möchte sie wissen, wohin ich unterwegs sei. Nachdem ich ihr von meiner Wanderung erzählt habe, besteht sie darauf, mir auch noch einen Berg Schokocroissants zu schenken. »Pour les arbres«, für die Bäume, ergänzt sie lächelnd und wünscht mir alles Gute.

Fröhlich pfeifend ziehe ich weiter. Kaum bin ich draußen vor der Stadt, müssen auf einem schattigen Plätzchen am Wegesrand die Schokocroissants dran glauben. Das ist wirklich der perfekte Treibstoff, damit schaffe ich heute bestimmt noch zehn bis fünfzehn Bäume.

Felder, Weiden, kleine Dörfer und eine Landstraße, die sich mitten hindurchschlängelt. An manchen Gehöften bellen die Hunde, was zuweilen eine lustige Kette von Geräuschen nach sich zieht, wenn als Reaktion ein Hahn kräht, ein Pferd wiehert, eine Kuh muht, ein Esel schreit oder andere Hunde einstimmen. Ab und zu wird mir ein regelrechtes Tierstimmenkonzert geboten.

Ich laufe bis in die Dämmerung hinein weiter und denke viel darüber nach, was nach der Tour sein wird, aber es ist ein angenehmes Nachdenken, ganz ohne Druck und im Vertrauen darauf, dass sich alles gut und richtig fügen wird. Ich sehe die Landschaft an mir vorbeiziehen, höre das mittlerweile so beruhigende Ticktack der Wanderstöcke auf dem Boden und möchte nie wieder schneller sein als Schritttempo.

Abends schreibt mir jemand, den ich gar nicht persönlich kenne, dass er mein nächstes Paar Schuhe bezahlen will, einfach weil er so viel Spaß habe an meinen täglichen Bildern und Berichten im Blog. Das ist überwältigend, und meine Laune wird noch besser, als sie ohnehin schon ist.

Ich bekomme häufig Nachrichten von Menschen, denen es Freude macht, meine Reise mitzuverfolgen. Dieses Interesse bedeutet mir viel, und gerade an härteren Tagen hilft es mir sehr, mich zum Weitergehen zu motivieren. Im Augenblick bin ich zwar so von Frühling umgeben, dass mir alles leichtfällt, als sei die Schwerkraft geringer und jede Bewegung einfacher und schwungvoller als sonst. Aber es wird auch wieder regenschwere Tage geben, und dann wird es mir doppelt guttun zu wissen, dass so viele Menschen in Gedanken am Wegesrand stehen und mich anfeuern.

Hinter Saint-Amand-Montrond geht es idyllisch und ruhig immer am Canal de Berry entlang, einer im 19. Jahrhundert angelegten Verbindung zwischen Loire und Rhône, die jedoch schon lange nicht mehr von Schiffen befahren wird. Das hohe, vom Morgentau noch feuchte Gras raschelt mir um die Beine. Der Himmel ist wolkenlos blau, und es regt sich kein Lüftchen. Ganz allmählich klettert die Sonne höher hinauf und beginnt, mich zu wärmen. Ab und zu schwimmen Nutrias ein Stück neben mir her, tauchen platschend auf und ab und verschwinden wieder in der Uferböschung.

Mit Blick auf ein hübsches Schlösschen mache ich Mittagspause. Noch kein Loire-Schloss, aber immerhin ein Canal-de-Berry-Schloss. Und tatsächlich nähere ich mich der Loire in riesigen Schritten. Kaum zu glauben, dass sie mir vor zweieinhalb Wochen, als ich gerade die Garonne überquert hatte, noch so unvorstellbar weit weg vorkam.

Gestern war Zeitumstellung. Ich kann jetzt also weiter in den Abend hineinwandern. Doch gewinnen kann ich den Wettlauf mit der Dämmerung natürlich nicht. Mein Schatten wird länger und länger, und irgendwann muss ich klein beigeben und mein Nachtlager aufschlagen.

Es gelingt mir inzwischen problemlos, die Abstände zwischen den Bäumen richtig einzuschätzen und eine Stelle zu finden, die groß genug ist für mein Zelt – selbst im Halbdunkel. Ein bisschen ist das wie Einparken, nur viel entspannter, denn es wird nicht gehupt, und mir will auch niemand den Platz streitig machen.

Von ruhiger Wohnlage kann trotzdem nicht die Rede sein hier in diesem kleinen Gehölz zwischen der Wasserstraße und einer angrenzenden Weide. In aller Herrgottsfrühe beginnen links von mir die Enten zu schnattern, und rechts blöken die Schafe. Entsprechend zeitig bin ich wieder auf den Beinen, verlasse den Canal de Berry und erreiche den Fluss Allier.

Während ich auf einer Bank am Ufer ein zweites Frühstück zu mir nehme und verträumt in die vorbeiziehenden Wellen schaue, kommt plötzlich aus einem Garten auf der anderen Seite des Weges ein Huhn selbstbewusst auf mich zustolziert und signalisiert reges Interesse an Kekskrümeln. Was gut ist, spricht sich rum, und schon bald pickt noch ein zweites Huhn mit.

Als ich wieder aufbreche, spazieren sie munter hinter mir her, scheinbar wild entschlossen, mir zu folgen. Mit zwei Hühnern zum

Nordkap! Gerade fange ich an, mich zu fragen, ob das geht, da drehen sie endlich ab. Vielleicht auch besser so, denn schließlich ist Europa nicht überall so flach wie in dieser Gegend und besonders bergtauglich sehen die beiden nicht aus. Spätestens im skandinavischen Fjäll hätte ich sie vermutlich tragen müssen, was ziemlich unbequem geworden wäre, nicht nur für die Hühner.

Auf einer spektakulären Brückenkonstruktion überquert der Canal latéral à la Loire die Allier. Doch nicht nur als Kanal, auch als Mensch kann man diese Brücke benutzen, und so gelange ich zusammen mit unzähligen Wassermolekülen hinüber ins Departement Nièvre. Damit verlasse ich Centre-Val de Loire und betrete Bourgogne-Franche-Comté. Eine Kuhherde läuft neben mir her, dass der Boden nur so bebt. Hinter der Weide kommt ein Stück Wald, und dann geben die Bäume den Blick auf die Loire frei. Mein zweiter ganz großer Fluss in Frankreich!

Auf einem verschlungenen Pfad am Ufer entlang nähere ich mich der Stadt Nevers. Wenn man einen Atlas nimmt und mit dem Finger auf die Mitte des französischen Sechsecks zeigt, landet man ziemlich genau hier. Nevers war bereits in der Antike besiedelt, gelangte jedoch erst im Mittelalter zur eigentlichen Blütezeit. Es wurde früh christianisiert und ist seit dem 5. Jahrhundert Bischofssitz.

Was für ein Glück, dass ich mich der Altstadt ausgerechnet über die Loirebrücke nähere, denn von hier aus genießt man das definitiv schönste Panorama. Die Häuser thronen auf einem Hügel über dem Fluss, und ganz oben am höchsten Punkt ragt die Kathedrale Saint-Cyr-et-Sainte-Julitte zwischen all den anderen Gebäuden unverkennbar und weithin sichtbar in einen pittoresken Schäfchenwolkenhimmel empor.

47 GRAD NORD
DURCH DIE BOURGOGNE

Zunächst hat es den Anschein, als stünde mir mal wieder ein Regentag bevor, doch der einförmig graue Morgen lockert auf und geht schon bald in sehr abwechslungsreiches Aprilwetter über. Was ganz gut passt, denn mittlerweile haben wir tatsächlich April.

Unterm Strich kommt reichlich Wasser vom Himmel, doch nicht ununterbrochen. Ich werde nass und wieder trocken und wieder nass. Manchmal lässt ein Hagelschauer meine eigentlich schon braungebrannten Arme und Beine bläulich einfrieren. Dann wärmt mich aufs Neue kräftiger Sonnenschein. Es gab schon gemütlichere Tage, doch ohne Regen kein Frühlingsgrün, sage ich mir immer wieder, und auf diese Weise kann ich den Wechsel aus kalter Dusche, Sonnenbad und Regenbogen ganz gut aushalten.

Als gerade mal wieder ein paar dicke Tropfen die nächste Sintflut ankündigen, finde ich ganz unerwartet ein gemütliches Plätzchen für eine Rast im Trockenen: In Moussey gibt es eine Freiluftbibliothek. Irgendjemand hatte den großartigen Einfall, ein etwa zwanzig Quadratmeter großes Gelände rund um einen Teich, in dem sogar Fische schwimmen, mit einem Dach und drei Wänden zu versehen, die voller Bücherregale stehen. Rings um den Teich gibt es Stühle, und ein Schild lädt dazu ein, sich zum Lesen niederzulassen, Bücher auszuleihen, zu tauschen oder zu spenden.

Wie gern würde ich mich in irgendein Buch vertiefen und ein paar Stunden bleiben, doch dafür reicht mein Französisch nicht aus. Trotzdem ist dieser Ort eine wunderschöne Idee. Ich bin unbedingt für mehr Büchereien an Wanderwegen!

Die Ortsnamen in dieser Gegend neigen penetrant dazu, auf -y zu enden. Da ist nicht nur Moussey mit der offenen Bibliothek. Auf den Schildern lese ich Prémery, Giry, Varzy, Champlemy,

Guipy, Corbigny, Saizy, Clamecy, Surgy, Tannay und Vézelay. Ja, tatsächlich, ich nähere mich dem Kloster Vézelay. Dort beginnt die Voie de Vézelay, der Pilgerweg, auf dem ich seit Saint-Jean-Pied-de-Port oder anders gesagt seit einem Monat und etwas mehr als 800 Kilometern verkehrt herum unterwegs bin.

Ich überquere die Yonne, schaue eine Weile auf das kräftig unter mir hindurchströmende Wasser hinab und frage mich schmunzelnd, warum das Y plötzlich am Anfang steht und ob dieser Fluss nicht konsequenterweise Ennoy heißen müsste.

Das Département Yonne begrüßt mich sonnig, sodass ich wieder anfangen kann, an meiner Stromversorgung zu arbeiten. Die Solarpanels über dem Rucksack kämpfe ich mich im üblichen Schneckentempo vorwärts über holprige Feldwege und zwischen stattlichen Pfützen hindurch, die das Aprilwetter der letzten Tage zurückgelassen hat.

Dann ist es so weit: In der Ferne erkenne ich einen Hügel, auf dem sich, ganz unverkennbar, die Umrisse der Basilika von Vézelay abzeichnen. Das Dorf liegt einmalig schön in der Landschaft – unübersehbar exponiert und dennoch vollkommen harmonisch eingebettet.

Seit dem Mittelalter ist Vézelay beliebt als Ausgangspunkt oder Zwischenstopp einer Pilgerreise nach Santiago de Compostela. Es gehört zu den UNESCO-Weltkulturerbestätten am Jakobsweg und zählt mit Recht zu den schönsten Dörfern Frankreichs.

Von der Stadtmauer herab genieße ich einen herrlich weiten Blick ins Land. Felder, Wiesen, Wälder, Hügel, dazwischen kleine Ortschaften, und irgendwo hinter dem Horizont liegt die Straße von Gibraltar, wo ich heute vor genau drei Monaten aufgebrochen bin.

Einen richtigen Supermarkt gibt es in Vézelay nicht, nur einen kleinen Kiosk für Touristen. Doch ich finde alles, was ich für die nächsten Tage brauche – im Wesentlichen Brot und Butter. Auf einer Bank vor dem Laden fange ich an zu schmieren. Einige Leute schauen skeptisch, andere belustigt auf mich und den wachsenden Butterbrotberg.

Eine Gruppe rüstiger, älterer Herren im Wanderoutfit stürmt an mir vorbei auf den Dorfladen zu. Dass sie aus Deutschland kommen, ist nicht zu überhören. Sie stellen ihre Rucksäcke ab und organisieren generalstabsmäßig die Gepäckbewachung. Hm, mein Krempel stand völlig unbeaufsichtigt gegen die Hauswand gelehnt, während ich einkaufen war. Vielleicht hat mich mein Landstreicherdasein schon zu vertrauensselig werden lassen.

Die Herren drinnen öffnen ab und zu unter lautem Dingdong die Ladentür und brüllen denen draußen etwas zu: »Gert, die haben hier keine Haselnussschokolade, nur Vollmilch. Nimmst du die auch?« »Vollmilch ist okay«, brüllt Gert zurück. »Sag mal, Achim, die Bananen sind schon ziemlich braun, willst du dann nicht lieber Äpfel?« »Nee, trotzdem Bananen« ... und so hallt der ganze Einkaufszettel die Gasse hinauf bis zur Basilika und wieder hinunter bis zum Stadttor.

Achim umkreist wachsam die Rucksäcke. Gert mustert mich kritisch. »Where are you from?«, ruft er schließlich zu mir hinüber. Meine Antwort bewegt ihn dazu, sich auf die andere Straßenseite zu bequemen und kumpelhaft neben mir Platz zu nehmen.

»Junge, das Ding ist doch viel zu groß für dich«, meint er und deutet mit der Spitze seines makellosen Wanderschuhs auf meinen schmuddeligen Rucksack.

Junge? Ich stutze. Ganz schön von oben herab. Was denkt der denn, wie alt ich bin? Doch wahrscheinlich ist es nur nett gemeint, und wenn ich es recht bedenke, ist es sogar ein Kompliment. Trotz meiner 37 Jahre behandelt mich Gert, als wäre ich gerade mit der Schule fertig. Langstreckenwandern ist offenbar ein Jungbrunnen.

»Ich schlafe meistens draußen im Zelt. Deshalb der ganze Krempel«, erwidere ich. »Schlafsack, warme Klamotten und so.«

»Haste dir das gut überlegt? Is ja noch ganz schön kalt«, gibt Gert zu bedenken.

»Das halte ich aus. Ich bin schon eine Weile unterwegs«, antworte ich.

»Wo biste denn los?«

»Tarifa.«

»Wo is'n das?«

»In Andalusien, an der Straße von Gibraltar. Ist der südlichste Festlandspunkt Europas.«

Gert kriegt große Augen: »Wie jetzt, echt?«

»Ja.«

»Und wo willste hin?«

»Zum Nordkap.«

Jetzt winkt Gert aufgeregt Achim zu sich hinüber. »Hey, mach mal 'nen Foto, der Typ hier läuft von Südspanien bis zum Nordkap.«

In dem Moment kommen die anderen aus dem Laden, und ehe ich mich's versehe, steht die ganze Gruppe um mich herum. Ich fühle mich wie ein seltenes Tier im Zoo. Sie fragen dies und das, machen anerkennende Kommentare, schießen Fotos und sagen mir freundliche, ermutigende Dinge. Schließlich schütteln sie mir der Reihe nach die Hand und ziehen ab.

Ich wandere zum Tor hinaus, den Hügel hinunter ins tieforange Licht der Dämmerung hinein auf ein Waldstück zu, das ich ein paar Kilometer entfernt am Horizont erkennen kann. Dort angelangt werfe ich den Rucksack ins Laub, baue das Zelt auf und beiße in eines der Butterbrote. Über der Basilika gehen die Sterne auf. Mir wird bewusst, was für ein exotischer Sonderling ich während der letzten drei Monate geworden bin. Ich schlafe viel lieber hier als in irgendeiner Unterkunft da drüben in den engen Gassen, und meine Butterbrote sind mir lieber als jedes Restaurant.

Es gibt nichts Schöneres, als die Welt zu Fuß zu erkunden. Ich fühle mich frei, als gäbe es keine Grenzen, als stünde mir alles offen, als könnte ich überall hin. Ich muss nur einen Fuß vor den anderen setzen, so lange, bis ich ankomme. Es ist, als könnte ich fliegen, und das, obwohl ich so langsam bin. Oder vielleicht gerade deswegen.

So flach wie das Frankreich längs der unzähligen Kanäle ist die Bourgogne nicht. Vézelay war nur der erste Hügel. Das Auf und Ab geht weiter, doch die Mühe lohnt sich. Saftig grüne Wiesen unter schäfchenwolkigem Frühlingshimmel, dazu kleine Dörfer, verstreut auf liebliche Anhöhen und sanfte Täler. Ein perfekter Tag und ich mache sogar richtig Strecke!

Mein Schlafplatz liegt genau auf der nächsten Département-Grenze. Mit dem Kopf bin ich schon in Côte-d'Or, mit den Füßen noch in Yonne. Ich schaue in die Zweige über mir und versuche, mich sattzusehen an all den Frühlingsfarben, denn für morgen ist wieder graues Wetter angesagt. Doch jeder Tag bringt, was er bringt, und bisher war immer etwas Gutes dabei.

Am nächsten Morgen bin ich zurück auf der klitschnassen Landstraße und überlege, ob ich mich geirrt habe. Vielleicht ist dies der erste Tag, der aus der Reihe tanzt. Ein Schauer nach dem anderen geht nieder, das Wasser läuft nur so an mir herunter, und dennoch habe ich Durst. Das ist absurd und macht mich wütend.

Normalerweise sind Friedhöfe eine zuverlässige Trinkwasserquelle, doch heute habe ich Pech. Im ersten Dorf kommt nicht ein Tropfen aus dem Hahn, das zweite hat keinen Friedhof und im dritten ist das Tor verschlossen. Außen nass bis auf die Knochen und innen drin schon ordentlich dehydriert erreiche ich nachmittags den vierten und für heute letzten Friedhof. Ich muss hier meine Flaschen auffüllen, egal, wie.

Es ist wie verhext, schon wieder ist das Tor zu. Bisher waren doch immer alle Friedhöfe offen. Ich bin verzweifelt genug, mich an der Friedhofsmauer hinaufzuziehen. Runter wäre allerdings ein zu tiefer Sprung, also mache ich Zwischenstopp auf einem großen Grabstein, der zum Glück genau an der richtigen Stelle steht. Das ist pietätlos, und ich fühle mich ziemlich unwohl dabei. Zu meiner Verteidigung sei gesagt, dass ich seit beinahe zwanzig Stunden nichts mehr getrunken habe. Entsprechend erleichtert bin ich, als der Wasserhahn funktioniert!

Als ich abends im Zelt liege, nieselt es nur noch. Die bizarr geformten Stämme der Bäume ringsum sind von einer dicken Moosschicht überzogen, die strähnig von Ästen und Zweigen herabhängt. Was mich umgibt, sieht aus wie ein Märchenwald. Das düstere Licht tut ein Übriges. Vielleicht ist es gerade das trübe Wetter, das für die verzauberte Stimmung sorgt. Ich hebe meine Trinkflasche, proste den tiefhängenden Wolken zu, und plötzlich bin ich wie durch ein Wunder wieder gut gelaunt. Nein, dieser Tag tanzt keineswegs aus der Reihe!

Wahrscheinlich ist Châtillon-sur-Seine ganz hübsch, doch davon bekomme ich nichts mit. Um etwas abzukürzen, umgehe ich das Zentrum und überquere die Seine am nordwestlichen Stadtrand zwischen Lagerhallen, Tankstellen, Autohäusern und Supermärkten. In Paris wäre das wesentlich spektakulärer, aber ein großartiger Moment ist es dennoch. Wahrscheinlich hat sich an diesem tristen Ort noch selten jemand so gefreut wie ich in diesem Augenblick.

Ich feiere meinen Etappensieg gebührend mit einem üppigen Einkauf im nächsten Intermarché. Und als wäre das noch nicht genug, gibt es in Riel-les-Eaux überraschenderweise einen Campingplatz.

Kaum habe ich das Hinweisschild entdeckt, fange ich an, von einem luxuriösen Abend mit warmer Dusche zu träumen. Doch allzu große Hoffnungen sollte ich mir wohl nicht machen, denn weit und breit ist niemand zu sehen: kein Personal, kein Campinggast, kein Auto; nur ein ziemlich heruntergekommener Wohnwagen mitten auf einer ansonsten leeren Wiese.

Ich laufe an einem herabgelassenen Schlagbaum vorbei auf ein geschlossenes Restaurant zu. In der Vitrine an der Tür hängt neben einer vergilbten Speisekarte ein handgeschriebener Zettel mit einer Telefonnummer. Ich lege mir ein paar halbwegs sinnvolle Sätze zurecht und rufe an. Schade, nur die Mailbox. Doch um nichts unversucht zu lassen, spreche ich aufs Band. Erstaunlicherweise ruft nach wenigen Minuten jemand zurück und sagt mir, dass er vorbeikäme.

Es dauert nicht lange, und ein uralter VW-Bus rollt auf das Gelände. Ein hochgewachsener, drahtiger Mann mit wirren grauen Haaren steigt aus. Sein Bart ist länger als meiner, und das will inzwischen was heißen. Er stellt ein Pappschild mit der Aufschrift »Accueil« – Empfang – aufs Dach, schüttelt mir freundlich die Hand, öffnet die Schiebetür und bittet mich hinein in seine mobile Rezeption.

Tisch und Wände sind zugepflastert mit Postkarten und Aufklebern zu Sehenswürdigkeiten der Region. An den Kopfstützen der Vordersitze baumeln Halterungen mit Prospekten. Der Mann deutet auf eine Bank mit ausgeblichenem Blumenmusterpolster. Ich setze mich, er zwängt sich in die Bank gegenüber. Aus einer Schublade unter dem Tisch wühlt er einen altertümlichen Quittungsblock hervor, notiert meinen Vornamen, ohne irgendeinen Ausweis sehen zu wollen, schreibt »Tente = 5 euro« darunter, kassiert, ohne zu murren, meinen aufgeweichten Schein und schiebt mir einen Durchschlag der Rechnung über den Tisch.

Kaum habe ich mir ein Fleckchen Wiese ausgesucht, rumpelt die mobile Rezeption auch schon davon, und ich bleibe allein mit dem herrenlosen Wohnwagen. Da ich die Sanitärräume mit niemandem teilen muss, kann ich ohne Probleme ein paar Klamotten waschen und sie ganz ungeniert zwischen den Duschkabinen aufhängen.

Am späten Abend höre ich die Käuzchen schreien. Der Campingplatz ist so verlassen, dass es sich nicht viel anders anfühlt als Wildzelten. Doch die warme Dusche war locker die fünf Euro wert.

48 GRAD NORD
REGION GRAND EST

Leider sind meine frisch gewaschenen Klamotten am nächsten Morgen noch weit entfernt von trocken. Mir bleibt nichts anderes übrig, als sie über den Rucksack zu hängen und die heutige Etappe als Wäscheständer zu beginnen. Ein Radler ruft mir »Bon courage!« zu. Das wird in Frankreich so ähnlich benutzt wie in Spanien »Buen camino!« und bedeutet »Viel Erfolg!«. Kann ich gut gebrauchen, denn so ein laufender Wäscheständer hat's nicht leicht. Erst recht nicht, wenn immer mehr Wasser vom Himmel fällt und die Last mit jedem Schritt schwerer wird.

Gegen Mittag klart es endlich auf. Die Feldlerchen beginnen laut zu singen, und die Sonne bricht durch. Nächste Station auf meinem Weg ist das berühmte Kloster Clairvaux. Bis dahin geht es fast zwanzig Kilometer weit durch einen endlosen Wald. Während meine Wäsche zum Glück auch im Schatten der Bäume allmählich an Gewicht verliert, gelange ich ins Département Aube und damit zugleich nach Grand Est, der letzten Region auf meinem Weg durch Frankreich.

Ich stoße auf die Fontaine Saint-Bernard: ein herrlicher Platz auf einer Lichtung, wo ein Bächlein über eine leuchtend grüne Wiesenaue plätschert. Eine Schautafel erzählt, dass der heilige Bernhard diesen Platz regelmäßig aufgesucht habe, um sich zu entspannen und im Kontakt mit der Natur innere Ruhe zu finden.

Die Fichten ringsum wiegen sich sanft im Wind. Indem die Sonne ihre Strahlen zwischen den Stämmen hindurchschickt, bringt sie das leise über die Steine springende Wasser zum Glitzern und meine Wäsche endgültig zum Trocknen. Keine Frage, hier bleibe ich – jedenfalls für heute Nacht.

Der Weg hinab zum Kloster hüllt sich in morgendlichen Dunst. Doch aus den mystischen Nebelschleiern erheben sich keine prächtigen Kirchtürme, die für Mittelalterstimmung sorgen könnten. Ich sehe nichts als eine lange hohe Mauer. Die im Jahre 1115 durch Bernhard von Clairvaux gegründete Zisterzienserabtei ist infolge der Französischen Revolution aufgegeben worden. Heute wird sie zumindest teilweise als Gefängnis genutzt.

Im Innern sind noch alte Gebäude erhalten, manche kann man besichtigen, und einen Museumsshop gibt es auch. Doch dazwischen erinnern viel zu viele Verkehrsschilder, Parkplatzmarkierungen und moderne Straßenlaternen an die Gegenwart. Ich bleibe nicht lange und erreiche früher als gedacht das Département Haute-Marne.

Auf den Wegweisern an der Straße lese ich Verdun, Neufchâteau, Saint-Mihiel. Es ist merkwürdig, dass ich ausgerechnet diese Gegend bei strahlendem Frühlingswetter erlebe. Denn da ich sie nur aus Romanen wie *Im Westen nichts Neues* kenne, hatte ich sie mir immer düster und grau vorgestellt. Zwar ist es kalt und windig, und ich komme aus Mütze und Handschuhen kaum noch heraus, aber die Sonne scheint ununterbrochen, und das helle Licht macht eine gute Laune, die zu den Bildern, die mir durch den Kopf gehen, absolut nicht passen will.

Im Département Meuse verleiht die beginnende Rapsblüte der Landschaft einen fast schon übertrieben malerischen Charakter. Kühe kommen an die Weidezäune getrabt und schauen mir beim Vorbeilaufen zu. Manchmal sind es so viele, dass sie sich um die besten Plätze in der ersten Reihe regelrecht drängen müssen. Im riesigen Fôret de la Reine neigen sich die Baumkronen hinab bis zu den Seerosen, die auf grünlich schimmernden Teichen tief im Wald um die Wette blühen. Dann wieder passiere ich inmitten von so viel Postkartenidylle einen Soldatenfriedhof nach dem anderen – ein ziemlich verstörender Kontrast.

Kurz hinter der Grenze zum Département Meurthe-et-Moselle überquere ich die Zugstrecke von Strasbourg nach Paris, auf der ich vor dreieinhalb Monaten nach Tarifa gefahren bin. Mal wieder schaue ich auf meine Füße hinab und kann kaum glauben, dass sie mich so weit getragen haben. Doch warum eigentlich nicht? Schließlich ist das die Fortbewegungsweise, die der Mensch am besten beherrscht, und bei genauerer Betrachtung ist es, von ein bisschen Schwimmen abgesehen, auch die einzige.

Pünktlich zu meinem 100. flaut der eisige Wind ab, und der April zeigt sich von seiner sommerlichen Seite. Hundert Tage unterwegs! Ich feiere das mit einer langen Pause am Wegesrand und genieße ausgiebig, wie die Wärme mich durchströmt. Nach den zwar ebenso wolkenlosen, aber viel kälteren Tagen ist es, als würde ich auftauen. Ich tappe nicht länger steif und bibbernd durch die Gegend, sondern fühle mich durch und durch beweglich und schwungvoll, als wären mir ein paar neue Muskeln gewachsen.

Es geht auf und ab durch sonnendurchfluteten Buchenwald. Doch selbst die steilen Pfade fallen mir heute ungewohnt leicht. Dann geben die Bäume ganz plötzlich den Blick ins Moseltal frei. Das Wasser da unten fließt nach Deutschland, schneller als ich, aber ich bin auch bald da. Von Andalusien bis an die deutsche Grenze, das ist selbst auf einer Europakarte mit ganz kleinem Maßstab schon gut zu erkennen. Da soll einer behaupten, dass man zu Fuß nicht vorwärtskäme!

49 GRAD NORD
VON METZ NACH TRIER

Auf der Straße im Tal sehe ich immer mehr deutsche Kennzeichen. Die Grenze rückt näher. Ich bin im Département Moselle, so heißt die Mosel auf Französisch. Ruhige Spazierwege führen mich am Flussufer entlang. Kein Auf und Ab und keine Gefahr, sich zu verlaufen.

Es ist ein regnerischer Tag, und trotzdem bin ich glücklich und zufrieden. Besonders freue ich mich über die Beschilderung: »Priorité au plus lent« – der Langsamste hat Vorfahrt. Das bin ja meistens ich, ein Grund mehr, mich heute voll auf der Überholspur zu fühlen.

Ab und zu sehe ich Fischreiher, die gar nicht besonders scheu sind. Mir gelingen sogar ein paar Fotos. Dann entdecke ich eine Mauer, die mit einem Holzgestell verkleidet ist, an dem verschieden große Metalltöpfe hängen. »Mur musical« – musikalische Wand – steht obendrüber. Tatsächlich macht es sehr lustige Geräusche, wenn man hier und da auf die Töpfe haut. Da niemand in der Nähe ist, den meine etwas eigenwillige Komposition stören könnte, tobe ich mich so richtig aus.

Als erste Häuser auftauchen, weiß ich, dass Metz naht. Schnellstraßen und Bahnlinien kreuzen die Mosel, Radfahrer düsen an mir vorbei, Menschen führen ihre Hunde aus, das Rauschen des Verkehrs wird lauter, und schließlich stehe ich mitten im städtischen Gedränge. Leute auf dem Weg zur Arbeit oder nach Hause, zum Einkaufen, zum Sport, zu Freunden, ins Kino oder wohin auch immer. So ähnlich sieht auch mein Berliner Alltag aus, doch im Augenblick bin ich nur stiller Beobachter, der Trubel ringsum hat nichts mit mir zu tun und erscheint mir sehr weit weg.

Oft habe ich das Gefühl, dass ich, während ich Schritt für Schritt vor mich hin laufe und scheinbar müßig in der Gegend herumträume, etwas sehr Wesentliches tue: Ich entdecke, wer ich bin. Sich selbst zu reflektieren ist manchmal leichter, wenn man sich für einige Zeit herausnimmt aus den alltäglichen Routinen.

Diese neun Monate Wanderschaft sind ein echter Luxus, ein Geschenk von mir an mich selbst, nicht in Form von Geld, sondern in Form von Zeit. Trotz hartnäckiger innerer und äußerer Widerstände tatsächlich loszugehen hat mich viel Mut gekostet. Sich selbst wertzuschätzen, das klingt so einfach und ist doch so schwer. Wie sonst ist es erklärbar, dass so viel Überwindung nötig ist, um sich die eigenen Träume zu erfüllen.

Am nächsten Tag hole ich Martin vom Bahnhof ab. Wie sehr habe ich mich auf diesen Augenblick gefreut! Ab heute nehme ich Urlaub vom Low-Budget-Dasein. Sightseeing, Cafés, Restaurants und jede Nacht ein festes Dach über dem Kopf. So luxuriös werden wir zusammen von hier bis nach Trier laufen.

Es ist sommerlich warm. Über uns prangt ein wolkenloser Himmel, und Metz ist voller bunter Blumenrabatten und Springbrunnengeplätscher. Auf einem turbulenten Seitenarm der Mosel üben sich Kanusportler im Wildwasserfahren. Eine Weile sehen wir zu, dann schlendern wir weiter. Seit dreieinhalb Monaten bin ich zum ersten Mal in Sandalen und nicht in Wanderschuhen unterwegs, das fühlt sich sehr ungewohnt an.

Wir besichtigen die gotische Kathedrale, die nicht umsonst den Spitznamen »Laterne Gottes« trägt. Durch eine Unmenge an Fenstern wirkt das Gebäude kein bisschen massiv. Das Glas ist farbenprächtig und kunstvoll bemalt, und der gigantisch große und hohe Innenraum bis in den letzten Winkel von einem geheimnisvollen Licht durchflutet. Die Mauern, Bögen, Giebel und Türme sind so reichhaltig und filigran verziert, dass alles ganz leicht und durchlässig wirkt und man kaum glauben kann, dass diese Kirche wirklich aus Stein ist.

Abends suchen wir uns ein gemütliches Restaurant, wo passend zur Region ein sehr leckerer, lothringischer Flammkuchen serviert wird. Noch bin ich in Frankreich, und es wird höchste Zeit, das auch einmal kulinarisch auszukosten.

Metz ist eine sehenswerte Stadt mit sehr viel Flair. Die nördlichen Vororte hingegen bieten keine besonders schöne Atmosphäre. Zwar gibt es einen streckenweise hübschen Wanderweg durch die Moselauen, die Feldlerchen singen aus vollem Hals, und auf den Hängen leuchtet der Raps, doch ragen zwischen Äckern und blühenden Wiesen immer wieder Hochspannungsmasten, Lagerhallen und Fabrikgebäude in die Höhe. Vor allem aber prägen die so ziemlich von überall her sichtbaren Kühltürme des Atomkraftwerkes Cattenom die Landschaft, indem sie dicke Wasserdampfwolken in den blauen Himmel spucken.

Mal wieder zeigt sich: Zu Fuß erlebt man nicht nur die Highlights. Dafür jedoch ist das Europabild, das beim Wandern entsteht, möglicherweise authentischer, als wenn ganze Landstriche nur andeutungsweise am Fenster vorbeihuschen. Trotzdem tut es mir leid, dass Martin ausgerechnet dieses etwas triste Stück Frankreich mit mir durchqueren muss.

Erst auf den letzten Kilometern vor der deutschen Grenze wird es wieder idyllisch. Wir kommen durch ein Dorf, das von oben bis unten voller Osterdekoration ist. In jedem Vorgarten stehen in allen möglichen Größen Schafe, Hühner und Küken aus Pappe, Plastik oder Stoff herum, hinter jedem Busch hockt ein Hase, die Osterglocken blühen, und unzählige Sträucher sind mit bunten Eiern behängt. Tatsächlich, heute ist Ostersonntag! Beim Wandern vergisst man manchmal ein bisschen die Zeit, und wir hatten noch gar nicht daran gedacht.

Die Mosel macht eine scharfe Kurve, das Ufer wird hügeliger, und der malerische Ort Sierck-les-Bains mit seiner hoch über dem Fluss thronenden Burg taucht auf. Von hier aus ist es nur noch ein winziges Stück bis zur deutschen Grenze. Im Dreiländereck befindet sich auf luxemburgischer Seite der Ort Schengen, wo auf einem Schiff in der Mosel das berühmte Schengener Abkommen unterzeichnet wurde. Das Städtchen ist nur einen Spaziergang weit entfernt, und so beschließen wir, dort zu Abend zu essen. Zu Fuß in einer halben Stunde durch drei Länder – so schnell war ich noch nie.

Erster Ort auf deutscher Seite ist Perl im Saarland, von wo aus sich ein schmaler Wirtschaftsweg zwischen kahlen Reben hindurch einen Weinberg hinaufschlängelt. Oben beginnt eine grüngelb gefleckte Landschaft aus Weiden, Rapsfeldern, Windrädern und Warnschildern: »Vorsicht, Eisabwurf durch Windkraftanlagen möglich!« Ich muss schmunzeln. Willkommen zu Hause! In Spanien und Frankreich bin ich durch Dutzende Windparks gelaufen, und nirgends gab es solche Hinweise. Deutschland ist offenbar ein besonders gefährliches Pflaster. Ich sollte mir schleunigst einen Helm zulegen.

Nach kaum zehn Kilometern Saarland beginnt Rheinland-Pfalz. Die Mosel haben wir am Dreiländereck verlassen und laufen nun an der Leuk entlang bis nach Saarburg. Hier stürzt sich das bisher eher unscheinbare Flüsschen knapp zwanzig Meter in die Tiefe, bevor es in die Saar mündet. So ein tosender Wasserfall mitten im Stadtzentrum zwischen den engen Häuserzeilen ist definitiv etwas Besonderes.

Wir folgen der Saar bis nach Konz, wo sie in die Mosel fließt, die sich vorbei an frühlingsgrünen Hügeln der Stadt Trier entgegenwindet. Hier und da tanzen uns die Wasservögel etwas vor. Insbesondere die mit ihrem bunten Augenfleck hübsch gezeichneten Nilgänse bevölkern die Ufer, stolzieren mit ausgebreiteten Flügeln auf und ab oder dösen, den Kopf unterm Gefieder, vor sich hin.

Dann stehen wir endlich vor der Porta Nigra. Erstaunlich, dass das uralte römische Stadttor stabil genug ist, um selbst heutigen Sicherheitsvorgaben standzuhalten. Zumindest ist es erlaubt, bis ins dritte Stockwerk hinaufzugehen und den Blick über die Stadt schweifen zu lassen.

Die meisten Gebäude der Antike sind im Mittelalter völlig verfallen. Die Porta Nigra – das »Schwarze Tor« – ist nur deshalb so gut erhalten, weil sie über viele Jahrhunderte als Kirche genutzt und deshalb entsprechend gepflegt wurde. Tatsächlich hat sie nichts von einer Ruine, hier liegt noch immer Stein auf Stein, und das alte Rom wird dadurch überraschend lebendig.

Abgesehen vom Besichtigen der vielen römischen Relikte muss ich mir in Trier dringend neue Schuhe kaufen, denn bei den alten kann ich inzwischen so gut wie durch die Sohle gucken. Wanderschuhe sind teuer, doch der private Sponsor, der sich neulich bei mir gemeldet hat, hält sein überaus großzügiges Angebot aufrecht. Das ist eine wahnsinnig nette Geste. Ich bin mir sicher, dass die neuen Schuhe meine Schritte beflügeln werden, sobald ich daran denke, wie ich sie bekommen habe.

Nach neun Tagen mit Martin allein weiterzulaufen ist ungewohnt, und ich bin ein bisschen wehmütig. Doch nachdem ich das Moseltal hinter mir gelassen habe, fühle ich mich besser. Draußen in der Natur gelingt es mir wie von selbst, einsame Stunden wertzuschätzen und zu genießen. Und im Übrigen weiß ich, dass ich Martin in ein paar Wochen in Norddeutschland wiedersehen werde.

Kurz hinter dem Örtchen Föhren finde ich einen Rastunterstand und beschließe, dass dies ein guter Platz zum Übernachten ist. Gerade will ich mich häuslich einrichten, da höre ich, wie sich auf dem Forstweg ein Auto nähert. Das passt mir absolut nicht in den Kram, denn ich dachte, ich könnte hier unbemerkt bleiben. Doch jetzt habe ich keine andere Wahl, als zu fragen.

Ein zum Glück freundlich dreinblickender, älterer Herr steigt aus. Er spricht einen derart starken Dialekt, dass ich ihn kaum verstehen kann. Da war die Kommunikation in Frankreich deutlich einfacher. Ich bin kurz davor, in spanische Muster zurückzufallen und den Online-Übersetzer zu bemühen, aber mit wiederholtem Nachfragen und angestrengtem Lauschen geht es dann doch irgendwie.

Offenbar steht mir meine Hilflosigkeit ins Gesicht geschrieben. Der Mann mustert mich kurz und hält mir dann seine Hand entgegen. »Heinz«, stellt er sich vor und bietet mir an, dass ich in seiner Jagdhütte übernachten könne. Nur ein paar Kilometer von hier. Morgen würde er mich dort wieder abholen und hierher zurückfahren. Was für ein Service!

Die Hütte sieht aus, als hätte sie seit zwanzig Jahren niemand mehr betreten. Es liegt eine Menge Kram herum, alles ist staubig, und die vielen Jagdtrophäen an den Wänden, die mich aus jeder Ecke anstarren, sind etwas gewöhnungsbedürftig. Es gibt keinen Strom und kein fließend Wasser, aber einen Brunnen im Garten, reichlich Kerzen, vier Wände, ein Dach und eine weiche Matratze. Mir reicht das vollkommen aus.

Heinz entschuldigt sich wortreich für den Zustand der Hütte. Mit seinen 85 Jahren sei er zu alt, um sie noch regelmäßig zu nutzen, deshalb sei sie in diesem Zustand. Eigentlich wollte er sie schon längst verkauft haben, doch könne er sich nicht so recht davon trennen. Ich winke ab und versichere ihm, dass ich es gemütlich finde und ihm dankbar bin für den Unterschlupf. Zumal es heute Nacht kräftig regnen soll.

Frankreich

Heinz verspricht, morgen früh mit Kaffee und Brötchen vorbeizukommen. Ich bin immer wieder überwältigt, wie hilfsbereit mir wildfremde Menschen begegnen. Das gehört zu den schönsten Erfahrungen auf so einer Wanderung.

DEUTSCHLAND

*So gut wie zu Hause
und trotzdem ganz weit weg*

50 GRAD NORD
EIFEL, WESTERWALD UND ROTHAARGEBIRGE

Ein Tag voller Trail Angels! So nennt man in den USA Menschen, die längs der Fernwanderwege wohnen und den Wanderern helfen, indem sie Übernachtungsmöglichkeiten bereitstellen, Mitfahrgelegenheiten anbieten oder Proviant und Getränke verteilen.

Trail Angel Nummer eins ist Heinz, der wie versprochen pünktlich um acht Uhr mit einer Thermoskanne Kaffee und einer riesigen Tüte Brötchen vor der Tür steht. Er selbst isst kaum etwas. Stattdessen möchte er, dass ich mir alles, was übrig bleibt – und das ist viel –, für unterwegs mitnehme.

Trail Angel Nummer zwei ist Jürgen, mit dem ich nachher in Wittlich verabredet bin. Jürgen ist über meinen Blog auf mich aufmerksam geworden und hat mir geschrieben, dass er in der Nähe meiner Strecke wohne und Lust hätte, mich zu treffen. Ich habe mich sehr über diesen Vorschlag gefreut und sofort zugesagt. Doch noch trennen mich von Wittlich knapp zwanzig Kilometer Regen.

Es pladdert und pladdert und pladdert. Ich könnte Scheibenwischer für meine Brille gebrauchen, und unter meinen Schuhen spritzt der Matsch. Umso schöner ist es, als ich endlich mit einer warmen Tasse in der Hand im Café sitze. Jürgen schiebt lauter nützliche Sachen über den Tisch zu mir hinüber: reichlich Proviant, wasserdichte Socken, ein Taschenbuch – *Der kleine Prinz* – und eine frisch aufgeladene Powerbank. Als wir uns verabschieden, fällt ihm auf, dass die Spitzen meiner Wanderstöcke ziemlich runtergelaufen sind. Ja, das stimmt. Mit jedem Schritt und jedem Klacken habe ich sozusagen eine homöopathische Dosis Wanderstock auf den Straßen und Wegen Europas verteilt.

Jürgen reicht mir kurzerhand seine Carbon-Cork-Hightech-Sticks. Ich schaue ihn ungläubig an. Die sind viermal so teuer wie meine. Doch er will allen Ernstes tauschen. Natürlich sage ich nicht nein, wenn es mir auch schwerfällt, meine arg mitgenommenen Begleiter, die doch immerhin 2740 Kilometer mit mir unterwegs waren, wegzugeben. Aber Jürgen verspricht, sie in Ehren zu halten, und ich bin mir sicher, dass er das tun wird.

Ich laufe durch die bei so miesem Wetter ziemlich leergefegte Wittlicher Fußgängerzone. Die Korkgriffe in meinen Händen fühlen sich ungewohnt, aber bequem an. Die Spitzen meiner neuen Begleiter sind mit praktisch brandneuen Gummikappen versehen und klacken merkwürdig gedämpft über den Asphalt. Der Himmel ist fast schwarz, es weht ein heftiger Wind, und schon wieder fallen mir dicke Tropfen ins Gesicht.

Am Stadtrand stoße ich auf den Maare-Mosel-Radweg. Normalerweise sind meine Breitengrad-Etappensiege nirgends markiert, sie existieren nur auf der Landkarte. Hier jedoch steht ein Schild »50. Breitengrad«, und auf den Boden ist eine Linie aufgemalt. Ich setze den Fuß darüber, es ist ein feierliches Gefühl, und wie bestellt zum Glücksmoment kommt die Sonne hervor.

Im Weitergehen wird der Himmel zwar noch ein paar Mal pechschwarz und wieder strahlend blau und ich klitschnass und wieder trocken, doch das ist mir völlig egal. Ich bin zu Fuß vom 36. auf den 50. Breitengrad gelangt, und im Augenblick fühlt sich das an, als ob mich nie mehr irgendwer oder irgendwas wird aufhalten können.

Den Nieselregen am nächsten Morgen bemerke ich kaum, denn da der Maare-Mosel-Radweg auf einer ehemaligen Bahntrasse entlangführt, geht es durch eine ganze Reihe von Tunneln. Dazwischen warten herrliche Panoramaabschnitte auf mich. Eine der schönsten Stellen ist die Überquerung des Pleiner Viaduktes. Ich laufe hoch über Tal und Baumkronen hinweg. Neben und unter mir ragen auf den umliegenden Hängen die dunkelgrünen Fichten empor. Ich bin gar nicht so böse um die nebelig-nasse Stimmung, denn ich glaube, die Dunstfetzen, die überall in den Wipfeln hängen, lassen alles nur noch schöner und geheimnisvoller erscheinen.

Gegen Mittag erreiche ich die Vulkaneifel. Von der einstigen vulkanischen Aktivität künden noch heute die sogenannten Maare, trichterförmige, mit Wasser gefüllte Mulden, die durch die Explosion beim Zusammentreffen von Grundwasser und heißem Magma entstanden sind. Abgesehen von ihrer merkwürdig regelmäßigen, ovalen oder kreisrunden Form wirken sie wie ganz gewöhnliche Seen.

Vorm Netto in Ulmen esse ich eine Brezel und blicke auf das Maar hinab. Ich sitze auf einem kleinen Bordstein neben einem an der Hauswand montierten Metallring und einem »Wir müssen leider draußen bleiben«-Schildchen.

Eine ältere Frau baut sich, die Hände in die Hüften gestemmt, vor mir auf und teilt mir wutschnaubend mit, dass dies ja wohl der Gipfel sei. Ich solle sofort vom Hundeparkplatz verschwinden, sonst rufe sie die Polizei.

Na ja, die haben sicher selbst in Ulmen was Besseres zu tun – obwohl, wer weiß … Einen Moment überlege ich, wenigstens einmal kräftig zu bellen, doch nein, besser nicht. Schwamm drüber, die Welt ist viel zu schön, um sich zu ärgern.

Auf den Hängen wogt dunkler Nadelwald, dazwischen mischt sich das helle Frühlingsgrün der Laubbäume, und in die Täler schmiegen sich bandförmig und knallgelb die Rapsfelder. Das Dorf Monreal wirkt, als sei es einem Märchenbuch entsprungen – ein Bach, gesäumt von Fachwerkhäusern, darüber steile Felsen und eine Burgruine.

Mal wieder stoße ich auf Jakobsweg-Markierungen. Ich muss an Südspanien und den Beginn meiner Tour denken. Gelbe Muscheln auf blauem Grund oder einfach bloß gelbe Pfeile – ganz Europa ist voll davon. Wenn man diesen Zeichen folgt, kann man überall hinlaufen, als gäbe es keine Grenzen. Wenn Wanderwege den Friedensnobelpreis bekommen könnten, wäre der Jakobsweg ein würdiger Kandidat.

Die Eifel verschwindet hinter mir im Dunst, und vor mir tut sich die Rheinebene auf. Der Blick reicht weit über die flache Landschaft hinweg, und in der Ferne erahne ich den Westerwald. Heute am 1. Mai sind viele Menschen unterwegs. Mehrmals werde ich angesprochen, erzähle von meiner Tour und verteile Flyer über das Baumprojekt.

Mittags stehe ich am Rhein. Es ist ein vollkommen unwirklicher Moment, und wie so oft in letzter Zeit laufen ein paar Freudentränen meine Wangen hinab. Ich schaue ungläubig auf meine Füße. Über 4,7 Millionen Schritte liegen hinter, noch knapp 6,3 Millionen vor mir. Mit vier Stundenkilometern durch Europa, das geht, man muss sich nur genug Zeit nehmen und lernen, langsam und geduldig zu sein.

Über die stark befahrene Raiffeisenbrücke laufe ich hinüber nach Neuwied. So schön ist es nicht auf dem Radweg neben den Autos, doch der Blick ins Rheintal ist es allemal wert, eine Weile stehen zu bleiben. Der blau glänzende Strom bahnt sich weithin sichtbar seinen Weg zwischen Dörfern, Wäldern und Weinbergen hindurch. Direkt unter mir schneidet der Bug eines großen Frachters tiefe Wellen in die Wasseroberfläche. Auf den Wiesen am Ufer tummeln sich Radfahrer, ballspielende Kinder, Ausflügler. Über allem prangt ein Himmel voller Schäfchenwolken, und die Sonne wirft helle, dicke Strahlen hinab.

Ich drehe mich vom Geländer weg zur Fahrbahn. Um keinen Preis möchte ich je wieder so schnell sein müssen, geht es mir durch den Kopf, während ich den Verkehr vorbeirasen sehe. Ich will versuchen, es nie mehr eilig zu haben, die Dinge nur noch in meinem Tempo zu erledigen und mich von nichts und niemandem hetzen zu lassen. Ich habe nicht das Gefühl, durch meine Langsamkeit irgendetwas zu verpassen. Im Gegenteil: Ich erlebe alles viel intensiver.

Oben im Westerwald stoße ich auf den Limes. Es handelt sich natürlich nicht mehr um die originalen Holzpalisaden, sondern um eine Rekonstruktion, aber so ähnlich muss der Zaun zwischen den Wachtürmen wohl ausgesehen haben. Kaum zu glauben, wie weit sich die Römer in Europa ausgebreitet hatten. Fast vier Monate habe ich gebraucht, um ihren Einflussbereich zu verlassen.

Mein Zelt steht irgendwo versteckt zwischen den Bäumen. Langsam verklingen die Vogelstimmen. Es huscht und raschelt im Unterholz. Das Geäst und Blattwerk über mir reduziert sich mehr und mehr zu einer schwarzen Kontur vor einem dunkelblauen Nachthimmel. Die Mondsichel steigt über den Wipfeln empor, ein Waldkauz ruft, und die Sterne gehen auf.

Ich bin tatsächlich auf der anderen Seite des Rheins! Beim Frühstück kam mir das noch sehr weit weg vor. Etwas mehr als acht Stunden war ich unterwegs. In dieser Zeit kann man einmal über den Atlantik fliegen. Doch ich möchte die Dimensionen richtigstellen, wenigstens für mein persönliches Erleben. In Wirklichkeit, das heißt, wenn wir uns und unser Gepäck aus eigener Kraft transportieren, sind dreißig Kilometer eine halbe Weltreise. Anders ausgedrückt: Auf den eigenen zwei Beinen ist es von Berlin nach Potsdam genauso weit wie mit dem Flugzeug von Frankfurt nach New York. Zu Fuß ist die Welt viel größer!

Bäume, Bäume und wieder Bäume. Und nicht nur die üblichen Verdächtigen – Fichten, Buchen, Eichen, Kiefern –, auch seltene Vertreter sind darunter. Auf einem Waldlehrpfad wächst ein Mammutbaum, und ein Rotblättriger Spitzahorn sorgt für farbliche Variation.

Ich frage mich, woran es wohl liegen mag, dass uns Bäume so viel fremder sind als Tiere. Warum fällt es so schwer, sich vorzustellen, dass auch Pflanzen hochentwickelte Lebensformen sind? Liegt es daran, dass sie sich nicht bewegen? Doch weshalb sollte ein Lebewesen, das an Ort und Stelle bleibt, auf einer niedrigeren Stufe stehen? Ist es nicht vollkommen egal, ob ich an den Dingen oder die Dinge an mir vorbeiziehen? Sehen und erleben Pflanzen wirklich weniger?

Nach einigen Tagen im Westerwald kommt meine erste Nacht in Nordrhein-Westfalen. Als ich mit zunehmendem Tageslicht so richtig wach werde, habe ich bereits ein paar Stunden im Halbschlaf vor mich hin gezittert. Verwundert blinzle ich in einen weißlichen Schimmer hinein. Ich hebe den Kopf und stoße ziemlich rasch gegen einen nasskalten Widerstand. Die Zeltplane, die mir normalerweise etwa fünfzig Zentimeter Platz nach oben gewährt, hängt direkt über meiner Nasenspitze, und es riecht nach Schnee. Ist das wirklich möglich, am 4. Mai?

Ja, ist es! Als ich den Reißverschluss öffne, fällt mir ein dicker, eisiger Flatschen entgegen. Der Wald ist tief verschneit, und noch immer rieseln Flocken vom Himmel herab. Die gestern noch so lebendige, grüne Welt ist scherenschnittartig schwarz-weiß und ganz still. Da die Bäume bereits Laub tragen, biegen sie sich mächtig durch unter der weißen Last und haben bizarre Formen angenommen.

Unwillkürlich muss ich an meinen allerersten Schlafplatz an der Straße von Gibraltar denken. Pinien, Agaven, Orangenbäume, der wolkenlose Himmel, das blaue Meer und der weiße Sandstrand.

2950 Kilometer zu Fuß für das hier? Aber egal, es gibt immer einen Grund zu lachen. Notfalls über sich selbst.

Getreu diesem Motto versuche ich, mich in meine frostig-klammen Klamotten und in den Tag hineinzugrinsen, zu pfeifen, zu singen und zu tanzen. Ich stampfe, hüpfe, schwenke die Arme und gebe allerhand Laute von mir, um irgendwie meine innere Heizung zum Laufen zu bringen. Mit so viel Schnee hatte ich erst kurz vorm Ziel gerechnet. Passend zu meiner Nordkapstimmung weht vor einem der Häuser unten im Tal die norwegische Fahne. Natürlich mache ich ein Foto davon. Das muss in den Blog.

Vorm Supermarkt in Wilnsdorf pausiere ich in Ermangelung von Alternativen mal wieder auf dem Hundeparkplatz. Vielleicht sollte ich mir für solche Gelegenheiten ein Fellkostüm zulegen, das wäre zum einen schön warm, und zum anderen würde mich niemand verjagen. Schon wieder kommen Leute auf mich zu. Soll ich kräftig bellen oder lieber das Feld räumen?

Doch die Frage erübrigt sich. Walter und Hildegund haben nichts gegen Menschen mit großem Rucksack. Im Gegenteil, sie sind selbst begeisterte Wanderer, und wir kommen rasch in ein angeregtes Gespräch.

Diese Begegnung und die Norwegenfahne von vorhin haben wunderbare Folgen. Ein paar Tage später finde ich eine E-Mail in meinem Postfach: »Hallo Philipp! Ich bin Torben. Meine Eltern sind die mit der Norwegenfahne im Garten, die du neulich fotografiert hast. Sie haben den Link zu deinem Blog von ihren Nachbarn bekommen, denen du vorm Supermarkt begegnet bist. Meine Eltern haben die Fahne gehisst, weil ich in Norwegen lebe. Zufällig wohne ich gar nicht weit von deiner Strecke. Wenn du magst, bist du herzlich eingeladen. Du kannst bei uns übernachten, und es gibt norwegisches Essen.«

Das ist einer von diesen Zufällen, die sich nur dann ereignen können, wenn man einfach in den Tag hineinwandert und das

Leben auf sich zukommen lässt. Unterwegs gibt es keinen Alltagstrott, nichts bleibt gleich, jeder Augenblick ist neu und einzigartig.

51 GRAD NORD
SAUERLAND UND OSTWESTFALEN-LIPPE

Der Rothaarsteig führt mich über die Höhenrücken des Rothaargebirges bis hinüber ins Sauerland. Mal stehe ich tief im Dickicht, dann wieder öffnet sich der Blick auf bewaldete Täler. Gerade so bleibe ich in Nordrhein-Westfalen, kann aber mehrmals nach Hessen hinüberschauen. Eine Stelle heißt sogar Taunusblick.

Der Schnee ist weggetaut und der matschige Boden schmatzt unter meinen Füßen. Zwar fallen ab und zu noch ein paar Flocken, doch nichts davon bleibt liegen, und zwischendurch schieben sich immer wieder Sonnenstrahlen durch große Wolkenlöcher.

Pünktlich zum zweiten Frühstück entdecke ich eine Bank am Wegesrand. »Genieße jeden Augenblick, denn der Augenblick ist dein Leben«, steht auf der Lehne. Ja, denke ich mir, recht hat sie, diese Bank, und mache es mir für eine ausgedehnte Rast gemütlich. Na ja, so gemütlich, wie es eben geht bei einstelligen Temperaturen.

Ein Jogger kommt vorbei. Da er sich interessiert nach meiner Tour und dem Baumprojekt erkundigt, gebe ich ihm einen Flyer. Nachmittags bekomme ich folgende Mail: »Hallo Philipp, ich bin der Jogger von vorhin. War gerade auf deiner Website. Was du machst, ist klasse! Ich hab was für die Bäume gespendet und wünsche dir alles Gute. Freue mich schon auf die Fotos aus Skandinavien.«

Das ist ein echter Motivationskick, und ich laufe ziemlich beflügelt weiter. Mein nächstes Ziel ist der Campingplatz in Winterberg. Bis ganz dorthin schaffe ich es heute nicht mehr, aber ich will versuchen, so weit zu kommen, dass ich morgen nur noch einen Vormittagsspaziergang entfernt bin. In Winterberg treffe ich nämlich Jan und Frank, Freunde aus Berlin, die mich bis nach Hannover begleiten werden.

Mein Plan geht auf. Gegen elf Uhr vormittags bin ich da und habe noch genug Zeit zum Wäschewaschen. Der Campingplatz liegt am Ortsrand. Von der Zeltwiese aus hat man freie Sicht auf die umliegenden Berge. Es lacht sogar die Sonne, und zwar fast eine ganze Stunde lang. Als Jan und Frank schließlich ankommen, ist sie leider schon wieder weg. Doch wir verkriechen uns trotzdem nicht sofort in die Zelte, denn Paul, Jans Hund, braucht nach der langen Zugfahrt ein wenig Auslauf.

Winterberg macht seinem Namen alle Ehre – die ganze Nacht hindurch und auch noch am nächsten Morgen ist es eisig kalt. Der Frühling existiert derzeit nur im Kalender. Aber die 3000 Kilometer knacke ich heute trotzdem und freue mich riesig, dass ich zur Abwechslung mal in Gesellschaft »nulle«. Durch Jans und Franks Begeisterung über die frische Luft, den Wald und den weiten Blick lerne ich wieder neu, was für ein kostbares Geschenk es ist, neun Monate lang hier draußen zu sein, rund um die Uhr.

Es läuft sich gut zu dritt, nur mein Rucksack ist jetzt etwas schwerer, denn damit Jan sich nicht zu Tode schleppt, tragen wir das Hundefutter zu gleichen Teilen. Ob Paul weiß, wie gut er es hat, so ohne Rucksack?

Doch ich will mich nicht beklagen, denn auch aus meiner Sicht führen wir ein Luxusleben. Wir schlafen jede Nacht auf einem

Campingplatz, und mit der Aussicht auf einen angenehmen Warmwasserkontakt abends unter der Dusche nehme ich die Regenschauer unterwegs ziemlich gelassen hin. Morgens muss ich nicht draußen in der Kälte in meine Wanderklamotten schlüpfen, sondern kann das drinnen in einem beheizten Waschraum tun. Dann gibt es heißen Kaffee, denn Jan und Frank haben Campingkocher dabei, und während der Pausen unterwegs entpuppt sich Franks Rucksack als nahezu unerschöpfliches Reservoir an Müsliriegeln – wie eine Art Zauberkiste, in der die Dinger täglich nachwachsen.

Der absolute Höhepunkt in Sachen Komfort ist die Übernachtung in der Jugendherberge Wewelsburg. Jan und Frank laden mich sogar dazu ein. Sie bestehen darauf. Dabei müsste ich eigentlich die beiden einladen, um mich für all die Unterstützung zu revanchieren.

Die Wewelsburg thront auf einer Anhöhe über dem Tal der Alme und ist schon von weitem gut sichtbar. Kein Wunder, dass hier bereits vor 900 Jahren erstmals eine Burganlage errichtet wurde, die Stelle eignet sich perfekt! Die heutige Burg stammt aus dem frühen 17. Jahrhundert und hat eine wechselvolle und nicht nur schöne Geschichte hinter sich. Im Nationalsozialismus diente sie hochrangigen SS-Funktionären als Versammlungsort. Heute ist in der Wewelsburg neben der Jugendherberge eine Ausstellung über die Geschichte der SS und über das Schicksal der Häftlinge im benachbarten Konzentrationslager Niederhagen untergebracht.

Am nächsten Tag erreichen wir Paderborn. Ich erinnere mich an den Aufkleber eines Tourismusvereins, den ich vor knapp vier Monaten nördlich von Sevilla auf einem Verkehrsschild entdeckt habe. »Paderborn überzeugt« stand darauf. Damals musste ich lachen. Deutschland und erst recht Paderborn kamen mir inmitten des andalusischen Januar-Sommers mit seinen Palmen, Korkeichen und Storchennestern wahnsinnig weit weg vor. Paderborn, das war, obgleich auf meiner Route, in diesem Augenblick ein völlig abstrakter Begriff. Ich konnte absolut nichts damit verbinden und mir beim besten Willen nicht vorstellen, dass ich jemals dort ankommen würde, jedenfalls nicht zu Fuß. Ich bin trotzdem weitergegangen, nicht wegen Paderborn, sondern wegen all der schönen Momente, die am Weg auf mich warten, gewartet haben und noch warten werden. Am Ortsschild von Paderborn vorbeizulaufen ist einer davon. Hier steht es schwarz auf gelb. Ich bin in Paderborn – und vielleicht der erste Mensch auf Erden, der darüber Freudentränen weint.

Tatsächlich ist Paderborn die bisher größte Stadt auf meinem Weg durch Deutschland, denn um Rheinland und Ruhrgebiet habe ich mich erfolgreich herumgemogelt. Durch urbane Ballungszentren zu wandern macht einfach keinen Spaß. Mir reicht schon Paderborn und das, obwohl wir das Zentrum umgehen und nur am westlichen Rand entlang bis zu einem nördlich der Stadt gelegenen Campingplatz laufen.

Hinter Bad Lippspringe wird es wieder idyllisch. Der Naturpark Teutoburger Wald/Eggegebirge empfängt uns mit einer beeindruckenden Buchenwaldwildnis. Die glatten, grauen Stämme ragen säulenartig in die Höhe und bilden mit ihren Kronen riesige, von grünem Dämmerlicht erfüllte Hallen. Unsere Schritte rascheln im trockenen Laub. Ansonsten ist es beinahe feierlich still.

So ein richtig tiefer, großer Wald ist etwas ganz Besonderes. Ein Korkeichenwald zum Beispiel ist verglichen hiermit eine lose Ansammlung von Bäumen, zwischen denen verhältnismäßig viel Platz bleibt, sodass man stets reichlich Himmel sieht. Ähnliches gilt für die Fichten- und Birkenwälder Skandinaviens. Komplett von dichtem Grün verschluckt wird man nur in den Mischwäldern Mitteleuropas.

Zum ersten Mal verstehe ich, warum Wald in Deutschland eine so spezielle kulturelle Bedeutung hat. Ich hielt es bisher für selbstverständlich, dass ein Wald nach Hexen, bösen Wölfen und zwielichtigen Wirtshäusern aussieht, aber das ist nicht überall so. Hänsel und Gretel zwischen den Iberischen Schweinen oder Rotkäppchen bei den Rentieren, das wäre ein vollkommen anderes Märchen mit einer vollkommen anderen Atmosphäre.

Bis zum nächsten Campingplatz schaffen wir es nicht an einem Tag. Doch der Zufall will es, dass mich gerade heute Edda vom NABU-Kreisverband Lippe anschreibt. Sie ist über meinen Blog auf mich aufmerksam geworden und hält meine Aktion für eine super Sache. Ob sie uns begleiten oder sonst irgendetwas für uns tun könne, möchte sie wissen. Die Frage kommt genau zum rechten Zeitpunkt, denn wir brauchen einen Schlafplatz. Und tatsächlich hat Edda was für uns, eine NABU-Hütte südlich von Lothe. Das liegt genau auf unserer Strecke. Besser geht's nicht!

Wir treffen uns am Ortseingang und laufen gemeinsam auf einem malerischen Pfad über Wiesen und Felder zum sogenannten Wasserhäuschen. Von den Bänken im Garten blicken wir auf einen großen Teich, an dessen gegenüberliegendem Ufer die bunte Frühlingswiese, die uns umgibt, in ein kleines Waldstück übergeht. Das Wasser glänzt im warmen Sonnenschein, Schmetterlinge flattern umher, und eine Bachstelze fliegt unermüdlich auf und ab, um ihre Jungen in einem Vogelhäuschen an der Außenwand der Hütte mit Nahrung zu versorgen.

Brakelsiek, der Heimatort des Bundespräsidenten. Es war nicht geplant, dass mich mein Weg vom südlichsten zum nördlichsten Ende Europas am Haus der Steinmeiers vorbeiführt. Doch wo ich schon mal hier bin, wäre eine Audienz beim Staatsoberhaupt natürlich die absolute Krönung, und wer weiß, vielleicht würden sogar ein paar Euro für die Bäume dabei herumkommen.

Doch leider sitzt Herr Steinmeier nicht zufällig gerade auf der Terrasse oder sprengt den Rasen. Wahrscheinlich ist er gar nicht hier, sondern in Berlin. Macht nichts. Eigentlich bin ich ja ohnehin bereits ausgebucht, denn ein paar Kilometer weiter treffe ich Herrn Bierwirth, den Bürgermeister von Schieder. Ein Kontakt, den mir ein NABU-Kollege von Edda vermittelt hat.

Als ich im Rathaus vor der Tür des Sekretariats stehe, habe ich mächtig Herzklopfen. Ein schmuddeliger Wanderer in verschwitztem T-Shirt … Aber sei es drum, schließlich hat der Bürgermeister mich um dieses Treffen gebeten und nicht umgekehrt. Außerdem hilft es vielleicht meiner Spendenaktion. Was tut man nicht alles für ein paar Bäume?

Ich gebe mir einen Ruck und trete ein. »Mein Name ist Philipp Fuge. Der Thomas vom NABU hat gesagt, dass der Bürgermeister mich kennenlernen will. Ich bin der, der einmal quer durch Europa läuft.«

Die Sekretärin schaut mich an – irritiert, neugierig, erschreckt? Ich bin mir nicht sicher. Zum Glück kommt in diesem Moment Herr Bierwirth selbst aus seinem Zimmer und weiß sofort, worum es geht.

Während ich Kaffee trinke und mir einen Keks nach dem anderen in den Mund schiebe, stelle ich etwas beschämt fest, wie schmutzig meine Fingernägel sind, vergesse es aber gleich wieder, denn der Bürgermeister macht tatsächlich den Eindruck, als fände er es vollkommen normal, dass jemand, der über 3000 Kilometer gewandert ist, nicht wie aus dem Ei gepellt aussieht. Er nimmt sich eine ganze Stunde Zeit, ist ehrlich interessiert an meiner Wanderung und verspricht, Werbung für die Baumaktion zu machen. Sogar ein Artikel in der *Lippischen Landeszeitung* ist drin.

Gut gelaunt und glücklich über ein paar potenzielle neue Bäume laufe ich zurück in den Schlosspark, wo Jan und Frank auf mich warten.

52 GRAD NORD
RUND UM HANNOVER

Als die Bäume den Blick ins nächste Tal freigeben, schauen wir auf Bad Pyrmont hinab. Die Häuser liegen verstreut zu unseren Füßen, gesäumt von grünen Hängen und eingebettet zwischen gelbe Rapsfelder. Vor dem blauen Himmel mit den Schäfchenwolken wirkt das Ganze, als habe jemand seiner Modellbauleidenschaft freien Lauf gelassen.

Unten in der Stadt wachsen Palmen. Davon hatte ich mich irgendwo kurz vor Limoges bereits verabschiedet, doch hatte ich die Rechnung ohne Bad Pyrmont gemacht. Hier gibt es den größten Palmengarten nördlich der Alpen, also noch mal so richtig mediterranes Flair, und das in Niedersachsen. Ja, genau, Niedersachsen! Ich bin wieder ein Bundesland weiter nach Norden gerückt.

Jan und Paul fahren heute zurück nach Hause. Paul ist noch ziemlich jung und zum ersten Mal in seinem Leben raus aus Berlin. All die Geräusche und Gerüche in der Natur sind etwas völlig Neues für ihn. Wenn es irgendwo unerwartet raschelt, ein Reh durch den Wald hüpft oder in der Ferne ein Hahn kräht, dann ist er kaum zu bändigen. Während der letzten Tage hat er sich an so ziemlich jeder Kuhweide oder Pferdekoppel die Seele aus dem Leib gebellt und Jan durch sein Gezerre an der Leine fast den Arm ausgerissen. Die riesigen, genügsamen Tiere auf der anderen Seite des Zaunes standen zumeist ungerührt da, schauten das erregt kläffende Etwas verständnislos an und kauten gelassen weiter, was Paul nur noch wütender gemacht hat. Mit anderen Worten: Paul ist k. o. – und Jan ebenfalls. Ab Bad Pyrmont laufen Frank und ich allein weiter.

Nach einigen Höhenzügen öffnet sich der Blick ins Wesertal und auf die Stadt Hameln hinab. Wir schlendern durch das malerische Stadtzentrum mit den uralten Fachwerkhäusern und lachen über die riesige goldene Ratte, die hoch oben auf der Verstrebung der Fußgängerbrücke thront und im prallen Sonnenschein auf den blau schimmernden Fluss und seine grünen Auen hinabblitzt.

In der Ferne taucht der Deister auf, das letzte Mittelgebirge auf meinem Weg nach Norden. Danach ist Schluss mit Bergen, und zwar für eine ganze Weile, denn bis ins schwedisch-norwegische Fjäll sind es noch rund 1400 Kilometer.

Auf einem Spazierweg zwischen den Feldern kommt uns Stefan entgegen, ganz wie verabredet. Obwohl wir uns noch nie gesehen, sondern bisher nur gemailt haben, erkenne ich ihn schon von weitem, nicht zuletzt an seinem Border Collie Chap, von dem er mir neulich ein Foto geschickt hat und der jetzt fröhlich neben ihm herläuft. Stefan verfolgt meinen Blog, und als er gesehen hat, dass meine Route durch seinen Wohnort Springe bei Hannover führt, hat er mich zu sich eingeladen.

Von Stefans Frau Aika werden wir mit frischen Waffeln empfangen, und ein paar Stunden später geht unser gemütliches Kaffeetrinken beinah nahtlos in ein ebenso leckeres Abendessen über. Natürlich könnte ich jeden Tag in irgendein Restaurant oder Hotel einkehren, doch das wäre etwas völlig anderes. Für Geld kriege ich zwar Essen und Unterkunft, aber das Gefühl, herzlich aufgenommen zu werden, gibt es nicht zu kaufen. Man bekommt es nur geschenkt oder gar nicht.

Unter trübem Himmel stapfen wir den Deister hinauf. Schade, denn bei schönem Wetter ist es sicher beeindruckend oben auf der Grenze zwischen Bergen und Flachland zu stehen, mit den Mittelgebirgen auf der einen und der Norddeutschen Tiefebene auf der anderen Seite.

Am Stadtrand von Hannover müssen wir uns verabschieden. Frank fährt zurück nach Hause, und ich bin nach zehn Tagen in

Gesellschaft plötzlich wieder allein, allerdings nicht lange, denn in Hannover kann ich bei meinem Freund Urs übernachten.

Die Stadt versinkt im Regendunst, und der Maschsee ist genauso grau wie die tiefhängenden Wolken. Einzig die schneeweißen Möwen, die schreiend über dem Wasser kreisen oder irgendwo auf einem Bootssteg sitzen, stechen ein wenig hervor.

Ich bin sehr froh, heute Nacht ein festes Dach über dem Kopf zu haben: Dusche, Waschmaschine, ein voller Kühlschrank und eine weiche Matratze. All diese scheinbaren Selbstverständlichkeiten fühlen sich wie etwas ganz Besonderes an.

Abends gehen Urs und ich essen, und zwar in einem Restaurant, das »Spandau« heißt. Dabei bin ich doch sowieso schon so nah an Berlin wie seit knapp fünf Monaten nicht mehr.

Das merke ich auch am nächsten Morgen, als ich am Hauptbahnhof auf Christoph warte. Immer wieder werden Züge nach Berlin durchgesagt. Knapp zwei Stunden im ICE, und ich wäre zu Hause. Doch meine Befürchtung, dass ich Heimweh bekommen könnte, verkehrt sich ins Gegenteil. Zwischen den Bäckereien, Cafés und Zeitungsläden hasten Menschen an mir vorbei, niemand geht langsam, alle haben es eilig, und ich habe den Eindruck, im Weg zu stehen.

Für einen Moment schließe ich die Augen. Hahnenfuß und Weidenröschen leuchten am Wegesrand, der Wind fährt sanft durchs Blattwerk der Birken und Pappeln, Zitronenfalter flattern auf und ab, und die Sonne wärmt meine Haut.

Als ich die Augen wieder öffne, kommt mir das Gewimmel aus Trolleys und Aktentaschen, Fahrrädern und Coffee-to-go-Bechern wie ein riesengroßer, kollektiver Irrtum vor. Ich bin überglücklich, dass ich der ungemütlichen Großstadthektik noch für weitere viereinhalb Monate entfliehen kann. Heimweh werde ich wahrscheinlich erst dann haben, wenn diese Wanderung vorbei ist und ich nicht mehr zwischen den Blumen und Schmetterlingen, auf den Berghängen und Felsvorsprüngen, unter den Wolken und Sternen wohnen darf.

Ein Mann mit Wanderrucksack kommt sehr gemächlich die Treppe von den Gleisen herunter. Es sieht aus, als ob auch er aussteigen will aus Ungeduld, Zeitmangel und überhöhter Geschwindigkeit, wenigstens fürs Wochenende. Obwohl ich ihn bloß aus E-Mails kenne, weiß ich sofort, dass das Christoph sein muss, vielleicht, weil er so zielsicher auf mich zusteuert. Bei all den Fotos von meinem immer bärtiger werdenden Gesicht, die ich in meinem Blog poste, bin ich vermutlich nicht allzu schwer zu erkennen.

Christoph wandert nicht nur leidenschaftlich gern, er ist auch Arzt, genau wie ich, eigentlich sogar Oberarzt. Eine Medizinerlaufbahn ist bestens geeignet, um hierarchische Strukturen tief zu verinnerlichen. Das hat auch bei mir gut funktioniert, und so tue ich mich anfangs etwas schwer, um als kleiner Assistenzarzt nicht sofort in standesgemäße Demutshaltung zu verfallen. Doch schon bald merke ich, dass Christoph kein Interesse daran hat, weder wegen seiner Position auf der Karriereleiter noch wegen ein paar Jahren Altersunterschied den Besserwisser rauszukehren.

Hannover ist gar nicht so klein. Wenn man zu Fuß geht, dann ist es sogar ziemlich groß, und es dauert eine Weile, bis wir den nervigen Stadtverkehr hinter uns lassen. Jenseits des Mittellandkanals wird die Atmosphäre entspannter: kleine Waldstücke voller Radler und Spaziergänger, dazwischen Einfamilienhaussiedlungen und an den Seen Badegäste. Zum ersten Mal auf dieser Tour – Andalusien ausgenommen – habe ich so richtig das Gefühl, dass der Sommer beginnt.

In brütender Hitze laufen wir durch die niedersächsische »Meseta«. Daran, dass weit und breit keine Berge zu sehen sind, müssen sich meine Augen erst wieder gewöhnen. Schnurgerade Wege inmitten von Getreide- und Kartoffelfeldern. Hier und da zeichnen sich die Silhouetten einzelner Bäume und Sträucher gegen den blauen Himmel ab. Zwischen den Ähren leuchten Mohnblumen, die Luft flimmert über dem flachen Land, und der Schotter staubt unter unseren Füßen.

Gegen Nachmittag kommt ein geöffnetes Ausflugslokal wie gerufen. So eine kalte Cola schmeckt schon irgendwie besser als warm gewordenes Leitungswasser. Gestern am Maschsee hätte ich mich definitiv noch für einen heißen Kakao entschieden. Das ist das Schöne am Wandern, die Welt verändert sich mit jedem Schritt, und ich schaue ihr nicht bloß zu, sondern bin mittendrin. Zwischen mir und dem Himmel ist nichts als freie Luft. All die Unbequemlichkeiten, aber auch all die Glücksmomente regnen ungebremst auf mich herab, und ich spüre, dass ich lebe.

Schade, dass Christoph am Sonntagabend schon wieder wegmuss. Doch ich glaube, ich habe einen neuen Freund gefunden, und hoffe sehr, dass wir nicht das letzte Mal zusammen gewandert sind.

Kaum bin ich wieder allein, wartet ein ganz großer Meilenstein auf mich. Hier mitten im Nirgendwo zwischen Hannover und Hamburg habe ich Halbzeit. Etwas über 3285 Kilometer liegen hinter mir, fünfzig Prozent der Strecke! Ich reiße die Arme in die Luft wie ein Läufer, der durchs Ziel stürmt, wenn auch ohne Zuschauer und natürlich auch ohne Ziel, denn vom Nordkap ist ja weit und breit noch nichts zu sehen. Dennoch kommt es mir für einen Augenblick so vor, als wäre ich schon beinahe angekommen.

Prompt erscheint mir die Landschaft viel nordischer. Der Kiefernwald sieht nicht nur schwedisch aus, sondern fühlt sich mit all den Mücken darin auch tatsächlich so an, und die riesigen menschenleeren Sumpfflächen zwischendurch haben beinahe skandinavische Dimensionen. Ich bin mal wieder auf dem Jakobsweg mit der vertrauten Markierung. Der Himmel strahlt, die Wiesen leuchten. Und obwohl für heute Regen angesagt war, bietet der Tag entschieden mehr grün in blau als grau in grau.

Ich laufe bis spät in den Abend hinein. Selbst im Zwielicht der Dämmerung ist es noch angenehm warm, und die Kühe auf den Weiden grasen unverdrossen vor sich hin, als wäre es heller Mittag. Sogar die Hummeln sind noch wach und umsurren geschäftig die gerade erblühten Fingerhüte. Man könnte meinen, es wäre bereits Mittsommer!

53 GRAD NORD
LÜNEBURGER HEIDE UND HAMBURG

Mein Weg durch Norddeutschland ist von wiederkehrenden Begegnungen mit der A7 geprägt. Mal gehe ich darunter hindurch, mal darüber hinweg, mal daran entlang. Als Wanderer kann ich Autobahnen wenig abgewinnen. Sie zerschneiden die Landschaft, sind laut und hässlich, und in der Regel tragen sie nicht dazu bei, dass ich schneller werde, im Gegenteil: Oft muss ich bis zur nächsten Brücke oder Unterführung irgendwelche Umwege in Kauf nehmen. Das alles nervt, und zu allem Überfluss regnet es auch noch.

Lustlosigkeit macht sich in mir breit. Die Gegend wirkt eintönig, das Wasser sickert durch meine Schuhe, und meine Motivation geht baden. Ich fühle mich einsam. Wie gern hätte ich jetzt jemanden an meiner Seite, denke ich gerade, da höre ich neben mir Hufgetrappel. Drei braun-weiß gescheckte Pferde kommen an den Zaun getrabt. Ich trete näher, strecke die Hand aus, und sie lassen sich streicheln. Ihr Fell fühlt sich warm an, sie schnauben mit den Nüstern, was irgendwie freundschaftlich klingt. Das Wetter scheint sie kein bisschen zu stören. Eigentlich eine sehr weise Haltung, und ich beschließe, mir ein Beispiel daran zu nehmen.

Endlich: Lüneburger Heide, so weit das Auge reicht! Mein Pfad schlängelt sich malerisch über eine sanft hügelige Fläche. Hier und da ragen Wacholderbüsche empor, manchmal einzeln stehend, manchmal dicht gedrängt in kleinen Grüppchen. Die tiefhängenden Wolken verleihen der Gegend etwas sehr Verwunschenes, und die bizarr geformten, knochigen Bäume wirken umhüllt von nebeligen Dunstschwaden viel geheimnisvoller als im Sonnenschein. Zu allem Überfluss taucht hinter einer Anhöhe wie bestellt eine Schafherde samt zünftig gekleidetem Schäfer auf.

Da in der Norddeutschen Tiefebene jeder größere Hügel etwas Besonderes ist, gibt man die Kommastellen gern mit an. 169,2 Meter verkündet die Aufschrift auf dem Gipfelstein des Wilseder Berges. Eine Tafel daneben behauptet, dass man von hier aus bei klarer Sicht die Türme Hamburgs erkennen könne. Heute allerdings geht das beim besten Willen nicht. Kein Fernsehturm, kein Michel, kein Rathaus. Weit und breit nichts als windgepeitschtes Heidekraut und die grauen Schatten des sich langsam in Dämmerlicht hüllenden Wacholdergesträuchs.

Unwillkürlich muss ich an die Hexenszene in *Macbeth* denken. Es herrscht eine ganz besondere Stimmung, und ich bin sehr froh, gerade jetzt und ganz allein hier oben zu stehen. Mit vielen anderen Spaziergängern, tagsüber und bei schönem Wetter, wäre der Wilseder Berg vielleicht gar kein so eindrucksvolles Erlebnis.

Die Sonne scheint von tief unten seitlich zwischen den Stämmen hindurch und erhellt den Waldweg nur als schmaler Lichtkegel, in dem der Staub tanzt. Ich bin früh aufgebrochen, denn bis nach Hamburg-Altona, wo ich bei meiner Cousine und ihrem Mann unterkommen kann, ist es noch ein ordentliches Stück – 33 Kilometer, um genau zu sein.

Jenseits des Waldes öffnet sich der Blick auf Felder, Weiden und einen wolkenlosen Himmel. Neben mir wandert mein Schatten, und vor mir flimmert die Luft. Das T-Shirt-Wetter ist zurück! Ich hatte erwartet, dass es hinter Jesteburg sehr rasch städtisch werden würde, doch abgesehen von gelegentlichen Sicht- und Hörkontakten mit der A7 bleibt es erstaunlich lange ziemlich ruhig.

Erst um die Mittagszeit tauchen vermehrt Häuser auf, und bald darauf überquere ich die Süderelbe. Ich blicke auf den Fluss hinab und auf die Hafenanlagen in der Ferne. Unwillkürlich kneife ich mir in den Arm, aber ich wache nicht auf, das ist kein Traum, das ist Hamburg, wirklich und allen Ernstes! Ich bin vollkommen erstaunt darüber, als wäre die Stadt plötzlich vom Himmel und mir vor die Füße gefallen. Dabei bin ich ihr doch ganz langsam, Schritt für Schritt entgegengelaufen. Schon in Tarifa war klar: Wenn ich nicht aufhöre, einen Fuß vor den anderen zu setzen, werde ich irgendwann in Hamburg sein.

Kurz vor der Innenstadt teilt sich die Elbe in zwei Arme, die sich erst in Altona wieder vereinen. Zwischen Süder- und Norderelbe liegt der Stadtteil Wilhelmsburg, der also strenggenommen eine Insel ist. Wilhelmsburg ist ein bisschen Problem-, ein bisschen Party- und ein bisschen Künstlerkiez. Nicht schick, aber lebendig und multikulti. Das Neukölln Hamburgs, könnte man sagen. Dönerbuden, Spätis, Ateliers und Kreativprojekte, Programmkinos und kleine Theater, gemütliche Cafés und hippe Lokale. Dieselbe Großstadtluft wie in Berlin!

Hinter Wilhelmsburg wandere ich durch eine unübersichtliche Gegend mit reichlich Industriecharme. Lagerhallen, Werften, Containerterminals, Speditions- und Logistikunternehmen. Dass ich mich dem größten deutschen Seehafen nähere, ist spätestens jetzt nicht mehr zu übersehen. Zum Glück gibt es einen gut beschilderten Radweg, der mich durch das Gewirr aus Wasserarmen, Brücken, Schienensträngen und Schnellstraßen hindurch bis zum St. Pauli-Elbtunnel führt.

Der St. Pauli-Elbtunnel, auch Alter Elbtunnel genannt, ist eine der wenigen Möglichkeiten, zu Fuß über die Norderelbe oder besser gesagt unter ihr hindurch zu gelangen. Zum Zeitpunkt seiner Fertigstellung im Jahr 1911 war er als erste Flussuntertunnelung Europas eine echte Sensation. Mittlerweile steht er unter Denkmalschutz und wird, da man mit dem Auto über neuere Brücken und Tunnel deutlich schneller ans andere Ufer gelangt, fast nur noch von Fußgängern und Radfahrern genutzt.

Ungewöhnlich am Alten Elbtunnel ist, dass es nicht über eine Rampe abwärts geht, sondern durch einen senkrechten Schacht. Die wenigen Autos werden in Aufzüge verladen, und für Fußgänger gibt es neben Fahrstühlen auch eine Treppe, ich muss also nicht schummeln. 132 Stufen und 24 Meter runter und am anderen Ufer wieder rauf, das Ganze mit fünfzehn Kilogramm auf dem Rücken und dreißig Kilometern in den Beinen! Als ich auf der anderen Seite bei den St. Pauli-Landungsbrücken wieder auftauche, keuche ich ganz schön.

Vorbei an der Davidwache alias Großstadtrevier biege ich in die wohl berühmt-berüchtigtste Straße Deutschlands ein: die Reeperbahn. Hier ist ordentlich was los. Ziemlich langsam bewege ich mich mit meinem dicken Rucksack durchs Getümmel und werde ein paar Mal unsanft angerempelt. Als ich dann auch noch stehen bleibe und das Straßenschild fotografiere, komme ich mir endgültig vor wie ein Tourist vom Lande. Ganz dunkel erinnere ich mich, dass es mich »früher« auch manchmal genervt hat, wenn ich schnell zur Arbeit oder nach Hause wollte und dann irgendwo Menschen mit Rollkoffern und Kameras im Weg standen, die alle Zeit der Welt zu haben schienen. Doch das ist jetzt ganz weit weg.

Meine Cousine und ihr Mann wohnen in einer ruhigen Seitenstraße in Altona. Es ist schön, mal wieder so richtig herzlich aufgenommen zu werden. Nur Hündin Flora scheint etwas irritiert über den neuen Mitbewohner, doch sie wird sich schon an mich gewöhnen – und falls nicht, dann hat sie morgen wieder ihre Ruhe. Abends grillen wir auf dem Balkon, was sich sehr vertraut nach Großstadt und Berlin anfühlt.

Um zehn Uhr früh bin ich mit Thorsten, dem Chefredakteur des *Wandermagazins*, am Hauptbahnhof verabredet. Wir kommen gleich so gut ins Gespräch, dass wir versehentlich einmal komplett um die Binnenalster herumlaufen, weil wir es im ersten Anlauf völlig verplanen, an der richtigen Stelle auf den Alsterwanderweg abzubiegen.

Der Alsterwanderweg verläuft sehr idyllisch durch parkartig gestaltete Wald- und Wiesenlandschaft. Man merkt eigentlich kaum, dass man noch in der Stadt ist. Die Zeit vergeht rasend schnell. Im Nu erreichen wir die Außenbezirke und schließlich den Bahnhof Poppenbüttel. Das ist Thorstens letzte Chance auf eine S-Bahn zurück zum Hauptbahnhof. Deshalb müssen wir uns hier leider verabschieden.

Obwohl ich schon 26 Kilometer in den Beinen habe, fühle ich mich fit. Noch neunzehn Kilometer, dann kommt ein Campingplatz. Ob ich es bis dorthin schaffe? Das wären dann insgesamt 45 Kilometer – die bisher längste Etappe der Tour! Vielleicht spornt mich an, was Thorsten mir vorhin erzählt hat. Er ist nämlich vor ziemlich genau einem Jahr schon einmal den Alsterwanderweg gelaufen, allerdings in umgekehrter Richtung. Damals war er unterwegs von Bad Oldesloe bis nach Celle, 300 Kilometer in 71,5 Stunden nonstop, das heißt ohne Schlafpausen. Hut ab!

Im Naturschutzgebiet Wittmoor vor den Toren Hamburgs beginnt Schleswig-Holstein. Mein Blick schweift über weites Grasland, unterbrochen durch das eine oder andere Birkenwäldchen. In den Senken glitzern kleine Tümpel, am Wegesrand blüht der Hahnenfuß, und tief hinabreichendes Weidengezweig raschelt im Wind. Hamburg war ein großartiges Erlebnis, aber nun merke ich, wie gut die frische Luft mir tut, wie sehr ich mich freue, keinen Asphalt mehr unter den Füßen zu haben, wie viel näher ich mich hier draußen dem Himmel fühle und wie gern ich den Wolken zusehe.

Ganz unvermittelt taucht ein Gedenkstein auf. 1933 gab es an dieser Stelle für wenige Monate ein Konzentrationslager mit 140 Häftlingen. Plötzlich sehe ich die Moorlandschaft ringsum mit neuen Augen, und meine Freiheit wird mir ganz anders bewusst. Ein paar Störche staksen im Sumpf herum, wenden ab und zu die Köpfe und schauen aus sicherer Entfernung interessiert zu mir hinüber. Wer weiß, vielleicht bin ich denselben Störchen im Januar schon einmal in der Extremadura begegnet. Ich bin im wahrsten Sinne des Wortes frei wie ein Vogel, und dass ich das sein darf, ist ein großes Glück und alles andere als selbstverständlich.

Tatsächlich schaffe ich es bis zum Campingplatz. Kurz vorher überquere ich noch einmal die Alster, jetzt ist sie nur noch ein schmaler Bach, ganz anders als heute früh in Hamburg. Nach elf Stunden und 45 Kilometern bin ich ziemlich erledigt. Mehr geht nicht, jedenfalls nicht ohne Schlafpause.

54 GRAD NORD
DEUTSCHLANDS HÖCHSTER NORDEN

Nach dem gestrigen Marathon lasse ich es heute mit zwanzig Kilometern sein Bewenden haben. Bereits am frühen Nachmittag schlage ich auf dem Übernachtungsplatz Segeberger Heide mein Zelt auf. Eine Lichtung mitten im Wald, wo hier und da ein paar Feuerstellen und Picknickbänke aus dem hohen Gras hervorragen. Was das Wildcampen betrifft, geht es in Schleswig-Holstein schon ein bisschen skandinavisch zu. Über das ganze Bundesland verteilt gibt es Orte, an denen das Übernachten im Freien erlaubt ist.

Der Regen prasselt auf die Plane über mir, nicht stark, aber unentwegt. Ich habe den Eingang ein Stückchen offen, schreibe Tagebuch, und manchmal schaue ich hinaus. Ein Regenwurm gräbt sich zappelnd in den moosigen Untergrund, ein Eichhörnchen huscht den Stamm einer Fichte empor, und in der Dämmerung klopft ein Specht. Sonst geschieht nichts. Gut vier Monate werde ich noch unterwegs sein bis ans Nordkap. Bislang denke ich nur selten an die Zeit nach der Tour, doch dass ich diese stillen Abende vermissen werde, weiß ich jetzt schon.

Kurz hinter Neumünster beginnt der Landkreis Rendsburg-Eckernförde. Die Gegend kommt mir mit jedem Schritt vertrauter vor und erinnert mich immer mehr an die Landschaft kurz vor der dänischen Grenze, wo in unserem Sommerhaus meine Eltern auf mich warten.

Es herrscht richtiges Schleswig-Holstein-Wetter: eine steife Brise, ab und zu Nieselregen und alle fünf Minuten ein völlig neuer Himmel mit Wolkenformen, die es so nur im Land zwischen den Meeren gibt. Ich laufe an Feldern und Weiden entlang, die von kleinen Gehölzen eingefasst sind, Wiesengeruch liegt in der Luft, der frische Wind zerzaust die Baumkronen, und das Wechselspiel aus Sonne und Wolken wirft bewegte Schatten auf die Wege.

Der Übernachtungsplatz Olendieksau ist nur ein schmales Stück Wiese neben einer Kuhweide. Die Tiere stehen so nahe am Zaun, dass ich bis spät in die Nacht direkt an meinem Ohr ein unentwegtes Rupfen und Kauen vernehme. Hier erwacht man nicht mit dem ersten Hahnenschrei, dafür jedoch mit dem ersten Kuhmuhen. Die Sonne scheint hell und warm ins Zelt, und es verspricht, ein wunderschöner Tag zu werden.

Durch die beruhigende Atmosphäre einer endlosen, stillen Moorlandschaft laufe ich auf die Stadt Rendsburg zu. Der Blick reicht weit, ohne dass ein einziges Haus zu sehen ist, bis ich in der Ferne endlich die Eisenbahnbrücke über den Nord-Ostsee-Kanal erkenne. Schon seit Stunden habe ich Lust auf einen großen Eisbecher. Doch da kein Ort in der Nähe war, wo ich so etwas hätte kaufen können, habe ich den Gedanken daran so gut wie möglich unterdrückt. Jetzt aber kann ich es wagen, meiner Vorfreude freien Lauf zu lassen, denn Rendsburg naht.

Die Eisenbahnbrücke ragt auffällig zwischen den Häusern der Stadt empor. Kein Wunder, denn damit die riesigen Containerschiffe, die den Nord-Ostsee-Kanal befahren, nicht daran hängen bleiben, ist sie ziemlich hoch. Und nicht nur das: Über viele Jahrzehnte war sie mit 7,5 Kilometern auch die längste Eisenbahnbrücke Deutschlands.

Der Rendsburger Hauptbahnhof liegt so nah am Kanal, dass eine direkte Schienenverbindung hinauf zur Brücke zu steil wäre. Deshalb dreht der Zug eine langsam ansteigende Kreisbahn hoch über den Dächern der Stadt, die sogenannte Rendsburger Schleife, eine weltweit einmalige Konstruktion. Wer mit der Bahn durch Rendsburg fährt, hat tatsächlich eine Art Landeanflugsperspektive.

Als Fußgänger allerdings überwindet man den Kanal weniger spektakulär durch einen Tunnel. Doch bevor ich auf die andere Seite wechsle, gönne ich mir das heißersehnte Eis. Mit drei Kugeln, Sahne und Schokosoße mache ich es mir in einem Strandkorb gemütlich und schaue den dicken Pötten zu, die gerade vorbeischippern. Das sieht lustig aus, so mitten in der Stadt. Als ob jemand einen viel zu großen Schrank durch ein viel zu enges Treppenhaus wuchtet.

Der Nord-Ostsee-Kanal, wieder so ein Meilenstein! Die Schleswig-Holsteiner, die nördlich des Kanals wohnen, behaupten gern, dass erst hier der echte Norden beginne. Auch ich fühle mich, nachdem ich die 650 Tunnelmeter hinter mir habe, dem Nordkap gleich viel näher als noch drüben beim Eisladen – 650 Meter, das sind immerhin 0,01 Prozent meiner Gesamtstrecke.

Heute will ich es bis zu meinen Eltern in das Dorf Hünning schaffen. Vierzig Kilometer – noch so eine Monsteretappe. Aber ich weiß, dass ich ein Dach über dem Kopf haben werde, ganz egal, wie spät ich ankomme.

Als am 5. Januar die Straße von Gibraltar hinter mir verschwand, fühlte sich das an wie ein Abtauchen ins Unbekannte. Ich hatte nicht die leiseste Ahnung, was vor mir lag, welche Landschaften, welche Begegnungen, welche Glücksmomente und welche Schwierigkeiten. Damals ist mir immer wieder Hünning eingefallen, sozusagen als vertrauter Ruhepunkt knapp über der Mitte meiner Tour, als eine Art Zwischenziel, das mir das Gefühl gab zu wissen, wohin ich laufe. Meine Gedanken schon damals bis zum Nordkap schweifen zu lassen wäre mir einfach zu vermessen vorgekommen.

Ein weiter Blick über flaches Land, leuchtende Rapsfelder unter blau-weißem Himmel, Kuhweiden, Windräder und hier und da die Baumwipfel eines Wäldchens mitten zwischen Wiesen und Äckern. Dieser Tag sieht genauso aus, wie ich ihn mir vor fünf Monaten erträumt habe. Erste Sonnenstrahlen kitzeln mir im Gesicht, Vogelgesang erfüllt die Luft, Zitronenfalter flattern über den Feldweg unter meinen Füßen, und das hohe Gras schlägt mir um die Beine. Ein Frühsommermorgen, wie er schöner nicht sein könnte!

Landkreis Schleswig-Flensburg, das letzte Stück Deutschland vor der dänischen Grenze. Es gibt Tage, an denen ich eher das Gefühl habe zu fliegen als zu wandern. Die Namen der Dörfer klingen immer vertrauter, und schließlich kann ich aufhören, auf die Karte zu gucken.

Gegen Mittag suche ich mir ein Plätzchen im Schatten eines Knicks und döse eine Weile vor mich hin. Neben mir säuselt der

Wind in den Schlehen und Haselsträuchern, und ein Rotkehlchen zwitschert aus vollem Hals.

»Knicks« sind für diese Gegend typische, dicht bewachsene Erdwälle, die wie grüne Korridore die Äcker voneinander abgrenzen. Der Name rührt daher, dass die Pflanzen alle paar Jahre radikal gekappt (geknickt) werden. Trotzdem ist die Vegetation an manchen Stellen so üppig, dass man beinahe den Eindruck gewinnt, durch einen Wald zu laufen.

In dem Dorf Esperstoft erreiche ich das Flüsschen Treene. Ich setze mich auf den Steg am Anleger und schreibe eine Nachricht an meine Eltern, damit sie mir entgegenkommen können. Die Auen schimmern golden in der Abendsonne, und das Wasser schlängelt sich als glänzendes Band gemächlich hindurch.

Ich erkenne das Windrad mit den roten Flügeln, das hier schon seit Jahren ziemlich einsam seine Runden dreht. Die Wipfel des Fichtenwaldes hinter unserem Haus tauchen auf, und dann sehe ich meine Eltern. Ich kann gar nicht glauben, dass sie plötzlich einfach auf mich zugelaufen kommen, wo ich die ganze Zeit so weit weg war. Das hier wird die längste Pause, die ich auf meinem Weg durch Europa mache. Ein Ausruhen vom ewigen Fremdsein, das ich ganz dringend nötig habe.

Christi Himmelfahrt. Martin reist an und meine Tante aus Kiel kommt zu Besuch. Wir trinken Kaffee, grillen im Garten und machen Spaziergänge in der Umgebung. Es sind wunderschöne, unbeschwerte Tage, nur gehen sie viel zu schnell vorbei. Am Sonntag will ich weiterwandern, wobei ich mir beim Aufwachen nicht so ganz sicher bin, ob von »Wollen« tatsächlich die Rede sein kann.

Der Aufbruch kostet Überwindung. Aber wenn man Europa zu Fuß durchqueren will, und meistens will ich das ja tatsächlich, dann gehört der ständige Wechsel aus Ankommen und Abschiednehmen nun mal dazu.

Martin begleitet mich bis zur Treenebrücke am Ortsausgang. Wir lehnen uns gegen das Geländer und schauen auf den Fluss hinab. Am liebsten würde ich die Zeit anhalten, damit wir noch ganz lange hier stehen können. Doch die Minuten vergehen, wir reden dies und das, haben vieles im Kopf und wissen gleichzeitig nicht recht, was wir einander sagen sollen. Eine Umarmung noch, dann gehen wir in entgegengesetzte Richtungen davon.

Die ersten Kilometer sind schwer. Es ist, als kämpfte ich gegen einen gewaltigen Widerstand an. Bisher bin ich auf das Bekannte zugelaufen. Erst recht während der letzten Wochen in Deutschland war meine Wanderung sozusagen ein Heimspiel. Jetzt gehe ich noch einmal ganz weit weg.

Selten auf dieser Tour war ich so lustlos wie heute. Die Sonne brennt vom wolkenlosen Himmel herab, und für meinen Geschmack ist es zum Wandern viel zu heiß. Hinzu kommt der neue, deutlich größere und schwerere Rucksack, den ich jetzt mit mir herumschleppe. Bei meinen Eltern habe ich meine Ausrüstung ausgetauscht und aufgestockt: ein wetterfesteres Zelt, wärmere Kleidung, ein Kocher.

Zu Anfang werden in Skandinavien zwar noch ähnliche Bedingungen herrschen wie hier, doch je weiter ich nach Norden komme, desto einsamer wird es und desto größer werden die Abstände zwischen den Einkaufsmöglichkeiten sein. Ich werde reichlich Proviant tragen müssen, und während der letzten Wochen vorm Nordkap dürfte es lausig kalt werden. Spätestens dann habe ich hoffentlich Verwendung für all das Equipment auf meinem Rücken, das im Augenblick keinen anderen Zweck erfüllt, als mir durchs nassgeschwitzte T-Shirt hindurch Beckenknochen und Schlüsselbeine wund zu scheuern.

Am Friedhof in Handewitt finde ich einen Wasserhahn und halte nicht bloß meine Trinkflaschen, sondern gleich den ganzen Kopf unter den Strahl. Das wirkt Wunder, und auf den letzten

Kilometern bis zum Übernachtungsplatz Schäferhaus kehrt endlich meine übliche vergnügte Wanderstimmung zurück. Ich pfeife munter vor mich hin und werde richtig schnell.

Meine letzte Nacht in Deutschland und meine erste im neuen Zelt. Im Vergleich zu dem Minidig, mit dem ich bisher unterwegs war, kommt es mir mit seinen gut zwei Quadratmetern Grundfläche und einem Meter Höhe richtig geräumig vor. Mal sehen, wie lange dieser Effekt anhält.

Über den Wiesen prangt ein spektakulärer Abendhimmel. Menschen entdecke ich weit und breit nicht. Dafür hoppeln in der Dämmerung reichlich Kaninchen umher. Sie nehmen mich entweder gar nicht wahr oder sehen keine Gefahr in mir. Auf jeden Fall sind sie ziemlich entspannt unterwegs, und noch selten habe ich Wildkaninchen von so nah beobachten können. Mit zunehmender Dunkelheit verschwinden die vielen weißen Stummelschwänzchen in ihren Höhlen hinter Hügeln und Gestrüpp, und auch mir fallen die Augen zu.

IM NORDEN I

*Rote Holzhäuschen, Zimtschnecken
und ich mach mir die Welt,
wie sie mir gefällt ...*

55 GRAD NORD
SÜDJÜTLAND

Indem ich Dänemark betrete, erreiche ich Skandinavien. Zur Begrüßung wehen an der Grenze gleich alle fünf Fahnen, und mir wird klar, was mir noch bevorsteht. Na ja, wenigstens lasse ich Island weg.

Jetzt gibt's Kronen statt Euro, und es heißt »Hej« statt »Hallo«. Doch landschaftlich ändert sich zunächst nicht viel. Wie schon in Schleswig-Holstein folge ich auch hier überwiegend dem »Ochsenweg«, einer alten Handelsroute, auf der schon in vorchristlicher Zeit Vieh zum Verkauf aus dem Norden Jütlands in Richtung Süden getrieben wurde und die seit dem frühen Mittelalter von Pilgern genutzt wird.

In Padborg erledige ich meinen ersten dänischen Einkauf. Um endgültig hier anzukommen, brauche ich unbedingt diese eingelegten Hotdog-Gurken, Röstzwiebeln, Remoulade und ein paar längliche, nach nichts schmeckende, weiße Brötchen. Als Vegetarier esse ich das Ganze mit Käse statt mit Wurst. Ich schmiere mir gleich einen großen Haufen solcher Hotdog-Sandwichs. Die Remoulade will schließlich verbraucht werden, und auch das Gurkenglas möchte ich nicht durch die Landschaft tragen.

In dicken rosaviolett leuchtenden Büscheln säumen die Lupinen einen schmalen Pfad. Der Boden ist angenehm weich und sandig. Für eine Weile trippelt eine Amsel vor mir her, pickt hier und da nach Würmern und flattert zwischendurch kurz auf. Ich lasse den Blick schweifen. Blume für Blume, Busch für Busch und Baum für Baum zieht die Welt an mir vorbei. Die kleine Sinnkrise von gestern liegt hinter mir. Ich bin zurück in meinem Wanderalltag, der nie langweilig wird, weil mit jedem Schritt alles immer wieder ein klein wenig neu und anders ist. Willkommen und Abschied stecken in jeder Sekunde, und vielleicht ist gerade das der Grund, warum sich jeder Meter lohnt.

Anders als in Schweden, Finnland und Norwegen ist in Dänemark Wildzelten nicht überall, sondern nur auf eigens dafür vorgesehenen Übernachtungsplätzen und in ausgewiesenen Wäldern erlaubt. Doch von diesen Orten gibt es so reichlich, dass es kein Problem ist, einen Schlafplatz zu finden.

Meine erste Nacht verbringe ich in einem Buchenwald südlich von Aabenraa, dem Årup Skov. Die Sonne scheint golden durch die Lücken im Blätterdach, und in ihren Strahlen tanzen Unmengen von Mücken, mindestens zehnmal so viele wie gestern. Dass Skandinavien im Sommer zur reinsten Mückenhölle wird, ist ja allgemein bekannt, aber dass die Biester es mit der Grenze so genau nehmen, erstaunt mich.

Durch regennasse Wiesen laufe ich schmatzenden Schrittes auf Haderslev zu. Ich fühle mich ein bisschen gerädert. Nachts tobte ein ordentliches Gewitter. Bei so ziemlich jedem Donnergrollen stand ich senkrecht auf der Isomatte – na ja, so senkrecht, wie es in einem einen Meter hohen Zelt eben geht. Jetzt ist alles wieder friedlich und still.

Mitten im Wald entdecke ich Überreste der Sicherungsstellung Nord, einer deutschen Befestigungsanlage aus dem Ersten Weltkrieg, die sich von der Nordsee bis zur Ostsee zog. Durch die Zweige schimmert ein strahlend blauer Sommerhimmel, Vogelgesang erfüllt die Luft und Schmetterlinge flattern über die zugewucherten Bunker. Es ist schön zu sehen, wie sich die Natur ihr Land zurückerobert. Sie hat es nicht eilig, doch letzten Endes ist sie mächtiger als jeder General. Ganz langsam wächst eine grüne

Decke über die Betonklötze, wie ein Triumph der Blumen, Gräser und Bäume über den Krieg, ein Sieg des Lebens über den Tod.

Heute ist der 5. Juni, der dänische Nationalfeiertag, auch Grundlovsdag, Tag des Grundgesetzes, genannt. Angeblich haben nur Behörden und kleinere Geschäfte geschlossen, nicht jedoch die größeren Läden. Die Vororte von Haderslev allerdings wirken wie ausgestorben, und ich fange an zu zweifeln, ob stimmt, was ich im Internet gelesen habe. Ist heute vielleicht doch ein richtiger Feiertag? Hoffentlich nicht. Denn mit den kläglichen Überresten meiner Veggie-Hotdogs komme ich nicht mehr weit.

Im Zentrum hat zum Glück ein Supermarkt geöffnet. Neulich die Hotdogs, und jetzt schiebe ich den passenden, landestypischen Nachtisch hinterher: eine ganze Packung Skumbollar, das sind Schokoküsse. Dänische Gaumenfreuden at its best! Ursprünglich kommt der Schokokuss nämlich aus Dänemark.

An der Landstraße jenseits der Stadt steht das Gras so hoch, dass ich richtig gut in der Wiese versinken und in aller Ruhe meine Skumbollar verspeisen kann, einen nach dem anderen, bis der Karton leer ist. Zugegeben, das klingt gierig, ist jedoch alternativlos. Denn die sommerliche Hitze, die sich mittlerweile breitgemacht hat, hätten die Dinger nicht lange überlebt.

Die Sonne brennt, der Asphalt flimmert, und ich bin froh, als gegen Nachmittag endlich wieder Bäume auftauchen. Wald spendet den angenehmsten Schatten, den es gibt. Im Dickicht hält sich die Feuchtigkeit, und die Luft fühlt sich frisch an, nicht so staubig wie auf freiem Feld. Zwar mögen das auch die Mücken, doch solange ich mich kontinuierlich vorwärtsbewege, lassen sie mich halbwegs in Ruhe.

Abends jedoch, als ich vom Forstweg abzweige, um mir einen Schlafplatz zu suchen, ist nichts mehr zu machen. Im Unterholz fallen die Blutsauger regelrecht über mich her. Dass ich es auf dieser Reise eilig habe, kommt nicht oft vor. Heute allerdings erledige ich das Auspacken und Zeltaufbauen in Rekordzeit. Natürlich sind die Mücken trotzdem schneller und leisten ganze Arbeit. Erschöpft und zerstochen schlüpfe ich hinter das Moskitonetz und verbringe den Rest des Tages und die Nacht eingesperrt auf zwei Quadratmetern, aber da mein Bewegungsdrang mehr als gestillt ist, macht mir das nichts aus und ich schlafe angenehm ruhig in meinen 38. Geburtstag hinein.

Frühmorgens singen mir die Vögel ein Ständchen, im nächsten Ort gönne ich mir ein Stück Kuchen, und was Blumen angeht, werde ich reichlich beschenkt. Nicht mit einem abgeschnittenen, toten Strauß, sondern mit lebenden Fingerhüten auf den Waldlichtungen und Kornblumen in den wogenden Getreidefeldern.

Viele Menschen schreiben mir oder rufen an, und mit jedem Schritt begleitet mich das wohltuende Gefühl, dass vielleicht gerade jemand an mich denkt. Ich bummele vor mich hin, lese Mails, schreibe Nachrichten, telefoniere und verbringe einen sehr entspannten Tag.

Am Vingsted Sø folge ich einem schon ziemlich zugewucherten Pfad tiefer in den Wald hinein. Gerade fange ich an, mich zu fragen, ob hier noch was kommt, da lichtet sich das Dickicht und auf einem schmalen Wiesenstreifen neben einer Kuhweide entdecke ich das erhoffte Schild: »Overnatningsplads«.

Ein paar Vögel zwitschern zaghaft ins schwindende Tageslicht, und hinterm Zaun kauen und schmatzen unverdrossen drei braune Kühe. Als ich beginne, das Zelt aufzubauen, hören sie mit dem Grasrupfen auf, starren gebannt zu mir hinüber und verfolgen jede meiner Bewegungen. Sie scheinen wirklich interessiert zu sein an dem, was ich da mache, denn wenn sie Angst hätten oder genervt wären, könnten sie einfach weggehen. Die Weide ist riesengroß, sie müssten bloß hinter einem kleinen Hügel verschwinden und wären außer Sicht. Stattdessen jedoch leisten sie mir Gesellschaft, auch noch beim Abendessen. Nudeln mit Tomatensoße, Schokolade zum Nachtisch und Party mit Kühen – so kann man einen 38. Geburtstag ausklingen lassen, finde ich jedenfalls und schließe zufrieden die Augen.

In dem Städtchen Jelling entdecke ich einen Wegweiser nach Padborg. Die deutsche Grenze liegt bereits 150 Kilometer hinter mir. Ich begieße das mit einer Tüte Multivitaminsaft und versuche durch ein paar hochkonzentrierte Cs, As, Es, Ds und Bs das Defizit der ungesunden Hotdog- und Schokokusstage wieder auszugleichen. Bei der Hitze ist der Saft weg wie nichts. Leider habe ich nicht mehr eingekauft. Irgendwie hatte ich angenommen, dass mir der eine Liter die restlichen fünfzehn Kilometer bis zu dem kleinen Campingplatz in Kollemorten ohne Probleme reicht. Na ja, das tut er auch, aber nicht ohne Probleme, sondern nur mit Ach und Krach.

Dafür habe ich, als ich endlich ankomme, einen richtig luxuriösen Übernachtungsplatz, keine Kühe, dafür aber Dusche und Küche. An der Wand hängt eine Vertrauenskasse: fünfzig Kronen oder sieben Euro. Ich sichte meine Barschaft. Mit dem 500-Kronen-Schein kann ich wenig anfangen. In Münzen habe ich nur vierzig Kronen und drei Euro. Also werfe ich dieses Geld wild klappernd durch den Schlitz und hoffe, dass es okay ist, mit einem Währungsmix zu bezahlen.

Außer mir ist weit und breit niemand zu sehen, und es taucht auch niemand mehr auf. Das Gelände ist riesig, eine frisch gemähte Wiese, so groß wie zwei Fußballfelder, und mein leuchtend rotes Zelt steht klein und einsam irgendwo in der Mitte.

56 GRAD NORD

MITTELJÜTLAND

Der Himmel ist wechselnd bewölkt, und es weht ein ordentlicher Wind. Zum Glück ist es Rückenwind, der obendrein die Mücken vertreibt und damit gleich in doppeltem Sinne sein Gutes hat. Von Zeit zu Zeit geht ein Schauer nieder, doch nach dem staubig-heißen gestrigen Tag finde ich das sogar erfrischend.

Auf den ersten Blick wirkt die Welt grau, aber wenn man genauer hinschaut, ist sie bunt. Mein Weg ist gesäumt von weiß und rosa blühenden Kartoffelrosen, auf den Äckern steht zwischen goldgelben Ähren knallrot der Klatschmohn, und die Nadelbäume sind zweifarbig, denn jetzt im Frühsommer leuchten die nachgewachsenen Spitzen hellgrün an den älteren, dunklen Zweigen.

Beim Wandern habe ich Zeit, die Natur zu beobachten, und dabei gerate ich immer wieder ins Nachdenken. Plötzlich kann ich das Wunder des Lebens wieder wahrnehmen und empfinde eine große Demut vor dem, was ich sehe. Die Erde erscheint mir als ein riesiger Organismus, und all die Pflanzen um mich herum, die Vögel in den Bäumen, die Mikroorganismen im Boden und nicht zuletzt auch ich und jeder andere Mensch sind Zellen dieses gigantischen Körpers. Wir gehören zusammen, wir sind aufeinander angewiesen und können nur gemeinsam existieren.

Leider ist unsere Lebensweise in kurzsichtiger Weise darauf ausgerichtet, alles, was uns umgibt, so zu nutzen, dass es ausschließlich unserem Überleben dient, und zwar in Saus und Braus. Wir haben es verlernt, im fairen Austausch mit anderen Geschöpfen zu existieren und der Erde immer genauso viel zurückzugeben, wie wir genommen haben. Über Generationen hinweg haben wir

Strukturen geschaffen, in denen wir nicht mehr anders überleben können als im Ausbeutungsmodus.

Ich glaube, wir alle haben längst begriffen, dass man Geld nicht essen kann und dass auf einem toten Planeten auch die Wirtschaft nicht mehr florieren wird. Doch bietet unsere Welt erschreckend wenig Spielraum, um nach dieser Erkenntnis zu handeln. Immer wieder habe ich mir die Frage gestellt, was im kleinen Rahmen meiner ganz persönlichen Möglichkeiten liegen könnte. Dabei ist die Idee zu dieser Wanderung entstanden: Aussteigen, wenigstens für ein Dreivierteljahr, denn für mehr fehlt mir der Mut. Erleben, dass auch vergeblich klein erscheinende Schritte in der Summe etwas bewirken können. Und helfen, ein paar tausend Euro in eine nachhaltigere Währung, sprich Bäume, umzuwandeln. Mit anderen Worten: »Hiking for future«.

Rund um Silkeborg sieht es aus wie in der Lüneburger Heide, und die Stadt selbst unterscheidet sich in nichts von einer x-beliebigen norddeutschen Kleinstadt. Grenzen sind eben fließend. Natürlich ist die Welt in Andalusien eine völlig andere als hier, doch es gibt keinen einzigen abrupten Übergang. Wenn man Europa im Schritttempo erkundet, merkt man, wie trotz aller Unterschiedlichkeit alles mit allem zusammenhängt.

Ich sitze gemütlich auf einer Bank vorm Supermarkt und verdrücke eine Schale Erdbeeren, als sich ein älterer Mann zu mir gesellt und fragt, wohin ich unterwegs sei. Während ich von meiner Tour erzähle, schaut er mich aufmerksam an. Schließlich lächelt er: »Wenn du so weitermachst, wirst du hundert«, versichert er mir.

Ob er Recht hat, bleibt abzuwarten, doch im Moment wenigstens habe ich tatsächlich das Gefühl, dass mich so bald nichts aufhalten kann, zumindest nicht, bis ich am Nordkap bin.

Ein paar Bauarbeiter erlauben mir, ein komplett aufgerissenes und eigentlich gesperrtes Stück Straße zu benutzen. Sie fragen, ob ich den ganzen Weg von Deutschland aus gelaufen sei. Ich nicke und ernte anerkennende Blicke. Wenn die wüssten ... Einer der Männer macht eine Daumen-hoch-Geste und wünscht »God tur!«. Dann dröhnt wieder der Presslufthammer.

Ich stolpere über die Asphalttrümmer und muss darüber nachdenken, auf wie unterschiedliche Art und Weise und von wie vielen verschiedenen Menschen mir während der letzten Monate Glück gewünscht wurde: Buen camino, Bon courage, Alles Gute, Moin und jetzt God tur ... Kein Wunder, dass es mir so gut geht auf dieser Reise!

Jenseits der Baustelle wartet der Natursti Gjernbanen auf mich. Das ist mal wieder einer dieser Wanderwege, die auf einer ehemaligen Bahntrasse entlangführen. So kurz vor Mittsommer wird es kaum noch richtig dunkel, und ich kann bis spät in den Abend Lokführer spielen.

An meinem Schlafplatz irren ein paar zeitlich desorientierte Hummeln noch nachts um die Fingerhüte, ein Kuckuck ruft so laut und lange, dass es schon fast an Ruhestörung grenzt, es raschelt und scharrt im Unterholz, und auch ich werfe mich unruhig von einer Seite auf die andere. Die ersten Singvögel lösen den Kuckuck nahtlos ab, fliegender Wechsel sozusagen. Na gut, wenn hier sowieso niemand schläft, warum sollte ich es tun? Ich erkläre die Nacht für beendet, trinke eine Überdosis Instantkaffee, und weiter geht's.

Merkwürdigerweise bin ich kein bisschen müde. Die Etappe verläuft absolut problemlos. Erst kurz vorm nächsten Schlafplatz legt sich mir doch noch ein Hindernis in den Weg: die Gudenå, der mit 158 Kilometern längste Fluss Dänemarks. Fernab der Straße führt ein malerischer Pfad durch die Flussauen auf das Ufer zu. Drüben sehe ich schon den Hjermind Skov, den Wald, wo ich mein Zelt aufschlagen werde. Gleich ist es so weit, gleich kann ich die verschwitzten Klamotten ausziehen, mich gemütlich hinterm

Moskitonetz verschanzen, den Geräuschen des Waldes lauschen und einen Topf Nudeln essen.

So stecke ich mit den Gedanken schon bis über beide Ohren im Schlafsack, als ich erkennen muss, dass die Brücke, der ich mich nähere, ihre besten Zeiten hinter sich hat. Pfeiler und Gestänge stehen zwar noch, doch an mehreren Stellen fehlen die Holzplanken, und über dem Wasser klaffen mehrere drei bis vier Meter breite Lücken.

Es sind gut 35 Meter bis ans andere Ufer. Der Fluss sieht zwar tief aus, doch die Strömung ist nicht stark. Schwimmen würde theoretisch funktionieren, praktisch jedoch wären ich und der komplette Rucksack samt Inhalt hinterher patschnass. Ich schaue auf die Karte: Zur nächsten Brücke? Das wäre ein Umweg von mindestens acht Kilometern! Absurd, wo ich meinen Schlafplatz von hier aus schon beinahe sehen kann.

Ohne länger nachzudenken, schwinge ich mich über die Absperrung und gehe los. Langsam und vorsichtig schleiche ich über die verbliebenen Holzplanken. Ich lausche auf jedes Geräusch, wie jemand, der versucht, unbemerkt über knarrende Dielen zu laufen. Dann kommt die erste große Lücke zwischen den quergelegten Brettern. Zum Balancieren bleiben mir zwei parallele, etwa fünfzehn Zentimeter breite Metallträger, die die Hauptlast der Brücke tragen. Normalerweise wenigstens. Im Moment würde es mir völlig reichen, wenn sie für die nächsten paar Minuten mich tragen könnten. Ich setze den einen Fuß auf den linken, den anderen auf den rechten und arbeite mich breitbeinig vor. Zwischen meinen Beinen rauscht die Gudenå. Doch es fällt mir leichter, das Gleichgewicht zu halten, wenn ich nicht dort hinunter, sondern auf das Ende der Brücke schaue. 35 Meter können ganz schön lang sein.

Ruhig bleiben, ermahne ich mich. Es kann gar nichts passieren. Schließlich wirst du hundert, na ja, mal sehen, aber in dieser Situation ist es hilfreich, daran zu glauben. Holzplanken, Metallträger, Holzplanken, Metallträger, Holzplanken ...

Dann erreiche ich endlich den gegenüberliegenden Absperrzaun. Etwas zittrig klammere ich mich mit beiden Händen daran fest und bin erleichtert, dass unter mir kein Wasser mehr ist, dafür allerdings ein Brennnesselfeld. So unsicher, wie ich hier stehe, will ich nicht aus den Schuhen raus, um in die lange Hose zu wechseln. Also werfe ich den Rucksack hinunter und springe hinterher, mitten in die Brennnesseln, kurz und schmerzhaft. Doch die Hauptsache ist, dass ich heil und trocken am anderen Ufer angekommen bin. Der Hundert steht vorerst nichts mehr im Wege!

Nass werden kann man übrigens auch ohne den längsten Fluss Dänemarks. Das zeigen die nächsten Tage recht eindrücklich. Ich nutze so ziemlich jedes trockene Fleckchen zum Verschnaufen: Bushäuschen, Fußgängertunnel, Rastunterstände, dichte Wälder. Unter einer Autobahnunterführung entdecke ich ein paar Weinbergschnecken. Wenn sogar die sich unterstellen, will das schon was heißen.

Im Bahnhof von Hobro kann ich gleich drei Fliegen mit einer Klappe schlagen: für eine Weile im Trockenen sitzen, Kaffee trinken und das Handy laden. Danach schaffe ich es mit in mehrfacher Hinsicht aufgeladenem Akku noch bis an den Ortsrand von Døstrup.

Kaum habe ich mich auf dem dortigen »Overnatningsplads« häuslich eingerichtet und den Reißverschluss zugezogen, bricht ein entsetzliches Gewitter los. Es schüttet sintflutartig. Verglichen damit bin ich tagsüber eigentlich kaum nass geworden. Wetter ist eben relativ. Ununterbrochen zucken Blitze am Himmel, und es kracht in den Wolken. Manchmal erfüllt für Sekundenbruchteile ein weißes Licht das Zelt, und der Donner folgt fast zeitgleich. Mehr als »døsen« geht in Døstrup nicht, wenigstens nicht heute Nacht.

Am nächsten Morgen tut die Welt, als sei nichts gewesen. Die Sonne scheint, und die Kühe liegen faul im Gras. Ein bisschen beneide ich sie um diese innere Ruhe. Ich würde auch gern noch etwas schlafen, doch mir fehlt die nötige Gelassenheit. Ich bin eben keine Kuh, sondern ein wovon auch immer getriebener Mensch, der warum auch immer zum Nordkap will, und deshalb wartet heute der Rold Skov auf mich, das zweitgrößte zusammenhängende Waldgebiet Dänemarks.

Fichten, Lärchen, Kiefern, Buchen, Birken, Eichen ... und mittendrin braut sich das nächste Gewitter zusammen. Die Wolken entstehen und entleeren sich so plötzlich und heftig, dass ich bereits tropfnass bin, noch bevor ich auch nur den Gedanken fassen kann, in meine Regenklamotten zu schlüpfen.

Allein in einem riesigen Wald bei höchst bedrohlichem Wetter, das ist eine dieser Situationen, in denen man sich am liebsten in Luft auflösen möchte. Doch mir bleibt nichts anderes übrig, als einen Fuß vor den anderen zu setzen und Schritt für Schritt Vertrauen zu lernen. Ich kann nicht genau benennen, in was, aber irgendetwas ist jetzt, wo ich es am dringendsten brauche, plötzlich da, und ich spüre es umso stärker, je größer meine Angst ist. Ich gebe die Kontrolle ab, lasse geschehen, was ich nicht ändern kann, und fühle mich auf eine erlösende Weise winzig klein.

Abends kommt die Sonne zurück. Auf einem Hügel unter Buchen, die so eng zusammenstehen, dass sie ein hallenartiges Gewölbe bilden, schlage ich mein Zelt auf. Das Licht scheint, indem es durch die Zweige dringt, die Farbe der Blätter anzunehmen. Es ist ein bisschen, als säße ich in einer Kirche mit grünen Fenstern. Eine Weile tue ich nichts weiter, als an den grauen, glatten Stämmen hinaufzuschauen und zu genießen, wie schön es hier ist. Bald ist Schluss mit Buchen. Wenn das südliche Drittel Skandinaviens hinter mir liegt, wird es nur noch Nadelbäume und Birken geben.

Auch Dänemarks zweitgrößter Wald nimmt irgendwann ein Ende, und die Zivilisation hat mich wieder. Gegen Mittag häufen sich Oberleitungen und stark befahrene Straßen. Aalborg naht – mit 116 000 Einwohnern immerhin Dänemarks viertgrößte Stadt, und für mich das Größte seit Hamburg.

Das Wolkenspiel am Himmel nimmt sich für die dramatische Zuspitzung ein wenig mehr Zeit als gestern und schickt der gewittrigen Katastrophe einige retardierende Momente voraus. Indem ich auf den letzten Kilometern mehr renne als wandere, gelingt es mir, tatsächlich noch im Trockenen das Zelt aufzubauen, und zwar punktgenau. Ich kann gerade noch den Rucksack hineinwerfen und hinterherspringen, als aus den ersten dicken Tropfen im Nu ein Platzregen wird.

Eigentlich hatte ich schon während der letzten zwei Gewitter gedacht, schlimmer ginge nicht mehr, doch das hier ist die Krönung, hoffe ich wenigstens, denn noch mehr muss wirklich nicht sein. Eine weltuntergangsverdächtige Finsternis breitet sich aus. Es wird beinahe rabenschwarze Nacht, und ich knipse allen Ernstes die Taschenlampe an – um kurz vor fünf am 14. Juni!

Als das Schauspiel vorbei ist, kriechen draußen Unmengen Nacktschnecken herum. Eine Weile bin ich mit meinem Blogartikel beschäftigt. Offenbar recht vertieft, denn irgendwann stelle ich fest, dass sich drei schwarze, schleimige Besucher ihren Weg auf meine Isomatte gebahnt haben. Mücken gibt es erstaunlicherweise keine. Dann mache ich das Zelt eben zur Abwechslung mal wegen der Nacktschnecken zu.

57 GRAD NORD

VON NORDJÜTLAND ÜBER DIE OSTSEE NACH GÖTEBORG

Das hohe Gras klatscht mir taunass um die nackten Beine, und von oben wärmt die Morgensonne. Mir fällt auf, wie braun gebrannt meine Knie und Unterschenkel inzwischen sind, dazu all die Schrammen und Kratzer – so sah ich zuletzt aus, als ich zehn oder zwölf Jahre alt war. Manchmal ist mein Wandern wie ein Ausflug zurück in die Kindheit: den ganzen Tag draußen spielen, über Zäune klettern, auf verbotenen Brücken herumbalancieren, in die Brennnesseln springen, durch stachliges Gestrüpp laufen, in der Wiese liegen und den Schmetterlingen zuschauen, sich heißhungrig über Süßigkeiten freuen und reichlich Zeit haben, um einfach nur vor sich hin zu träumen.

Zu beiden Seiten des Weges stehen die Lupinen dicht an dicht und reichen als rosa-violett leuchtendes Band bis zum Limfjord hinunter. Aalborg liegt am Meer. Zwar kann man gar nicht so genau sagen, an welchem, denn der Limfjord verbindet Nord- und Ostsee miteinander, doch die Seeluft in der Nase spüre ich auf jeden Fall.

Der St.-Budolfi-Dom aus weiß getünchtem Backstein, der sich weit über alle anderen Gebäude Aalborgs erhebt, strahlt unter blauem Himmel ein beinahe südländisches Flair aus. Doch so warm, wie es aussieht, ist es nicht, denn hier, wo Dänemark nur noch ein schmales Stück Land zwischen den Meeren ist, weht fast immer ordentlich Wind.

Eine zugige Brücke führt mich nach Vendsyssel-Thy hinüber. So heißt die Insel, die den nördlichsten Teil Jütlands ausmacht und durch den Limfjord komplett vom Rest abgetrennt ist. Strenggenommen verlasse ich also nicht nur Aalborg, sondern auch das dänische Festland.

Kaum bin ich am anderen Ufer angelangt, belagert eine Herde Schottischer Hochlandrinder den Weg. Sechs erwachsene Tiere und zwei Kälber liegen oder stehen weitgehend unbeweglich herum. Massige Gestalten mit ehrfurchtgebietenden Hörnern, die trotzdem aussehen wie eine Gruppe knuddeliger Teddybären – amüsant und imposant zugleich. Sie betrachten mich aus ihren großen, hinter dem Pony halb verborgenen Augen. Der Wind zerzaust ihr langes Fell, doch ansonsten trotzen sie ihm ziemlich unbeeindruckt. Ich gehe vorsichtig um sie herum und bin froh, dass sie mich vorbeilassen. Andernfalls hätte ich auch wirklich schlechte Karten.

Die letzten Tage in Dänemark vergehen rasch und unbeschwert. Jeden Abend beim Zähneputzen bin ich überglücklich, nicht in einem Badezimmer, sondern einfach so in der Landschaft zu stehen. Im Zwielicht der Dämmerung werden nur die Silhouetten der Bäume und Sträucher richtig schwarz, die Blumen auf den Wiesen leuchten hell wie Sterne. Mit halb geschlossenen Augen liegen die Kühe auf den Weiden, Insekten flattern durch die mattblaue Luft, Waldmäuse rascheln geschäftig im Unterholz und zwischen die Rufe der Eulenvögel mischen sich ein paar verirrte Takte melodisch plätschernden Amselgesangs. Die Welt ist voller Leben und doch still in sich versunken. Ein gnädiger Schleier lässt hinter dem Hässlich-Lauten und Traurig-Banalen das Wunderbare, Geheimnisvolle und Uneindeutige hervortreten, das noch Platz für Träume bietet.

Am Ortseingang von Frederikshavn knacke ich die 4000 Kilometer. Ich investiere meine letzten dänischen Kronen in ein großes Softeis, um dieses Ereignis gebührend zu feiern. Dann mache ich mich auf den Weg zu einem »Overnatningsplads« am nordwestlichen Stadtrand. Meine letzte Nacht in Dänemark, denn morgen fahre ich mit der Fähre hinüber nach Göteborg.

Der Knivholt Skov, ein alter Herrenwald in der Nähe eines Gutshofs, ist von mehreren Teichen umgeben. Offenbar sind die Kaulquappen darin alle gleichzeitig zu Fröschen geworden und haben in entsprechender Zahl das Wasser verlassen. Auf den Wiesen und Wegen, im Gestrüpp zwischen den Bäumen, rund um die Feuerstelle auf dem Übernachtungsplatz und auch sonst überall hüpfen winzige Fröschchen herum. Sie sind nicht größer als ein Fingernagel und insbesondere im Gras ziemlich leicht zu übersehen. Man kann kaum einen Fuß vor den anderen setzen, ohne befürchten zu müssen, dass man sie tottritt.

Dafür, dass sie so klein sind, können diese Frösche – zumindest in der Summe – erstaunlich laut quaken. Hinzu kommen die durchdringenden Rufe zweier Pfauen, die damit beschäftigt sind, einander im Radschlagen zu überbieten, unermüdlich und ergebnislos, wie es scheint. Auf der Koppel hinter einer Hecke wiehert ein Pferd, Hühner gackern, Enten schnattern, in den Bäumen zwitschern haufenweise Singvögel, und die Ostsee ist nahe genug, dass hin und wieder eine Möwe schreit.

Ich liege noch lange wach und lausche. Hinter zugezogenem Reißverschluss versteht sich, denn die kleinen Hüpfer machen auch vor meinem Zelt nicht halt, und ab und zu wirft der volle Mond einen kleinen springenden Schatten von außen gegen die Plane.

Eine beeindruckend lange Gangway führt mich über Containerstapel und wartende Autos hinweg bis aufs Schiff. Ich bin froh, dass es keinen Zubringerbus gibt, denn dann müsste ich noch mehr schummeln, als ich es durch die Fährüberfahrt ohnehin schon tue. Zwischen Dänemark und Schweden liegen an dieser Stelle knapp 100 Kilometer Ostsee, da habe ich zu Fuß einfach keine Chance.

Ein letzter Blick auf Frederikshavn, dann legen wir ab. Dänemark ist rasch hinter den tiefhängenden Wolken verschwunden. Ich strecke die Beine aus und tue nichts weiter, als aufs Meer hinauszuschauen. Zwar macht das Sonnendeck seinem Namen heute keine Ehre, doch dafür habe ich es ganz für mich allein. Inzwischen halte ich es bei fast jedem Wetter draußen aus, meist sogar in kurzen Hosen. Wenn keine Sonne da ist, lasse ich mich eben von der frischen Luft bräunen.

Nach gut zwei Stunden tauchen als Vorboten der schwedischen Küste erste versprengte Felsinseln auf, manche mit roten Holzhäuschen – womit auch sonst, schließlich ist das jetzt Bullerbü-Land.

Göteborg begrüßt mich mit etwas Regen und vielen schreienden Möwen. Hundert Kilometer in dreieinhalb Stunden! Angesichts so hoher Geschwindigkeiten ist mir fast ein bisschen schwindelig, als ich den ersten Fuß auf schwedischen Boden setze.

Morgen beginnt das Mittsommerwochenende, und das heißt Ausnahmezustand, auch in puncto Ladenöffnungszeiten. Also erledige ich meine Einkäufe jetzt. Von nun an wird es deutlich weniger Supermärkte am Weg geben als bisher. Deshalb muss ich ein bisschen rechnen: Ein 750 Gramm schwerer, möglichst gehaltvoller Mix aus Schokolade, Müsli, Knäckebrot, Nudeln, Tütensuppen, Keksen und Nüssen pro Tag. Für die nächsten fünfeinhalb Tage macht das etwas über vier Kilo, und die werde ich auf dem Rücken ganz schön merken. Heute Nacht aber genieße ich noch einmal die Annehmlichkeiten der Zivilisation und miete mich in die Jugendherberge ein.

An Mittsommer haben die Schweden frei und fahren ins Grüne. Tatsächlich ist das Stadtzentrum am nächsten Morgen wie ausgestorben. Entsprechend voll ist die Autobahn. Zwar stehe ich nicht im Stau, doch aus Göteborg rauszukommen ist auch für mich nicht angenehm. Ein schnurgrader Rad- und Fußweg, zur Linken die sich langsam vorwärtsschiebenden Autoschlangen, rechts Tankstellen, Schnellrestaurants, Outletstores, Baumärkte …

Göteborg ist mit 573 000 Einwohnern die zweitgrößte Stadt Schwedens und nach Hamburg und Sevilla die drittgrößte auf meinem Weg. Bis man so einen Ballungsraum verlassen hat, dauert es ein Weilchen. Doch spätestens in Kungälv habe ich den nervigen Vormittag vergessen. Kungälv ist ein beliebtes Ausflugsziel der Göteborger, und man versteht sofort, weshalb. Ich wandere durch Straßenzüge voller uralter Holzhäuser mit kunstvollen Verzierungen und fühle mich wie in einem Buch von Astrid Lindgren.

Dann stoße ich auf den Bohusleden. Das ist der Wanderweg, dem ich für die nächsten Tage folgen werde. Ein schmaler Pfad schlängelt sich über Bohlenbrücken durch Wald und Sumpf. Endlich bin ich in der weiten Natur Skandinaviens angekommen. Pünktlich zu Mittsommer!

Am See Romesjön gibt es ein Stück Sandstrand. Zwar haben hier bereits ein paar mittsommerwütige Schweden ein Lagerfeuer entfacht, doch sie haben nichts dagegen, dass ich mich zu ihnen geselle. Es ist interessant, etwas über dieses Fest zu erfahren, das hierzulande genauso wichtig ist wie Weihnachten. Man sitzt mit Familie und Freunden am Lagerfeuer, isst, trinkt, tanzt um die blumengeschmückte Mittsommerstange und singt zusammen die typischen Mittsommerlieder, die jeder Schwede kennt und die genauso unverzichtbar zu »Midsommar« gehören wie bei uns »O du fröhliche« zu Heiligabend.

Ich habe das Zelt noch lange offen und blicke auf den See hinaus. Ringsum sind Lagerfeuer zu sehen, und ab und zu weht Gesang zu mir herüber. Keine Mücke weit und breit, eigentlich erstaunlich! Aber vielleicht ist das so an Mittsommer, wer weiß … immerhin ist es ja eine Nacht mit Zauberkräften.

58 GRAD NORD
BOHUSLÄN UND DALSLAND

Auf wilden Pfaden kraxele ich auf und ab durch dichten, felsigen Wald. Oft genug ist es derart steil und unwegsam, dass ich mich mehr oder weniger auf allen vieren fortbewegen muss – mal rückwärts, mal vorwärts, mal seitwärts. Meine Knie sehen nun endgültig so aus, als hätte ich den ganzen Tag über in kurzer Hose im Sandkasten gespielt.

Die Landschaft Bohuslän gehört zur Provinz Västra Götaland. Es ist einsam hier. Kaum fünfzig Kilometer hinter Göteborg haben mich die skandinavischen Weiten vollständig verschluckt. Baumwipfel, so weit das Auge reicht, und stille Waldseen, die hier und da zwischen den Stämmen hindurchschimmern. Tagelang keine Straße, kein Dorf, kein Ausflugslokal, nichts – da ist nur der Trampelpfad unter meinen Füßen nebst einiger roter Farbmarkierungen an den Bäumen, damit ich mich nicht verlaufe.

Jeden Abend zelte ich an einem anderen See, gehe schwimmen und esse danach eine große Portion Nudeln, nachts hallen Eulenrufe durch den Wald, und morgens sitze ich auf den Steinen am Ufer, koche Kaffee und schaue den Wasserläufern zu, wie sie über die im Sonnenlicht blitzende Oberfläche eilen.

Nahe der Kleinstadt Uddevalla verlasse ich den Bohusleden und halte mich in Richtung Nordosten, um nach Dalsland zu gelangen. Es ist ziemlich warm dieser Tage, um nicht zu sagen heiß. Die Ausläufer von Hoch Vera haben das südliche Skandinavien erfasst. Doch immerhin liegen die Temperaturen noch unter dreißig Grad. In anderen Teilen Europas wirkt sich die Hitzewelle deutlich verheerender aus. In Nordspanien zum Beispiel, wo ich vor wenigen Monaten noch gewandert bin, klettert das Thermometer bis auf fünfundvierzig Grad.

Ein Waldweg führt mich am See Långhalmen entlang. Manchmal umsurrt eine Hummel die bunten Wiesenblumen am Ufer. Ab und zu ruft ein Haubentaucher. Ansonsten ist es drückend still. Kein Lüftchen regt sich, kein Blättchen raschelt, kein Vogel singt. Die bleierne Hitze zwingt der Landschaft eine unheimlich wirkende Trägheit auf. Selbst die Ameisen scheinen langsamer über den trockenen Sandboden zu krabbeln als üblich.

Seit einigen Jahren jagt ein Jahrhundertsommer den nächsten, und das Eis an den Polen schmilzt rasant. Stimmen, die den Klimawandel leugnen, sind weitgehend verstummt, doch Verharmlosung und Verdrängung sind noch immer an der Tagesordnung.

Hier draußen zwischen den Bäumen sind die Hilfeschreie des Planeten mit Händen zu greifen. Zu Hause in der Stadt im Alltag tue ich mich schwerer, sie zu hören. Dann lese ich vielleicht in der Zeitung über das Artensterben oder die Rodung von Regenwäldern, doch erscheint mir das alles weit weg. Rational weiß ich, dass es auch mich, dass es uns alle betrifft, doch emotional kann ich es nicht wirksam mit mir verknüpfen, es löst vielleicht Bedauern aus, aber keinen echten Schmerz.

Unterwegs in der Natur hingegen sehe ich die Welt, die mich umgibt, mit neuen Augen. Ich spüre das Wunder des Lebens als etwas, das auch in mir wirkt, von dem ich selbst ein Teil bin. Und plötzlich betrauere ich nicht mehr nur die anderen Geschöpfe, plötzlich leide ich mit ihnen und empfinde den Schmerz selbst.

Mal wieder ist es Zeit, mir einen Platz zum Schlafen zu suchen. Mein momentanes Leben, das aus normaler Perspektive als absolutes Ausnahmedasein erscheinen mag, ist für mich inzwischen vollkommen alltäglich geworden: Rucksack ab, Zelt raus, Plane ausbreiten, Stangen durchstecken, Heringe rein, fertig! Seit beinahe einem halben Jahr ist das meine Art, nach Hause zu kommen.

Der Untergrund ist weich, und es ist gemütlich. Nur rausgehen darf ich nicht, denn in der Dämmerung gehört das Waldesdickicht ganz und gar den Kriebelmücken. Sie sind in dichten Schwärmen unterwegs, und die Luft wirkt manchmal beinahe schwarz verfärbt.

In aller Frühe wache ich auf, weil es in meinem Gesicht unangenehm kitzelt. Im Halbschlaf streiche ich mir über die Haut. Irgendwas krabbelt da. Ich öffne kurz die Augen: eine Ameise. Ich schnipse sie in Richtung Fußende, im Glauben, dass sie mich dort nicht weiter stören wird. Doch nach kurzer Zeit kitzelt es erneut, diesmal auf meiner Hand. Schon wieder diese Ameise, also noch mal ab ans Fußende. Ich döse weiter, dann schrecke ich wieder hoch: Kitzeln, Schnipsen, Kitzeln, Schnipsen …

Das kann doch unmöglich jedes Mal dieselbe Ameise sein, oder? Schlaftrunken richte ich mich auf, da sehe ich plötzlich, dass scharenweise Getier auf mir und meiner Isomatte herumkriecht. In Nullkommanichts bin ich hellwach. Nach einigem Suchen finde ich auch heraus, wo die Quälgeister herkommen. Tatsächlich schieben sie sich hübsch der Reihe nach durch die winzige Lücke, wo die Reißverschlusszähne sich treffen oder eben, weil ich gestern Abend schlampig zugezogen habe, nicht ganz treffen. Das ist direkt unheimlich – Schwarmintelligenz! Woher wissen die, dass sie genau durch diese Schwachstelle müssen, um reinzukommen?

Es ist erst kurz vor fünf, doch schlafen kann und will ich nicht mehr. Kaum habe ich drinnen inmitten der Ameisenplage meinen Krempel zusammengepackt, umschwirren mich draußen die Kriebelmücken. Solange ich in Bewegung bleibe und ein bisschen mit den Armen wedele, habe ich halbwegs meine Ruhe. Nur Pausen sind einfach nicht drin. Die heutige Etappe laufe ich nonstop durch. Mücken sind der beste Beweis dafür, dass Skandinavien einfach wunderschön ist, denn wäre dem nicht so, würde sich im Sommer ganz sicher kein Tourist hierher verirren.

Die Region Dalsland ist ein beliebtes Revier für Kanufahrer. Wann immer ich einen Hügel erklimme, entdecke ich auf den himmelblauen Wasserflächen, die ringsum aus den endlos erscheinenden Wäldern hervorleuchten, lauter kleine Boote. Die Sommerferien haben begonnen, und es ist ganz schön was los.

Auf den Straßen, die mich durch das eine oder andere Dorf führen, begegnen mir immer häufiger auch deutsche Autokennzeichen. Staubige Schotterwege winden sich an Blumenwiesen und Weidezäunen entlang. Hier und da guckt ein rotes Holzhaus hinter einem Birkenwäldchen hervor, Gardinen wehen aus den offenen Fenstern, Wäsche flattert auf der Leine, manchmal steht draußen ein Tisch noch mit Kaffeegeschirr, und ein paar hundert Meter weiter markiert ein Waldrand aus Fichten und Kiefern das vorübergehende Ende der Zivilisation. Schwedische Provinz pur!

In Dalsland leben bloß elf Menschen auf einem Quadratkilometer. Und ich bin sogar noch im verhältnismäßig dicht besiedelten Süden Skandinaviens unterwegs. Je weiter ich nach Norden komme, desto abgelegener wird es. Hoch oben in Lappland schließlich kann man menschenleere Weite, Wildnis und unberührte Natur in Dimensionen erleben, die im übrigen Europa unvorstellbar sind.

Schweden, Norwegen und Finnland haben zusammengenommen eine Fläche, die etwa der von Deutschland plus Frankreich plus Benelux-Staaten entspricht. Doch leben in diesem riesigen Gebiet nur um die zwanzig Millionen Menschen, kaum mehr als allein im Bundesland Nordrhein-Westfalen.

Bei so viel Platz ist es nicht schwer, Orte zu finden, an denen man – von allerlei Insekten abgesehen – ungestört übernachten kann. Allemansrätten, Allemannsretten oder Jokamiehenoikeus – so heißt auf Schwedisch, Norwegisch und Finnisch die Regel, die es erlaubt, auch privates Land nicht nur zu betreten, sondern in gewissem Rahmen zu nutzen, was das Wildzelten einschließt. Ohne solche Gesetze wäre es kaum möglich, in diesen Regionen zu wandern. Denn um zu Fuß jeden Tag einen Campingplatz oder eine Herberge zu erreichen, sind die Entfernungen zwischen den Ortschaften viel zu groß.

59 GRAD NORD
VÄRMLAND

Ich verlasse Västra Götaland und erreiche Värmland, die Heimat der neben Astrid Lindgren wohl berühmtesten schwedischen Schriftstellerin Selma Lagerlöf. Hier, auf dem Bauernhof ihrer Kindheit, lässt sie jene Geschichte spielen, in der eine Dichterin, die verzweifelt versucht, ein Schulbuch über Schweden zu schreiben, einem kleinen Kobold namens Nils Holgersson begegnet, der ihr die Abenteuer von seiner Reise mit den Wildgänsen in die Feder diktiert. 1909 erhielt Lagerlöf als erste Frau überhaupt den Nobelpreis für Literatur.

Zwischen endlosen Kornfeldern hindurch laufe ich vollkommen allein geradewegs auf einen pechschwarzen Himmel zu. Rein gar nichts verstellt den Blick auf die dramatischen Wolken, die perfekte Katastrophenfilmkulisse. Wenn mir jetzt der Kopf der Freiheitsstatue entgegenkullerte, würde das wirklich gut zum Setting passen.

Für einige bange Minuten bin ich mir absolut sicher, dass mir das Unwetter des Jahrhunderts bevorsteht, aber stattdessen bricht abrupt die Sonne durch und beendet die Ruhe vor dem Sturm mit einer solchen Wucht, dass es hier unten zwischen den goldenen Ähren aussieht, als würde jemand das Licht wieder einschalten. Es fällt kein einziger Tropfen Regen, und binnen weniger Minuten ist die sommerliche Helligkeit zurück.

Dem Weltuntergang bin ich wie durch Zauberhand entronnen, doch schon türmt sich die nächste Hürde vor mir auf. An einem Wendekreis mitten im Wald endet der Weg, einfach so. Okay, dann eben freestyle durch sumpfiges Unterholz. Normalerweise laufe ich einen Kilometer in weniger als zwanzig Minuten, unter diesen Umständen brauche ich etwa eine Stunde. Mein absoluter Negativrekord. Langsamer geht immer!

Ungünstigerweise gelange ich direkt bei einem Gehöft aus dem Dickicht zurück ans Tageslicht. Bis auf ein paar Hunde, die sich die Seele aus dem Leib bellen, aber zum Glück eingesperrt sind, scheint niemand zu Hause zu sein. Ich gebe mir einen Ruck und stapfe quer durch den Garten, in der Hoffnung, dass die Tür des Hundezwingers den wilden Sprüngen seiner Insassen standhält. Die Hunde bellen mir nach, auch noch, als ich längst wieder einen Weg unter den Füßen habe. Nachdem das Geräusch endlich in der Ferne verhallt ist, baue ich das Zelt auf. Schluss für heute!

Der Tag endet, wie er begonnen hat – und wie in den letzten Wochen so viele Tage für mich geendet und begonnen haben: mit einer herrlichen, mäßig bis stark vermückten Aussicht durchs Moskitonetz. Doch Abwechslung naht: Demnächst werden es nicht mehr schwedische, sondern norwegische Wälder und Insekten sein, durch die und mit denen ich mich (herum)schlage.

Dass die norwegische Grenze nicht mehr weit sein kann, erkennt man – wie so oft in Schweden – an einer für eine so dünn besiedelte Gegend ungewöhnlich hohen Zahl an großen Supermärkten. Viele Norweger kaufen nämlich gern im »billigen« Nachbarland ein, was angesichts der norwegischen Preise durchaus verständlich ist.

Am Stadtrand von Charlottenberg taucht ein riesiges Einkaufszentrum auf, mitten auf der grünen Wiese. Ich aber laufe noch ein »Einkaufsdorf« weiter bis nach Eda glasbruk, denn hier gibt es eine Godisfabriken, das ist ein reiner Süßigkeitsmarkt. Man muss die Feste feiern, wie sie fallen! Hoch oben im Norden warten noch reichlich konsumfreie Tage auf mich. Jetzt nehme ich, was ich kriegen kann. Doch das ist leichter gesagt, als getan. Das meiste ist nur in riesengroßen Paketen zu haben. 25 Snickers, eine 1-kg-Tonne Chips, 3 x 3 300 g Tafeln Schokolade, 2 kg Gummibärchen, das ist selbst mir zu viel. Erst nach längerem Suchen finde ich ein paar Verpackungen, die auch in meinen »Fußgängerkofferraum«, sprich Rucksack hineinpassen.

Schwer beladen laufe ich die letzten knapp zwei Kilometer bis zur Grenze, oder besser gesagt bis nach Morokulien. Morokulien ist ein sechs Hektar großes Gelände, das weder nur zu Schweden noch nur zu Norwegen gehört. Es gelten beide Währungen und ein kleines Postamt verkauft sowohl schwedische als auch norwegische Briefmarken. Der Poststempel »Morokulien« ist bei Sammlern als Kuriosität begehrt.

Gegründet wurde Morokulien 1914 anlässlich des hundertjährigen Friedens beider Länder und war damit der erste Peace Park in Europa. Inzwischen existieren eine ganze Menge solcher Friedensrepubliken. Sie symbolisieren die freundschaftliche Kooperation zwischen benachbarten Staaten und dienen als Friedensbotschaft an die Welt.

Grenzkontrollen gibt es in Morokulien keine, dafür jedoch ein Friedensdenkmal und eine kleine Holzbrücke, auf der man symbolisch von Schweden nach Norwegen hinüberlaufen kann. Praktischerweise beherbergt Morokulien auch einen Campingplatz. Für gewöhnlich weiß ich, in welchem Land ich übernachte, heute weiß ich es nicht. Mal sehen, wie es sich schläft, so ungewöhnlich grenzüberschreitend!

Die Punta de Tarifa, der südlichste Punkt des europäischen Festlandes, und gegenüber Afrika.

Am Strand von Tarifa, erste Schritte in Richtung Norden.

30°

Der erste Abend der Tour, Sonnenuntergang über der Straße von Gibraltar.

0°

Idyllische Wege durch ein ländliches Andalusien.

Alcalá de los Gazules, eines der sogenannten Weißen Dörfer.

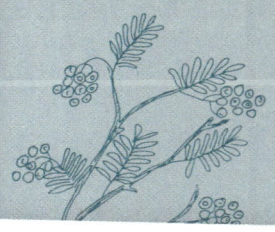

Kurz vor Sevilla, endlich auf dem Jakobsweg.

An der Kathedrale von Sevilla bekomme ich den ersten Stempel in meinen Pilgerpass.

60°

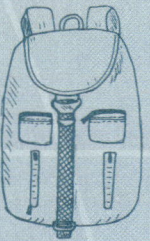

○ 36°

30°

Sonnenaufgang auf der Via de la Plata.

0°

Auf der Sierra Norte.

Das Acueducto de los Milagros in Mérida.

Auf der Via de la Plata durch die Extremadura.

Auf der Brücke über den Tajo.

60°

Korkeichenwald in der Extremadura.

○ **38°**

30°

Sonnenaufgang kurz vor Salamanca.

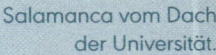
Salamanca vom Dach der Universität.

0°

Nach langer Etappe endlich Schnürsenkel auf, meine Füße im nordspanischen Abendhimmel.

Schlafplatz in Nordspanien.

Blick auf Pamplona und die Pyrenäen.

Saint-Jean-Pied-de-Port und die Pyrenäen von der anderen Seite.

○ 42°

30°

Schlafplatz in Südfrankreich.

Vitamin-Pause.

0°

Überquerung der Garonne bei La Réole.

Auf der Voie de Vézelay.

Morgennebel in der Dordogne.

Die Loire bei Nevers.

○ 46°

Blick von der Stadtmauer in Vézelay.

Großeinkauf in Châtillon-sur-Seine.

Schlafplatz im Wald beim Kloster Clairvaux.

Pause am Straßenrand in Ostfrankreich.

Hundert Tage unterwegs!

Ein Abendspaziergang im Dreiländereck.

50 Grad Nord!

Einsame Traumpfade durch die Eifel.

Am Rhein.

Wintereinbruch in Nordrhein-Westfalen.

Rast auf einer klugen Bank im Rothaargebirge.

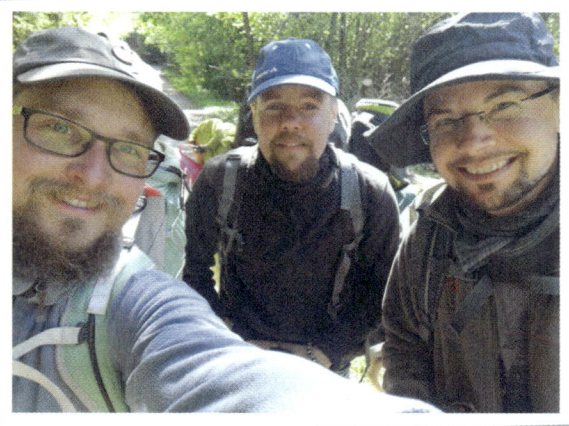

Mit Jan (Mitte) und Frank (rechts) im Sauerland.

60°

○ **51°**

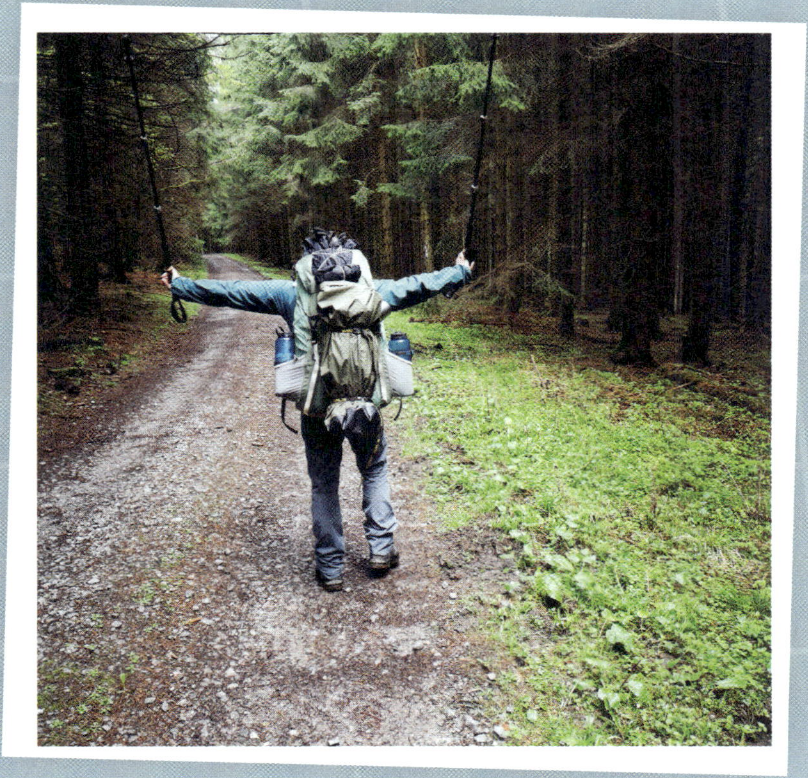

30°

Mitten im Sauerland knacke ich die 3000 Kilometer!

0°

Feldweg in Ostwestfalen.

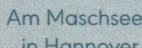

Am Maschsee in Hannover.

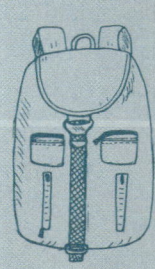

Auf dem niedersächsischen Jakobsweg.

Die A7, hartnäckig wiederkehrender Begleiter durch Deutschlands Norden.

Auf der Reeperbahn.

Mit Thorsten, dem Chefredakteur vom Wandermagazin, auf dem Alsterwanderweg.

Dänemark, neugierige Zuschauer am Wegesrand.

Gewitterstimmung im Norden Jütlands.

Kurz vor Frederikshavn knacke ich die 4000 Kilometer!

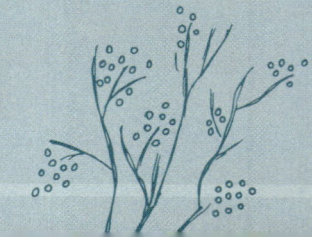

Einfahrt nach
Göteborg.

60°

O 57°

Schweden,
Land der roten
Holzhäuser.

30°

Dalsland, hier jagt ein See den nächsten.

0°

Am Friedensdenkmal in Morokulien.

Abendstimmung am Møkeren.

Zelt im Finnskogen.

Bei Torben und seiner Familie in Norwegen.

60°

Großeinkauf in Trysil.

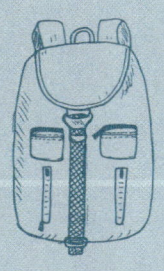

30°

Norwegisch-Schwedischer Grenzstein mitten im Nirgendwo.

0°

Mitternachtssonne.

Mein erstes Rentier.

Fjäll nördlich von der Grövelsjön.

Auf dem südlichen Kungsleden.

○ 62°

Auf dem Helags.

30°

Auf dem Önrun.

0°

Hochsommer im Fjäll.

Auf einer Schotterpiste im Norden Jämtlands knacke ich die 5000 Kilometer!

Abendessen am Fiskåvattnet.

Entlang der roten Winterkreuze über Fiskåfjället.

○ 64°

Einsame Hütte im Tal des Jougdan, Einladung zum Abendessen mitten im Nirgendwo.

30°

Nördliches Jämtland, die Tage werden kürzer.

0°

Auf dem Norra Borgafjäll.

Nahe der E45 gibt es unerwartet schöne Plätze, hier an einem See nördlich von Arvidsjaur.

Am Polarkreis.

Kaffeepause mit Dani und Tom aus München.

Blick vom Vogelbeobachtungsturm im Muddus-Nationalpark.

Der Munioälv bildet die Grenze zwischen Schweden und Finnland.

Wandern im Pallas-Yllästunturi-Nationalpark.

Die Weiten des im Pallas-Yllästunturi-Nationalparks.

Auf einem Waldweg im Pallas-Yllästunturi-Nationalpark knacke ich die 6000 Kilometer!

Schlafplatz im Pallas-Yllästunturi-Nationalpark.

Geheimwaffe für die letzten arschkalten 500 Kilometer.

Herbst in der Finnmark.

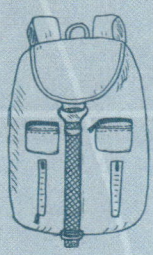

○ 69°

60°

Schlafplatz in der Finnmark.

30°

Hoch im Norden kratzt die Abendsonne lange am Horizont.

0°

Der erste Schnee.

Schlafplatz am Holgajávri.

Winterlicher Herbst auf dem Beskades-Gebirge.

○ 70°

60°

Auf der E6 kurz hinter Alta.

Am Strand der Barentssee.

Tunnelwandern.

0°

Endspurt.

Am Nordkap.

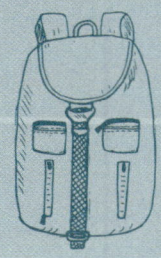

60 GRAD NORD
FINNSKOGEN

Es schläft sich gut. Ausgeruht verlasse ich Morokulien und betrete die norwegische Provinz Hedmark. Auf verwunschenen Pfaden wandere ich in den Finnskogen hinein, ein großes, teils auf schwedischer, teils auf norwegischer Seite gelegenes Waldgebiet. Stundenlang geht es auf und ab durch hügeliges Fichtendickicht. Für einige Kilometer laufe ich genau auf der schwedisch-norwegischen Grenze entlang: eine breite, schnurgerade Schneise, und in regelmäßigen Abständen ragen die typischen gelben Steine aus dem Unterholz, die bis in den hohen Norden die Grenze markieren. Der Wanderweg ist durch Farbtupfer auf Felsen und Baumstämmen gekennzeichnet, in Schweden rot, in Norwegen blau und dort, wo er etwas unentschieden verläuft, zweifarbig.

Ziemlich genau hier überschreite ich den 60. Breitengrad. Ich muss daran denken, wie ich am 27. April in Rheinland-Pfalz nördlich von Wittlich die Fünfzig passiert habe. Heute ist der 3. Juli. Zwei Monate und eine Woche – schnell ist das nicht, aber dafür gründlich. Ich habe keinen Meter ausgelassen, und meine Schuhsohlen kennen jedes Steinchen zwischen hier und dort.

Gegen Abend lande ich auf einem Schotterweg in Richtung Nordwesten. Damit lasse ich Schweden und die gelben Grenzsteine endgültig hinter mir. Für die nächsten zehn Tage bleibe ich in Norwegen – das sechste von sieben Ländern, oder sogar das siebte von acht, ich darf Luxemburg nicht vergessen. Wenn ich auch noch Morokulien mitzähle, dann ist es sogar das achte von neun. Zwei Drittel der Strecke und damit knapp 4400 Kilometer Europa liegen hinter mir.

Am Ufer des Møkeren suche ich mir ein Plätzchen zum Schlafen. Weicher, moosiger Waldboden reicht bis nah ans Wasser heran. Wie auf Daunen liege ich da und genieße zwischen den Stämmen zweier Kiefern hindurch einen herrlichen Blick über den See. Auf der Oberfläche spiegelt sich erstaunlich scharf und farbenprächtig eine Mischung aus Abendrot und dunkelblauen Nachtwolken. Es ist, als gäbe es den Himmel heute doppelt – einmal über mir und noch ein zweites Mal unter mir im Wasser.

Ganz anders am nächsten Morgen: Nun ist der Himmel nicht mehr doppelt schön, sondern doppelt grau. Es pladdert auf die Plane, und eine feuchte Kälte erfüllt die Luft. Kaum habe ich den Kopf aus dem Zelt gestreckt, bin ich klitschnass.

»Gleich wird es besser, gleich wird es besser, gleich wird es besser«, murmele ich in einer Art Endlosschleife vor mich hin. Autosuggestion? Möglich, jedenfalls kommt mir plötzlich der Gedanke, wie wunderbar es ist, dass es auf einem sich gnadenlos erwärmenden Planeten überhaupt noch Wasser und Kälte gibt. Ich muss grinsen und sogar laut lachen. Ich strecke die Arme aus, halte das Gesicht in den Regen und bin wieder fröhlich, trotz oder eigentlich sogar wegen des Wetters.

Im Laufe dieser Tour habe ich aufgehört, Luxus über körperliche Bequemlichkeit zu definieren. Für mich ist Luxus, wenn meine Seele sich entspannen kann, wenn die Luft, die ich atme, nach Wald und Wiese riecht, wenn über mir Bäume rauschen, ich Wasser direkt aus einem Bach trinke, wenn ich abends im Zelt liege, mein Körper auf eine angenehme Weise müde ist und ich im Einschlafen unter mir die nackte Erde spüre. Luxus ist, wenn ich es mir erlaube, langsam zu sein, wenn ich, ohne nervös zu werden, alle anderen an mir vorbeiziehen lasse, wenn ich aufhöre, mir selbst davonzulaufen, und neu herausfinde, wer ich eigentlich bin, ganz anders nämlich, und endlich komme ich auch mal dazu.

Ja, im Augenblick führe ich ein Luxusleben! Davon bin ich allen Ernstes überzeugt, auch jetzt, während mir der Regen in Strömen über das Gesicht bis in den Jackenkragen rinnt und ich gefühlt mehr Wasser als Fuß in den Schuhen habe.

Trotz Trödelei und ausgedehnter Pause im Kiefernwald bin ich eine halbe Stunde zu früh in Velta. Doch das macht nichts, denn an der Brücke über die Flisa gibt es einen gemütlichen Picknickplatz. Hier bin ich mit Torben verabredet, meiner zufälligen »Norwegenfahnenbekanntschaft« aus dem verschneiten Nordrhein-Westfalen.

Ich sehe mich um. Hoffentlich kommt er wirklich, geht es mir durch den Kopf. Dafür, dass ich ihn nur aus E-Mails kenne, bin ich ganz schön auf ihn angewiesen. Meine Proviantvorräte sind aufgebraucht, und in Velta, das nur aus ein paar weit verstreut liegenden Gehöften besteht, werde ich so leicht keinen Nachschub kriegen.

Doch eigentlich habe ich ein gutes Gefühl. Ich habe im Laufe meiner Reise schon so vielen Leuten vertraut und durchweg positive Erfahrungen gemacht. Es ist wie ein kleines Wunder, das sich wieder und wieder ereignet und mir neue Kraft schenkt. Fremde Menschen begegnen mir freundlich, und zwar bedingungslos, ohne auf irgendeinen Vorteil bedacht zu sein, ohne Berechnung und ohne eine Gegenleistung zu erwarten, einfach nur, um mir ein kleines Stück weiterzuhelfen auf meinem Weg durch Europa.

Das kleine Wunder passiert auch diesmal. Torben kommt tatsächlich. Wie ich erleichtert feststelle, ist er ein superlockerer Typ und hat kein Problem mit matschbespritzten Rucksäcken in seinem Kofferraum und mindestens ebenso dreckigen Wanderern auf seinem Vordersitz.

Wir sind eine ganze Weile unterwegs, ehe wir schließlich von der Straße auf einen Schotterweg abzweigen und einen Hügel hinauffahren bis zu einem einsamen Bauernhof. Hier wohnen Torben und seine Frau Laura zusammen mit ihren drei kleinen Söhnen inmitten von Wäldern, Wiesen und ein paar Plätzen mit wunderschöner Aussicht. Ganz in der Ferne kann man sogar schon ein bisschen Hochgebirge erkennen.

Auf der Türschwelle eines geschmackvoll restaurierten, alten Holzhauses sitzt eine flauschige Angorakatze und schaut mich ein wenig kritisch an. Ansonsten jedoch werde ich sehr herzlich empfangen.

Nach einem leckeren Abendessen erfahre ich gemütlich beim Bier am Kaminfeuer eine ganze Menge über Norwegen – aus erster Hand sozusagen, denn Laura und ihre Mutter, die auch gerade zu Besuch ist, sind Norwegerinnen. Nun weiß ich endlich, warum Schokolade hier so viel kostet: Es gibt eine extrem hohe Zuckersteuer. Außerdem bekomme ich Unmengen Tipps, wo überall ich in Norwegen noch wandern gehen könnte. Die nächsten zehn Jahre Urlaub sind verplant.

Morgens mache ich Bekanntschaft mit norwegischer Frühstückskultur. Es gibt Svele, die norwegische Variante des Pancake, nur besser. Man bestreicht sie mit gesalzener Butter und streut Zucker darüber, oder man isst sie, noch ein bisschen norwegischer, mit Brunost. Das ist eine Käsesorte, die traditionell nur in Norwegen und in einigen grenznahen Gebieten Schwedens hergestellt wird. Er schmeckt ein bisschen süßlich, fast wie Karamellbonbons, was daran liegt, dass die Molke eingekocht wird. Das mag bestimmt nicht jeder, denn es ist nicht unbedingt das, was man erwartet, wenn man in ein Stück Käse beißt. Doch mir schmeckt's.

Zum Abschied werde ich an einem dicken Holzbalken in der Küche verewigt, eine Art Messlatte für Besucher, auf der schon eine ganze Menge Gäste unterschiedlichster Größe (und vermutlich auch unterschiedlichsten Alters) verzeichnet sind. Ich stelle mich mit dem Rücken dagegen. Dann malt Torben knapp über meinem Kopf einen neuen Strich an die Wand und schreibt meinen Namen und das Datum dazu. Ja, ich war wirklich hier. Was das Fotografieren einer norwegischen Fahne in einem deutschen Vorgarten doch für wunderbare Folgen haben kann. Solche Erlebnisse sind gleichsam das Salz in der Suppe. Sie machen das Unterwegssein erst so richtig schön und meine Reise zu etwas ganz Einmaligem.

Torben fährt mich zurück nach Velta bis zur Brücke über die Flisa. Schließlich will ich auf keinen Fall schummeln, und um mir selbst zu beweisen, dass ich keinen Meter Europa auslasse, setze ich mich noch einmal an denselben Picknicktisch wie gestern.

Der Tag beginnt an der Flisa und bleibt an der Flisa. Der Fluss begleitet mich unermüdlich bis zum Abend. Ein paar Mal muss ich ihn überqueren und bekomme eine schöne Aussicht auf das Wasser, das ansonsten meist verborgen hinter Bäumen neben mir herrauscht, teils gemächlich und würdevoll, teils wild plätschernd und an manchen Stromschnellen beinahe tosend.

In dieser dünn besiedelten Gegend macht selbst Asphalttreten Spaß, denn es ist kaum jemand unterwegs, und die Straße wird für mich zum Wanderweg. Die Autos, die mir begegnen, kann ich an einer Hand abzählen und komme dabei unweigerlich zu dem Schluss, dass ich selbst so etwa zwanzig Prozent des heutigen Verkehrsaufkommens ausmache. Meine Pausen am Wegesrand sind ein kulinarischer Hochgenuss, denn ich habe noch reichlich Svele dabei, und die schmecken hier draußen so lecker, dass mich selbst die Mücken, obwohl sie haufenweise um mich herumschwirren, kein bisschen stören. Eine rundum gelungene Etappe, und zu allem Überfluss endet sie an einem außergewöhnlich schönen, wildromantischen Schlafplatz auf einem Felsen unmittelbar oberhalb des Wasserfalls Øvre Flisfallet. Es ist ein bisschen, als säße die Landschaft Modell für ein Gemälde, in das ich mein Zelt mitten hineinbaue.

Am nächsten Morgen nehme ich Abschied von der Flisa, verlasse die Straße und wandere wieder tiefer in den Finnskogen hinein. Zwar bleibe ich auf norwegischer Seite, doch manchmal ist Schweden so nah, dass ich es sehen kann, am gegenüberliegenden Ufer des Halsjøen zum Beispiel.

Als grenzübergreifender Wald hat der Finnskogen eine interessante und bemerkenswerte Vergangenheit. Auf den einsamen Pfaden gelang während des Zweiten Weltkrieges einigen Juden und Widerstandskämpfern die Flucht aus dem besetzten Norwegen hinüber nach Schweden. Ohne die Schautafeln, auf denen die Flüchtlingsrouten genauer beschrieben werden, könnte ich mir kaum vorstellen, was hier einst passiert ist. Leid und Todesangst passen nur schwer hinein in dieses Waldidyll. Der Wind rauscht durch die Fichten, Buchfinken und Tannenmeisen singen um die Wette, Zitronenfalter flattern über den Weg, ab und zu hämmert ein Specht – ganz so, als wäre es nie anders gewesen und als herrsche seit eh und je, immer und überall Frieden auf der Welt.

61 GRAD NORD
TRYSIL UND DREVFJÄLL

Jenseits des Finnskogen betrete ich ausgedehntes Sumpfland. Irgendwo müssen die vielen skandinavischen Mücken schließlich wohnen. Die Schuhe aus Trier sind durch und halten so gut wie nichts mehr ab. Doch um sich von nassen Füßen oder von ein bisschen Hautjucken die Laune verderben zu lassen, ist die Landschaft viel zu schön. Über den weiten Flächen liegt ein weiß-blauer Schäfchenwolkenhimmel und überzieht die gelblich-beigen Farben des Bodenbewuchses mit einem sommerlichen Leuchten. Immer wieder sehe ich in der Ferne schneebedeckte Gipfel, mit jedem Schritt ein bisschen deutlicher.

Das Städtchen Trysil schließlich liegt am Fuße der Berge. Hier erledige ich meine Einkäufe für die nächsten Tage. Die Zuckersteuer ist eine sehr vernünftige Sache, doch ebenso vernünftig finde ich es, mir trotzdem reichlich Schokolade zu gönnen. Schließlich werde ich bis morgen Abend beinahe ausschließlich bergauf wandern, und von nichts kommt nichts.

Schon bald hinterm Ortsausgang mündet die Straße in einen weitgehend autofreien Schotterweg. Der Ausblick wird mit jedem Schritt besser. Das motiviert ungemein, vielleicht sogar noch mehr als die Schokolade, und ist vor allem steuerfrei. Neben mir rauscht der Fluss Storflena über ein breites Geröllbett aus riesigen Steinen zu Tal. Die Fichten am Ufer zeigen die für den sogenannten borealen Nadelwald typische hohe, schlanke Wuchsform – Jack London lässt grüßen. Alaska, Kanada, Sibirien oder Skandinavien – das ist manchmal schwer zu unterscheiden. Doch eins ist sicher: Der Norden ist da! Und morgen Abend steht mein Zelt im Fjäll!

Die Vorfreude auf meine Lieblingslandschaft treibt mich in aller Frühe aus den Schlafsackdaunen. Es ist absolut windstill. Der boreale Nadelwald ragt unbeweglich in einen wolkenlosen, blauen Himmel empor. Die Bäume strahlen eine unglaubliche Ruhe und Unerschütterlichkeit aus. Für mein Empfinden würden sie viel besser in eine Winterlandschaft passen, denn dafür sind sie gemacht. Ihre spezielle Form verhindert, dass sich zu schwere Schneelasten auf ihnen ablagern können. In der sengenden Hitze des heutigen Tages wirken sie wie aus einer fernen Dimension hierher gezaubert und verleihen der Welt etwas unwirklich Magisches.

Gegen Nachmittag ist Schluss mit Fichten, und ich betrete Birkenwald. Je höher ich komme, desto windschiefer, kleiner und krüppeliger werden die weißen Stämmchen. Schließlich sind nur noch einzelne Birkenbüsche übrig, und dann bin ich jenseits der Baumgrenze. Geschafft! Von Andalusien bis hinauf ins Fjäll!

Im Norden I

Ein warmer Sommerwind säuselt in Blumen und Gräsern, eine Kröte hüpft über den sumpfigen Pfad, und Schönwetterwölkchen werfen ihre Schatten auf die unendlich weiten Hochflächen. Ich drehe mich im Kreis, wieder und wieder. Mich umgibt ein vollkommen unverstellter Horizont – 360 Grad absolute Freiheit. Es ist wie Wandern zwischen Himmel und Erde, denn wohin ich auch blicke, sie gehen sanft ineinander über und scheinen mich zwischen sich zu nehmen, sodass ich geborgen bin in einem schützenden und doch irgendwie grenzenlosen Kokon.

Bis spät höre ich die Rufe der Birkhühner, die hier und da laut flatternd aus dem dichten, weichen Pflanzenteppich auffliegen. Gegen Mitternacht verschwindet die Sonne, doch nur für etwa zwei Stunden. Auf- und Untergang liegen so dicht beieinander, dass sie wie ein einziges Ereignis erscheinen. Es ist kühl und still. Die Tautropfen auf den Blüten und Blättern leuchten in einem orangefarbenen Zwielicht, eingehüllt in einen geheimnisvollen Zustand, wo Anfang und Ende sich treffen – ein kurzer Augenblick, der keine Zeit kennt und wo alles wieder ist, wie es immer war und bis in alle Ewigkeit sein wird.

Wenn man Erdgeschichte im Zwölf-Stunden-Zeitraffer abspielen würde, dann wäre die Menschheit noch nicht einmal eine Minute alt. Die gigantischen Dimensionen dieser Landschaft weisen mich behutsam in meine Schranken und rücken meine verzerrte Perspektive wieder gerade. Wir Menschen sind nicht die Krone der Schöpfung. Es ist wie in den Sternenhimmel schauen: Wenn die Übermacht der Natur mir unzweifelhaft zu verstehen gibt, wie klein ich bin, dann darf ich mich endlich auch so fühlen, und das ist eine große Erleichterung.

Nach ein paar Kilometern taucht wieder so ein gelber Grenzstein auf, mitten im Nirgendwo und als einziger Hinweis darauf, dass es auf der Welt möglicherweise noch etwas anderes geben könnte als

Sumpf, Heide, Seen, Grasland, felsige Hügelkuppen und hier und da ein lichtes Birkenwäldchen.

Nicht ohne Wehmut winke ich ins wunderschöne Norwegen hinüber, doch zum Glück wartet ja das ebenso wunderschöne Schweden auf mich. Und im Übrigen komme ich in gut zwei Monaten noch einmal zurück, für die letzten 450 Kilometer bis zum Nordkap. Dann allerdings wird es bitterkalt und meistens dunkel sein, was ich mir im Moment kaum vorstellen kann.

Schweden begrüßt mich waldig, matschig und mückenreich. Der nächste Sommerwanderweg ist gut zwei Kilometer entfernt. Fürs Erste gibt es zur Orientierung bloß die roten Kreuze, die im Winter den Ski- und Schneemobilfahrern als Markierung dienen. Ich stolpere über Moor, Geröll, Gestrüpp und kleine Flüsse hinweg, lauter Hindernisse, die unter einer dicken Schneedecke nicht weiter stören würden, im Sommer jedoch eine Menge Zeit kosten. Als ich endlich wieder auf einem klar erkennbaren Pfad stehe, spüre ich umso intensiver, wie viel das wert ist. Übermorgen bin ich in Grövelsjön, wo ich übermorgen Martin treffe, der mich zwei Wochen lang begleiten wird.

Das Drevfjäll-Naturreservat ist eine der wenigen Regionen der Erde, wo die Anzahl der Mücken pro Kubikmeter Luft mit der Anzahl der Sauerstoffmoleküle ernsthaft konkurrieren kann. Aus einem von silbrig glitzernden Rinnsalen, Bächen, Teichen und Seen durchzogenen Moor ragen in regelmäßigen Abständen bewaldete Inseln hervor. Doch abgesehen von diesen knorrigen Kiefernwäldchen ist die Welt heute zweifarbig. Das Blau von Himmel und Wasser und das Gelb des Sumpfgrases sind entschieden vorherrschend. Wüsste ich nicht, dass Schwedens Nationalfarben vom Wappen des Königshauses herrühren, ich würde annehmen, sie seien direkt der Landschaft entnommen.

Am Mittag erreiche ich Zivilisation, nicht so viel, dass es mich überfordern würde, aber immerhin ein bisschen. Der Ort, der da in Form einiger roter Holzhäuser hinter den Bäumen auftaucht, heißt Flötningen, und die angekündigte Tankstelle entpuppt sich überraschenderweise als richtiger kleiner Lebensmittelmarkt.

Auf dem Parkplatz steht eine Picknickbank, die wie gemacht ist für eine gemütliche Pause. Hier gibt es nämlich keine Mücken, stattdessen jedoch reichlich Kaffee. Im Eingangsbereich des Ladens steht eine Kanne mit dem Hinweis, dass man sich bedienen möge. Gratis, endless refill und ganz ökologisch im eigenen Becher. Zusätzlich kaufe ich frisches Brot, Obst und Orangensaft. Wenn schon spätes Frühstück, dann richtig. Ich strecke die Beine aus, halte das Gesicht in den Sonnenschein und erhebe mich nur noch zum Kaffeenachfüllen, zweimal, dreimal ...

Im Koffeinrausch läuft sich der Rest der Etappe fast wie von selbst. Ein Mittagsschlaf am Wegesrand ist nicht mehr nötig und wäre ohnehin schwierig geworden, denn gleich hinter Flötningen fangen die Blutsauger wieder an zu nerven. Doch begegnet mir nicht nur Kleinstgetier, sondern auch mal was richtig Großes, zur Begrüßung im hohen Norden sozusagen: Zwischen grünem Gestrüpp lugt plötzlich ein samtiges Geweih hervor, das erste Rentier auf meinem Weg durch Europa!

62 GRAD NORD
ROGEN UND HELAGS

Grövelsjön Fjällstation! »Fjällstationen« heißen die Unterkünfte in den schwedischen Bergen, die keine einfachen Hütten sind, sondern ein wenig mehr Komfort zu bieten haben, wie zum Beispiel fließend Wasser und Strom. Vom Standard her liegen sie irgendwo zwischen Hotel und Jugendherberge.

Das Zimmer, das ich für Martin und mich gebucht habe, ist klein, aber fein und sehr gemütlich. Ich setze mich an den Tisch am Fenster und genieße die Aussicht auf die Berge. Das wird ein Stubenhockernachmittag! Mag die Sonne scheinen, so viel sie will, ich bleibe einfach hier sitzen.

Abends kommt der Bus aus Älvdalen, und Martin steigt aus. Ich bin überglücklich, dass er da ist, und rechne es ihm hoch an, dass er den weiten Weg von Berlin hierher auf sich genommen hat. Zur Feier des Tags gönnen wir uns ein richtig luxuriöses Essen im Restaurant der Fjällstation. Danach sitzen wir noch lange zusammen und reden. Es gibt so viel zu erzählen.

Am nächsten Morgen nehme ich Abschiedn von meinen alten Wanderstiefeln, denn Martin hat mir neue mitgebracht. Ein letztes Foto muss sein, schließlich haben mich die Schuhe aus Trier 2000 Kilometer weit getragen. Doch alles hat seine Zeit, und wenn ich mir die Dinger so angucke, dann war es höchste Eisenbahn für das dritte und hoffentlich letzte Paar, das ich auf dieser Tour kaputtlaufe.

Es ist wie verhext, kaum ist Martin da, wird es zehn Grad kälter, windig und regnerisch, und zu allem Überfluss kraxeln wir sofort steil bergan bis auf etwa 1000 Meter. Oben angelangt pfeift der Wind ungebremst über eine baumlose, felsig-raue Mondlandschaft hinweg. Immerhin halten die Sturmböen uns die Mücken recht wirkungsvoll vom Hals. Trotzdem hätte ich Martin einen sanfteren Einstieg gewünscht. Vor allem tut es mir leid, dass ich vor drei Tagen am Telefon noch behauptet habe, hier sei Sommer und er brauche gar nicht so viele warme Sachen mitzuschleppen.

Unsere erste Pause fällt kurz aus. Wir ziehen so ziemlich alles an, was wir haben, bibbern im Windschatten eines kleinen Hügels vor uns hin und schieben uns ein paar Schokoriegel in den Mund.

Gestern Badeshorts, heute Mütze und Handschuhe. Da ist sie mal wieder, die Abwechslung, mit der auf so einer Wanderung andauernd zu rechnen ist.

Ein paar Stunden später finden wir eine Rasthütte. Erleichtert schlagen wir die Tür hinter uns zu und lassen uns auf die Bänke fallen. Das ist wirklich kein freundlicher Tag, und für Martin ist es ein Sprung ins kalte Wasser. Gerade noch bei weit über dreißig Grad mitten in der Großstadt, und dann plötzlich in einer Situation, in der wir ohne weiteres geneigt sind, die schmale Bretterwand zwischen uns und dem Wind als einen außerordentlichen Luxus zu empfinden.

Gegen Morgen beruhigt sich das Wetter, und der Himmel reißt auf. Gestern Abend wirkte der See Hävlingen sehr unwirtlich und düster. Jetzt glitzert die Wasseroberfläche im Sonnenschein, und wir entdecken bunte Blumen zwischen den grauen Felsen am Ufer. Die Birken sind nicht mehr sturmgebeugt, sondern säuseln nur leise im warmen Sommerwind, und ihre weißen Stämme leuchten.

Mit Erreichen des Naturreservats Rogen lassen wir die Provinz Dalarna hinter uns und betreten Jämtland, genauer gesagt Härjedalen, den südlichen Teil Jämtlands, der früher einmal eine eigene Provinz war. Das Naturreservat Rogen ist eine felsige Gegend voller Seen, ganz ohne Straßen und Dörfer. Man kann es nur zu Fuß erkunden oder mit dem Kanu. Insgesamt trifft man hier nicht allzu viele Menschen. Ein paar bewirtschaftete Hütten gibt es dennoch.

Ich würde sagen, wer abgeschieden wandern und dabei auf ein Minimum an Sicherheit und Komfort nicht verzichten möchte, der ist mit dem südlichen Kungsleden– so heißt der Wanderweg, dem wir seit Grövelsjön folgen – gut bedient. Damit niemand verloren geht, informieren die Wirte der benachbarten Hütten einander, wer morgens bei ihnen aufgebrochen beziehungsweise abends bei ihnen angekommen ist. Man wird also bereits erwartet und freundlich empfangen, wenn man die nächste Hütte erreicht – je nach Wetter mit einem heißen Tee oder einer kühlen Preiselbeerbrause.

In den Hütten gibt es sogar kleine Läden. Meistens bestehen sie bloß aus einem einzigen Regal, wo man sich mit dem Nötigsten eindecken kann: Nudeln, Tomatensoße, Müsli, Kekse, Erdnüsse, Schokolade … Ein zwar teurer, aber ziemlich nützlicher Service, denn da wir auf diese Weise immer nur Essen für eine Etappe bei uns haben müssen, sind unsere Rucksäcke erfreulich leicht.

Ein Schlafplatz ist herrlicher als der andere: Mal ist es eine Felsnase mit 360-Grad-Fjällpanorama, mal ein verwunschener Kiefernwald voller Sommerduft, mal ein Seeufer mit Blick in einen farbenprächtigen Sonnenuntergang. Das Plätschern klaren Wassers, Schäfchenwolken am rötlichen Abendhimmel, weich gezeichnete, langsam verblassende Bergsilhouetten am Horizont und eine Mondsichel, die über den schwarzen Schatten der Fichten in das fahlblaue Zwielicht einer beinahe taghellen Nacht emporsteigt. Egal, wo man hinschaut, es ist immer und überall schön! Fast ein bisschen zu schön, um wahr zu sein. Wir fühlen uns wie angekommen am Ende der Welt, umgeben von einem der letzten Paradiese, wo alles noch in Ordnung scheint.

Das größte Gewässer im Naturreservat ist der Rogen. Er erstreckt sich über eine Fläche von gut 35 Quadratkilometern. In Deutschland würde er es damit locker unter die zehn größten Seen schaffen, auf einem Satellitenbild von Schweden hingegen fällt er zwischen unzähligen blauen Wasserklecksen kaum auf.

Wir laufen auf halber Höhe am Nordufer entlang. Zwischen unserem Pfad und dem See wächst Kiefernwald, der manchmal sanft, manchmal in felsigen Stufen zum Ufer hin abfällt. Das Gebiet ist voller Rentiere. Immer wieder raschelt und trappelt es irgendwo im Gestrüch, hinter einem Stein lugt ein Geweih hervor, dann noch eins, und dann blickt uns eine kleine Herde aus goldbraunen Augenpaaren an. Doch meistens nur für einen kurzen Moment. Rentiere sind scheu und machen sich davon, sobald sich Menschen nähern.

Jenseits des Sees schlängelt sich der Pfad über weite Heideflächen, dann durch lichten, krüppeligen Birkenwald und schließlich bis aufs Rödfjäll hinauf. Unterwegs ist der eine oder andere Gebirgsbach zu überqueren, manchmal ein wenig abenteuerlich, indem man über eine Reihe wild umspülter Steine balancieren muss.

An einer dieser Stromschnellen treffen wir ein norwegisches Ehepaar beim Picknick. Sie sitzen in Badekleidung auf Rentierfellen und blinzeln in die Sonne. Ich muss grinsen. Um das Wikingerklischee perfekt zu machen, fehlen denen eigentlich bloß noch der Krug mit Honigwein und ein Helm mit Hörnern.

Den Wandel im Temperaturempfinden der Europäer von Süd nach Nord zu beobachten ist faszinierend. Heute ist schönes Wetter, keine Frage. Der Himmel ist nur leicht bewölkt, und es sind knapp über zwanzig Grad, trotzdem: Ein Spanier würde sich bei diesen Temperaturen in seine Winterjacke hüllen und andauernd »Frío, frío!« sagen.

Jenseits der Baumgrenze wird die Landschaft zur Geröllwüste. Wir kommen nur mühsam vorwärts, doch die Aussicht könnte nicht schöner sein: glitzernde Seen in allen möglichen Formen und Größen, mit zerklüfteten Ufern und unzähligen Inseln. Dazwischen Wald, der sich als samtener, grüner Teppich ein Stück die Hänge hinaufzieht, um schließlich überzugehen in eine gelbbräunliche, baumlose Grasvegetation. Ganz oben thronen schroff und grau die höchsten Gipfel.

Bruksvallarna im nächsten Tal hat 95 Einwohner. Das klingt wenig, doch hier in Jämtland, wo auf einem Quadratkilometer im Durchschnitt nur zwei Menschen leben, reicht es locker für ein Hotel, ein Restaurant und einen Supermarkt.

Endlich Abwechslung vom begrenzten Sortiment der Hüttenläden! Für die nächsten Tage gibt es Kartoffelbrei statt Nudeln mit Tomatensoße und als Wegzehrung eine neue Kekssorte. Der noch viel größere Luxus allerdings ist ein Abendessen im Restaurant. Es ist nicht gerade billig, und wir zögern einen Augenblick. Doch hinterher sind wir froh, mal tief in die Tasche gegriffen zu haben, denn es schmeckt fantastisch. Eigentlich esse ich kein Fleisch, doch manchmal mache ich Ausnahmen, und diese hier lohnt sich wirklich. Vorweg gibt es ein Elch-Carpaccio, als Hauptgang Renskav, das ist sautiertes Rentier mit Bratkartoffeln, eingelegten Gurken und Preiselbeeren, und zum Nachtisch einen Himbeer-Lakritz-Pudding. Definitiv das teuerste Essen der ganzen Tour, aber auch das leckerste, und das in Bruksvallarna! Manchmal reicht ein kleines bisschen Zivilisation eben völlig aus.

Nach dem Frühstück vermisst Martin sein Portemonnaie. Wir sind beide schon ganz aufgeregt, als wir endlich auf die Idee kommen, dort nachzugucken, wo wir gestern Abend Karten gespielt haben, in der Hotellobby. Da liegt es in einem der tiefen Ledersessel einfach so herum, und nichts fehlt. Das wäre anderswo vermutlich schiefgegangen. Schwedische Provinz ist eine Möglichkeit und manchmal nicht die schlechteste.

Es dauert ein paar Schritte, bis wir aus dem Tal wieder hinaufgestiegen sind und die Baumgrenze erneut hinter uns lassen. Oben angelangt wandern wir über weites Grasland. Bäche schlängeln sich durch felsige Spalten, verblühte Trollblumen nicken mit den Köpfen, und an den Bergen in der Ferne hängen die Wolken fest. Es herrscht eine allumfassende, völlig kompromisslose Stille. Die Landschaft ist beeindruckend schön, auch oder vielleicht gerade unter trübem Himmel, und irgendwie fühlt es sich an, als sollten Menschen hier lieber nicht reden. Also laufen wir schweigend nebeneinanderher.

Später an der Hütte geht es umso lebhafter zu. Aufgrund einer kleinen Panne gibt es kein Personal. Der eigentlich zuständige

Im Norden I

Hüttenwirt musste überraschend abreisen, und Ersatz ist noch nicht eingetroffen. Doch skandinavische Unkompliziertheit lässt daraus gar nicht erst ein Problem werden. Auf dem Tisch steht eine Kiste mit Essen, aus der man sich bedienen kann. Bezahlung auf Vertrauensbasis. Für die Übernachtungskosten gilt das Gleiche. Klar, in einem Land, wo man ein Portemonnaie mit ein paar hundert Kronen über Nacht in einer Hotellobby liegen lassen kann, ohne dass auch nur ein Öre verschwindet, funktioniert so etwas ganz selbstverständlich.

Weil drinnen schon alles besetzt ist, bauen wir draußen unsere Zelte auf. Ein paar Sonnenstrahlen schieben sich durch die Wolkendecke und überziehen den See und die grauen Felswände ringsum mit einem goldenen Schimmer. Die Umgebung ist schroff und unwirtlich und trotzdem so unglaublich schön.

Im Zwielicht des verhangenen Vormittages nimmt die Pflanzendecke eine tiefgrüne Farbe an. Moorlilie, Blutwurz und Wiesen-Wachtelweizen blühen um die Wette und verzieren den Boden wie gelbe Sterne. Wolken und Hochgebirge verschmelzen zu einem grauen Einerlei, nur ein paar Schneefelder schimmern etwas heller und schärfer konturiert daraus hervor.

Heute wartet der Helags auf uns, mit 1797 Metern Schwedens höchster Berg südlich des Polarkreises. Als wir schließlich in einem Halbkreis um die südöstliche Flanke des Berges herumlaufen, reißt der Himmel auf, die Sicht wird klarer, und majestätisch enthüllt sich ein schroffer, schwarzer Gipfelkamm. Darunter strahlt als gleißend weiße Fläche der Helagsgletscher. Vermutlich gehören wir zu den letzten Menschen, die diesen Anblick erleben dürfen. Denn an Skandinaviens südlichsten Gletschern haben sich innerhalb der letzten Jahre katastrophale Veränderungen vollzogen, und zwar in einem wahrhaft schwindelerregenden Zeitraffertempo, das allen Prognosen spottet.

Ich glaube, wir unterschätzen in grenzenloser Hybris, wie abhängig die Existenz der Welt, in der wir leben, von den vielen anderen Ökosystemen unseres Planeten ist, die uns so fern erscheinen. Müsste uns nicht eigentlich jede Tiefseekrabbe, jeder Gletscherfloh und jedes Pflänzchen irgendwo tief im Regenwald mehr interessieren als die Wirtschaftsdaten von Mineralölkonzernen, Autobauern und Fluggesellschaften?

Mit jedem Meter, den wir an Höhe gewinnen, staunen wir aufs neue, weil die Aussicht, die doch eben schon atemberaubend war, noch grandioser, noch spektakulärer, noch beeindruckender geworden ist. Was man erlebt, wenn man bei klarer Sicht einen Berg erklimmt, das lässt sich mit Worten nicht erschöpfend beschreiben. Es bleibt ein kleiner oder eigentlich ein großer Rest, eine Stimmung, die Körper und Seele erfasst, und für die Verehrung, Demut oder Ehrfurcht nur ganz unzureichende Begriffe sind.

Um zu spüren, wie es ist, auf dem Dach der Welt zu stehen, muss man nicht auf den Mount Everest, der Helags reicht völlig aus. Wenn nichts in der näheren Umgebung höher ist als der eigene Standort, dann genügen 1797 Meter, um sich schwindelerregend exponiert zu fühlen. Winzig kleine Berge schachteln sich ineinander bis zum Horizont, und die Seen in den Tälern schrumpfen zu leuchtenden Farbtupfern zusammen. Was während der letzten Tage rau, gewaltig und schwer zu überwinden war, erscheint plötzlich wie ein Kinderspiel, ein Modellbausatz »Hochgebirge« direkt zu unseren Füßen. Man kommt sich sehr groß vor hier oben, für einen kurzen Moment wenigstens.

Doch sobald man den Blick die Felswand hinab auf die blendend hellen Eismassen des Gletschers richtet, wo spiralförmig angeordnet gewaltige Risse klaffen und eine Art schwärzlichen Strudel von bedrohlicher Anziehungskraft formen, sackt man wieder auf Menschenmaß zusammen und wird erbärmlich klein und kleinlaut. Das Zusammenspiel der Elemente da unten ist so erhaben, so abweisend und so wenig mit menschlichem Leben vereinbar, dass es mich innerlich schaudert. Es ist, als fahre mir die Kälte von unten herauf in die Glieder, und unwillkürlich trete ich einen Schritt von der Kante zurück. Ich glaube, etwas so Würdevolles, so unnahbar Imposantes wie einen Gletscher zerstört man nicht ungestraft.

63 GRAD NORD
VÅLÅDALEN UND DER INDALSÄLVEN

Wir haben den südlichen Kungsleden verlassen und einen eher abseitigen Nebenweg ins Naturreservat Vålådalen eingeschlagen. In unserem Rücken dominiert noch immer der Helags die Landschaft. Was von dort oben wie Fjäll in Miniaturausgabe aussah, ist nun wieder harte Arbeit und verlangt uns einiges ab.

Auf den ausgedehnten grünen Ebenen des Vålådalen tritt das Hochgebirge zurück und der Blick schweift ins Grenzenlose. Der Himmel gibt den Gipfeln in der Ferne etwas von seiner strahlenden Farbe ab, und am Horizont sieht man nichts als nur immer noch mehr ungewöhnlich weich konturierte, blaue Berge. Die Welt kennt bloß zwei Farbtöne: Blau und Grün. Diese beiden allerdings in allen erdenklichen Schattierungen.

Schließlich erreichen wir die Straße nach Undersåker, von wo aus Martin zurück nach Hause fahren wird. Unsere gemeinsamen zwei Wochen nähern sich dem Ende. Wir überqueren den Indalsälven, einen der breitesten und wasserreichsten Flüsse Schwedens. Hier beginnt für mich nach rund 4900 Kilometern das letzte und nördlichste Viertel Europas. Ein ganzes Viertel noch? Und das, obwohl ich schon im Land der Rentiere bin! Europa ist entschieden größer, als ich dachte.

Das Frühstücksbuffet im Hotel in Undersåker ist ausgezeichnet, das Allerbeste daran sind Teig und Waffeleisen zum Selberbacken. Ich mache mir gleich drei Stück, dick mit Nutella bestrichen, und beschließe, mir genau zu merken, wie sie schmecken. Vielleicht gelingt es mir auf diese Weise, sie später im Geist erneut zu essen, dann nämlich, wenn ich in etwa acht Wochen kurz vorm Nordkap bei strenger Proviantrationierung durch eisige Kälte stapfe. Falls das je passiert. Heute wenigstens sind über dreißig Grad, und ich kann mir beim besten Willen nicht vorstellen, jemals wieder Mütze und Handschuhe anzuziehen.

Da Martins Zug erst abends abfährt, haben wir noch den ganzen Tag für uns. Wir folgen dem Sankt Olavsleden – einem Pilgerpfad, der an den heiligen Olav erinnert – bis zum Wasserfall Ristafallet. Ohne Rucksack ist das ein sehr gemütlicher Sommerspaziergang.

Der Ristafallet ist nicht irgendein Wasserfall. Hier wurden Teile der Verfilmung von *Ronja Räubertochter* gedreht. Man kann auch als Erwachsener noch auf den Spuren Astrid Lindgrens unterwegs sein, und vielleicht sollte man das sogar. Ich jedenfalls finde, dass über die Gratwanderung zwischen Angst, Schwäche und Selbstverleugnung auf der einen sowie Stärke, Mut und Authentizität auf der anderen Seite kaum je schöner und tröstlicher geschrieben worden ist. Darum lese ich die Geschichten von Pippi, Michel, Mio, Ronja, Lillebror, den Brüdern Löwenherz und wie sie alle heißen bis heute. Sie zeigen mir, dass wir alle im Inneren immer Kinder bleiben, und das wiederum hilft mir, meine Rolle in unserer ach so erwachsenen Welt mit einem ironischen Augenzwinkern zu spielen, was sich viel richtiger und erwachsener anfühlt, als all den Irrsinn tatsächlich ernst zu nehmen.

Der Wasserfall ist wirklich beeindruckend, und man versteht auf Anhieb, weshalb sich das Filmteam für diesen Drehort entschieden hat. Der Indalsälven stürzt sich auf einer Breite von fünfzig Metern unter ohrenbetäubendem Tosen vierzehn Meter in die Tiefe. Das Wasser spritzt so hoch auf, dass die Luft ständig voller feiner Tropfen ist und sich ab und zu sogar ein Regenbogen bildet.

Auf dem Rückweg nach Undersåker versuche ich ganz langsam zu laufen, doch alles Trödeln nützt nichts. Abend wird es dennoch und schließlich stehen wir am Gleis und warten auf Martins Zug. Es kommt mir vor, als schmölzen die vergangenen zwei Wochen zu einem winzigen Moment zusammen, einem wunderschönen Moment, den ich um alles in der Welt festhalten möchte und der mir doch so unerbittlich aus den Händen gleitet.

Wir wollen beide keine quälende halbe Stunde gemeinsam am Bahnsteig stehen, also verabschieden wir uns jetzt. Es ist einer der schwersten Augenblicke meiner Reise. Schwerer als jedes Unwetter und jede Insektenplage, schwerer als morgens in tropfnasse Socken und eiskalte Schuhe zu schlüpfen, schwerer, als mein Rucksack jemals war.

Ich laufe los, den Blick stur geradeaus gerichtet. Nur nicht umdrehen. Es ist, als wären meine Schuhe aus Eisen und der Boden ein Magnet. Plötzlich frage ich mich, warum ich nicht mit in den Zug einsteige. Schließlich zwingt mich niemand zum Wandern.

Während ich versuche, mir vorzustellen, wie es sich anfühlen könnte, übermorgen wieder in unserer Wohnung zu sein, wird mir klar, dass ich zwar große Sehnsucht nach Martin, aber kein bisschen Heimweh nach Berlin habe. Im Augenblick ist der Weg zum Nordkap mein Zuhause, und er wird mich erst loslassen, wenn ich ihn bis zum Ende gegangen bin.

Nach einer Weile hallt ein Tuten durch den Wald. Ich schaue auf die Uhr. Das muss Martins Zug sein. Ich schreibe ihm eine Nachricht: »Habe dich gerade tuten hören.« Wir müssen beide lachen, wie wir uns später erzählen. Ich merke, wie meine Füße leichter werden und ich allmählich zurückfinde in den Rhythmus des Alleinseins. Meine Schritte knirschen auf dem Schotter, und abendlicher Vogelgesang erfüllt die Luft. Es ist nicht mehr heiß, sondern nur noch angenehm warm. Die Welt hier draußen meint es gut mit mir. Das spüre ich.

Ein Rauschen wird laut und immer lauter, und schließlich stehe ich erneut am Ristafallet. Auf einer beinah zauberhaft verwunschenen Waldlichtung schlage ich mein Zelt auf. Den Hang hinauf stehen die Fichten undurchdringlich dicht. Ihre mächtigen Wurzeln sind von einem üppigen Moosteppich überzogen, und wenn der eine oder andere Rumpelwicht darunter hervorschaute, würde mich das kaum wundern. Zur anderen Seite sehe ich wie durch ein Fenster den Wasserfall zwischen den Bäumen. Die Zweige lassen genau den richtigen Ausschnitt frei. Kein Landschaftsmaler könnte das besser. Gerade heute, wo ich Trost so dringend brauche, finde ich einen Schlafplatz, der mir unmissverständlich zeigt, warum es sich lohnt, unterwegs zu sein.

Auch auf dem Sankt Olavsleden pilgere ich verkehrt herum, offenbar ist das mein Schicksal. Der schwedische Sankt Olavsleden, der in Sundsvall startet, ist nicht zu verwechseln mit dem deutlich bekannteren norwegischen Olavsvegen, der in Oslo beginnt. Beide Wege enden am Nidarosdom in Trondheim, eine der bedeutendsten Kirchen Skandinaviens, wo der heilige Olav begraben liegt.

In dem kleinen Örtchen Mörsil betrete ich vertrautes Terrain, wenn man so will, denn ich bin zurück auf meiner Berlin-Nordkap-Strecke. Bei der Planung meiner aktuellen Tour habe ich versucht, Überschneidungen zu vermeiden, doch für diese Region konnte ich keine sinnvolle Alternative finden. Jetzt merke ich, dass es mir guttut, ein paar Etappen meiner damaligen Wanderung noch einmal zu laufen. Es ist ein bisschen wie nach Hause kommen, und das kann ich nach dem gestrigen Abschied von Martin mehr als gebrauchen.

»Du har fel«, höre ich es hinter mir rufen und sehe mich um. Ein alter Mann kommt auf Krücken gestützt aus einem der Vorgärten mühsam zu mir auf die Straße gehumpelt. Er will mich darauf hinweisen, dass ich statt in Richtung Trondheim in Richtung Sundsvall laufe. Nicht nur im erzkatholischen Spanien, auch hier erregt man Aufsehen, wenn man einen Pilgerweg verkehrt herum wandert.

»Jag vill till Nordkap«, erwidere ich, und er macht ziemlich große Augen.

»Birger«, stellt er sich vor und streckt mir freundlich die Hand entgegen.

Zu sagen, wie ich heiße und wo ich herkomme, schaffe ich gerade noch, dann bin ich mit meinem Schwedisch so gut wie am Ende. Aber Birger möchte mehr wissen. Ich versuche, ins Englische zu wechseln, doch er schüttelt bedauernd den Kopf. Dann lädt er mich zu einer Fika ein.

Was »Fika« heißt, weiß ich. Man kann es am ehesten mit Kaffeepause übersetzen. Doch bedeutet es eigentlich mehr. Die Fika ist, ähnlich wie in Großbritannien die Tea Time, ein Stück schwedischer Alltagskultur und wesentlicher Bestandteil des sozialen Miteinanders. Nicht umsonst gehören die Schweden zu den größten Kaffeekonsumenten der Welt. Es ist üblich, dass man ein paar Mal pro Tag seine Tätigkeit unterbricht, um sich mit Freunden, Familie, Kollegen und offenbar auch mit zufällig vorbeikommenden Wanderern Zeit für eine Fika zu nehmen.

Wir sitzen bestimmt eine halbe Stunde vor Birgers Haus und unterhalten uns. Na ja, hauptsächlich redet Birger. Ich schnappe die eine oder andere bekannte Vokabel auf und gebe ein paar Dreiwortsätze von mir. Vor allem aber zeige ich Fotos von meiner Tour. Birger klopft mir auf die Schulter, lacht, schenkt mir noch mehr Kaffee ein und deutet immer wieder aufmunternd auf einen Teller mit Haferkeksen.

Als wir uns verabschieden, holt er ein Buch hervor und bittet mich, etwas hineinzuschreiben. Er sammle Pilgereinträge. Das sei nämlich sehr interessant, denn hier käme die ganze Welt vorbei. Stolz zeigt er mir einen japanischen, einen russischen und einen australischen Eintrag. Zwar kann ich der beachtlichen Sammlung nichts allzu Exotisches hinzufügen, denn wie ich beim Blättern feststelle, bin ich weiß Gott nicht der erste Deutsche, der sich hier verewigt, aber Birger freut sich trotzdem.

Auf einem sumpfigen Pfad durch üppigen Birkenwald steige ich den Önrun hinauf. Der Önrun ist keiner der Seven Summits, noch nicht einmal in Schweden, doch auf 63 Grad Nord sind 857 Meter allemal genug, um aus den Bäumen herauszuragen. »Schönster Schlafplatz zwischen Tarifa und dem Nordkap« – wenn ich diesen Award verleihen dürfte, dann hätte mein Nachtlager heute gute Chancen!

Mich umgibt ein atemberaubendes 360-Grad-Panorama. Zurück bis zur Straße von Gibraltar reicht der Blick zwar nur in meiner Vorstellung, doch kann ich weit weg am südwestlichen Horizont immerhin die Umrisse des Helags erahnen.

Ich drehe mich nach Nordosten und schaue auf den Weg, der vor mir liegt. Irgendwo da ist das Nordkap. Ich überlege mir, wie es wäre, wenn ich es sehen könnte. Verblüffend lebendig taucht der schwarze Felsen mit dem Metallglobus vor meinem inneren Auge auf, drumherum ein sturmgepeitschter Ozean. Plötzlich durchfährt mich eine Zuversicht, so intensiv, wie ich sie auf der ganzen Tour noch nicht empfunden habe: Ja, ich schaffe das, ich komme da oben an!

Es ist ein Abend, wie er schöner nicht sein könnte. Der Wind ist gerade stark genug, um mir die Mücken vom Leib zu halten, aber doch so moderat, dass ich nicht friere. Die Sonne verschwindet glutrot genau in der Lücke zwischen zwei dicht beieinanderstehenden Gipfeln. Ich muss an den Sonnenuntergang über dem Mittelmeer an meinem allerersten Abend denken. Dieselbe Sonne hier wie dort und überall dazwischen! Ich lasse meine Wanderung Revue passieren und kann kaum fassen, dass ich so viel Schönes erleben durfte. Und wer weiß, was noch kommt!

Ein Trappeln, Schnauben und Scharren holt mich zurück aus meinen Träumereien. Diese Geräusche kenne ich, das sind Rentiere. Eine ganze Herde samt Nachwuchs kommt den Hang hinaufgetrabt. Oben angelangt bleiben die Tiere stehen, direkt vor meiner Nase sozusagen, und beginnen zu grasen. Offenbar deuten sie mein Zelt nicht als Gefahr, sonst würden sie sich wohl kaum so nahe heranwagen. Ab und zu heben sie die Köpfe, wobei sich die Silhouetten mit den ausladenden Geweihen wie Scherenschnitte in dem schmalen, orangenfarbenen Streifen des letzten Abendrots abzeichnen. Es sieht aus, als genössen auch sie die wunderschöne Aussicht, genau wie ich.

64 GRAD NORD
HOTAGSFJÄLL UND BORGAFJÄLL

Birken und Fichten, den lieben, langen Tag. Auf einer glühend heißen Schotterpiste im Norden Jämtlands knacke ich die 5000 Kilometer. Der Himmel ist stahlblau, seit Tagen ist keine Wolke zu sehen. Eigentlich ist mir bei derart schweißtreibendem Wetter nicht nach überflüssiger Bewegung zumute, doch für einen Augenblick vergesse ich das und ritze in freudigem Überschwang mein Jubiläum in den Boden, nur um mit hochgerissenen Armen über diese imaginäre Linie hinwegzulaufen. Ein kleiner euphorischer Ausbruch, dann holt mich der quälende Durst wieder ein, zusammen mit der Müdigkeit und den bohrenden Kopfschmerzen.

Ich lasse mich am Wegesrand nieder und nehme einen kleinen Schluck aus meiner Wasserflasche, dann noch einen und noch einen. Es fühlt sich wahnsinnig belebend an, wie extrem starker Kaffee. Ich will mehr davon, viel mehr. Doch nein, stopp! Es ist sowieso nur noch ein kleiner Rest übrig, und wer weiß, wie lange der reichen muss.

Schon während der letzten Tage hatte ich Schwierigkeiten, Wasser zu finden, aber heute ist es besonders schlimm. Zum ersten Mal macht mir der Anblick der ausgedörrten Landschaft regelrecht Angst. Unter meinen Sohlen kracht verdorrtes Gras. Der Sumpf ist kein Sumpf mehr, einst knöcheltiefer Morast staubt als feste Kruste traurig vor sich hin, und von den Bächen sind nur noch eingetrocknete Rinnsale übrig, die als modrig riechende Furchen den Untergrund durchziehen.

Wasser ist nichts Selbstverständliches. Wir denken das bloß, weil wir es für gewöhnlich so mühelos aus der Leitung bekommen. Hier, wo ich bewusst danach Ausschau halten muss, merke ich erst, wie kostbar es ist und wie sehr ich darauf angewiesen bin.

Erschreckende Bilder einer Welt ohne Wasser schwirren durch mein Hirn – im Zeitlupentempo, weil ich kaum noch denken kann vor lauter Durst, aber dabei erschreckend scharf und unerbittlich. Ich versuche, mich davon zu distanzieren, doch es will nicht recht gelingen.

Ich fühle mich entsetzlich hilflos. Tröpfchenweise nehme ich mein letztes bisschen Wasser zu mir – in halbstündigem Rhythmus, gestreckt auf zehn Kilometer, bis endlich, endlich wunderschön blau der Hotagen in Sicht kommt. Felsen ragen aus dem See und bilden Inseln, die auf der Karte nicht verzeichnet sind, weil sie bei normalem Wasserpegel gar nicht existieren würden. Der Ufersaum ist ungewöhnlich breit, und auf sonst überspültem Kies klebt ein trockener, modrig riechender Algenbrei. Aber was soll's, mir fehlen die Alternativen. Also hoch die Tassen!

Im Norden I

In Rötviken treffe ich erneut auf meine Berlin-Nordkap-Strecke. Den kleinen Dorfladen kenne ich schon und weiß, dass mich kein Megastore erwartet. Trotzdem finde ich alles, was ich brauche, und das, obwohl ich Lebensmittel für sieben Tage einkaufen muss. Auf den nächsten Supermarkt stoße ich erst in Klimpfjäll, 210 Kilometer von hier entfernt. So schwer war mein Rucksack noch nie.

»Das geht vorbei«, sage ich mir immer wieder, während ich weiter in Richtung Nordkap schnaufe. Mit jedem Tag werde ich 750 Gramm Gewicht vom Rücken in den Bauch verlagern. Es wäre naheliegend, sofort mit dem Transfer zu beginnen, doch genau das ist das Problem: Ich muss aufpassen, dass ich nicht zu schnell esse, zumal eine Woche eher knapp kalkuliert ist. Dreißig Kilometer können in unwegsamem Gelände zu einer ziemlich tages- und manchmal sogar abendfüllenden Tätigkeit werden. Gut, dass es so lange hell ist!

Ich zweige von der Straße ab und tappe auf der Suche nach einem Schlafplatz ein wenig ratlos durch den Wald am Ufer des Valsjön. An den wenigen Stellen, wo der Boden annähernd eben ist, wimmelt es nur so von Ameisen. Dann kommt ein schmaler Strand aus großen Felsen. Während ich von einem Stein zum anderen klettere, fühle ich mich selbst ein bisschen wie eine dieser Ameisen. Nur dass ich unter der Last meines Rucksackes ganz schön hin- und herschwanke. Das würde einer Ameise nicht passieren, denn die stemmt locker das Dreißig- bis Vierzigfache ihres Körpergewichtes. Ich dagegen habe noch nicht mal die Hälfte meiner selbst auf dem Buckel und stöhne schon.

Oben auf der Straße düst ein Auto vorbei. Ich halte inne und starre dem in der Sonne blitzenden Ungetüm mit offenem Mund hinterher, bis der Lärm zwischen den Fichten verhallt ist und ich die Vögel wieder singen höre. Plötzlich flammt eine Art von bestürztem Erstaunen in mir auf. Ich fühle mich, als hätte ich noch nie in meinem Leben etwas anderes getan, als mich gehend fortzubewegen, und als fragte ich mich nun folgerichtig, was es wohl auf sich hat mit diesem knatternden Ding und wozu man es braucht.

Ich habe sieben Monate Wanderschaft hinter mir und bin aus den üblichen Mobilitätsverhältnissen und Geschwindigkeiten herausgefallen. Meine Langsamkeit hat mich zum Außenseiter gemacht. Ich kenne nur noch die Fußgängerperspektive, alles andere habe ich vergessen.

Ich weiß nicht, wer in der besseren, richtigeren Welt lebt, der gehende oder der sogenannte »normale« Mensch. Ich weiß nur, dass mir die Welt im Schritttempo viel besser gefällt als auf der Überholspur. Meine Welt ist eine Welt, in der ich den Augenblick entdecken und mich für jedes Detail, das ich darin finde, begeistern darf. Eine Welt, die ich lieben lerne, indem ich erkenne, dass sie eine Seele hat.

Ich stoße auf einen Felsen in Gestalt einer Steinplatte, die gerade groß genug ist für mein Zelt. Jede Nacht eine neue »Matratze«, und alle haben sie ihre Vor- und Nachteile. So weich wie auf moosigem Waldboden liege ich hier nicht, dafür aber ohne Hubbel im Rücken, denn der Untergrund ist absolut eben, beinahe wie ein Tisch, und einer mit Aussicht obendrein. Hinter den Bergen am anderen Ufer geht farbenprächtig die Sonne unter. Die Wasseroberfläche leuchtet so grell, als hätte jemand am Grund des Sees eine riesige, pinkfarbene Nachttischlampe angeknipst. Wie jeden Abend fälle ich dasselbe eindeutige Urteil: Die Vorzüge meiner Freiluftmatratze überwiegen die Nachteile bei weitem!

Am anderen Ende des Valsjön kommt mir ein Radler entgegengestrampelt. Wir geraten ins Plaudern: woher, wohin, seit wann, warum ...

Franzkarl kommt aus Wien, ist am Nordkap gestartet und will bis runter nach Hamburg. Einen Monat nimmt er sich dafür Zeit. Das heißt, er ist ungefähr viereinhalbmal so schnell wie ich, ein Unterschied wie Zug und Flugzeug.

Während ich von meiner Tour erzähle, macht er ein immer erstaunteres Gesicht. »Zu Fuß durch ganz Europa«, sagt er schließlich. »Ich hätte nicht gedacht, dass das geht. Ich habe mal ein Buch gelesen von jemandem, der von Berlin bis zum Nordkap gelaufen ist. Das kam mir schon weit vor.«

Spricht der etwa von meinem Buch? Was für ein riesengroßer Zufall! »Hieß es vielleicht *Kein Schritt umsonst?*«, frage ich und muss über beide Ohren grinsen.

Franzkarl nickt: »Ja, genau. Hast du es auch gelesen?«

»Nee, ich hab's geschrieben.«

Er sieht mich ungläubig an. »Nicht dein Ernst?«

»Doch.«

Dann müssen wir beide lachen.

»Schreibst du wieder ein Buch?«, will Franzkarl wissen.

»Keine Ahnung«, antworte ich. »Mal schauen, Lust hätte ich schon.«

»Ja, mach das, unbedingt!«, ermutigt mich Franzkarl. »Ich würde es jedenfalls lesen.«

»Du würdest sogar darin vorkommen, jetzt, nachdem wir uns getroffen haben«, witzle ich.

»Hast du ein bisschen Zeit? Wollen wir zusammen mittagessen?«, schlägt Franzkarl vor.

Essen ist immer eine gute Idee, erst recht in netter Gesellschaft! Und Hunger habe ich sowieso. Gleichzeitig aber befürchte ich, dass ich, wenn ich zu lange gemütlich am Wegesrand sitze, mich nicht zügeln kann und hinterher für den Rest des Tages nichts mehr habe.

Franzkarl kann offenbar Gedanken lesen. »Komm«, sagt er, »ich lad dich ein, ich habe reichlich dabei.«

»Ja, aber brauchst du das nicht für dich? Ich meine, ich will dir nichts wegessen.«

»Ach was, ich stocke nachher wieder auf, der nächste Laden ist ja nicht weit.«

Na ja, wie man's nimmt. Nach Rötviken sind es siebzehn Kilometer. Für mich ein halber Tag, für ihn vielleicht eine Stunde. Wie gesagt, ein Unterschied wie Zug und Flugzeug.

»Okay!«, gebe ich erleichtert zurück. »Gerne!«

Vor meinen Augen erstreckt sich eine schmale Schotterpiste, die geradewegs ins schwedische Outback führt. Zwölf Kilometer sind es bis in das Dorf Vinklumpen, wo der Weg endet und man nur noch zu Fuß weiterkommt, auf einem einsamen Pfad übers Hotagsfjäll. Ich kenne die Strecke schon, denn ich bin noch immer auf meiner Berlin-Nordkap-Route.

Kurz vor Vinklumpen begegnet mir ein letztes Auto. Ein älterer Mann kurbelt die Scheibe herunter, grüßt freundlich und mustert mich einen Augenblick. Er glaube, er kenne mich, sagt er dann, und will wissen, ob ich vor ein paar Jahren schon mal hier langgelaufen sei. Ich nicke verblüfft, das nenne ich mal ein Gedächtnis!

Die paar Gestalten, die aufs Hotagsfjäll stiegen, könne er sich schon noch merken, meint der Mann lachend. Denn das sei was Besonderes. Die meisten Leute würden schließlich das Wandern auf überfüllten Wegen von Hütte zu Hütte bevorzugen. Dann schwärmt er eine Weile vom Hotagsfjäll, was ich gut verstehen kann, denn auch ich habe es in bester Erinnerung und genau deshalb entschieden, ein zweites Mal hier langzugehen.

Auf dem Hotagsfjäll begegnet man mit ziemlicher Sicherheit ausschließlich Rentieren. Kein Haus, keine Straße, kein einziger markierter Weg auf einem Gebiet so groß, dass man ganz Berlin bequem darauf unterbringen könnte und noch massig Platz übrig hätte. Solch weite, einsame Landstriche sind in Europa selten geworden.

Unter einem durchscheinend blauen Himmel wandere ich ganz allmählich in die Nacht hinein. Die Abendsonne überflutet das Land mit ihren goldenen Strahlen. Vor mir liegt ein grenzenloses Meer aus Heidekraut, Moos, Weidengestrüpp, Sumpfgras und Blaubeersträuchern. Ein paar Felsen und buschartig gedrungene Birkenwäldchen ragen hier und da daraus hervor. Das Licht wird fahl, und eine angenehme Kühle breitet sich aus. In den dunklen Senken leuchten die wattebauschähnlichen Köpfe der Wollblumen wie verlorene Sterne. Mein Handy empfängt kein Signal mehr, und ein GPS-Gerät habe ich nicht. Ich bin vom Radar verschwunden. Es gibt kein Backup und keinen doppelten Boden. Ich bin allein. Man kann das hoffnungslos leichtsinnig finden, doch ich möchte es so. Ich will die Arme ausbreiten, mich der frischen Luft entgegenwerfen und mich in den Weiten einer unberührten Landschaft verlieren. Für mich sind das kostbare Augenblicke größtmöglicher Freiheit, wie sie ohne ein bisschen Wagemut und Risikobereitschaft nicht zu haben sind.

Aus meiner Sicht gehören Angst und Freiheit untrennbar zusammen. Hier draußen bin ich maximal frei, aber auch maximal ausgesetzt und schutzlos. Ich bin darauf angewiesen, meinen eigenen Schritten zu vertrauen, meinem eigenen Urteil, meiner eigenen Kraft. Das kann sich entsetzlich bedrohlich anfühlen, und manchmal spüre ich, wie mühsam alles ist, wie unvollkommen ich bin, wie langsam, klein und verwundbar. Echte Freiheit ist das größte Geschenk und zugleich die größte Herausforderung dieser Reise: Ich kann sie genießen, muss sie aber auch aushalten.

Jenseits des Hotagsfjälls verlasse ich die vertraute Umgebung meiner Berlin-Nordkap-Strecke und schlage mein Nachtlager tief im düsteren Fichtenwald auf. Beklemmend allein steht mein knallrotes Zelt inmitten gigantischer Bäume. »Rotzeltchen«, geht es mir durch den Kopf, und ich muss lachen – halb ängstlich, halb belustigt. Die umgebenden Felswände werfen ein schepperndes Echo zu mir zurück. Der böse Wolf bleibt aus. Die Wahrscheinlichkeit für eine andere Art von Besuch ist ohnehin deutlich höher, denn ich befinde mich in einer der Gegenden mit der weltweit größten Braunbärendichte.

Dass ich keinen Bären treffe, nicht in der Nacht und ebenso wenig am nächsten Tag, muss nicht unbedingt bedeuten, dass keiner da ist. Der Europäische Braunbär nimmt uns Menschen wahr, lange bevor wir ihn bemerken, und macht sich für gewöhnlich davon, weil er nichts mit uns zu tun haben will.

Ich laufe einen einsamen Sandweg entlang. »Björnvägen«, Bärenweg, erklärt ein Schild. Ab und zu schiele ich zur Seite in den Wald hinein und frage mich, ob da wohl der eine oder andere Bär klammheimlich zwischen den Stämmen hervorlugt, um mich kritisch zu beäugen.

Dann kreuze ich eine Landstraße. Zwar ist weit und breit kein Auto zu sehen, doch für einen kurzen Moment bin ich zurück in der Zivilisation. Asphalt unter meinen Füßen und neben mir ein Wegweiser: »Strömsund 92 Kilometer«. Das ist die 3690 Einwohner starke Hauptstadt der Region. Soweit also die Perspektive, falls man mal weg will aus »Bärenland«.

Ich kann gut verstehen, dass die Skandinavier für Entfernungen eine eigene Einheit erfunden haben: die skandinavische Meile oder auch Mil. Eine Mil entspricht zehn Kilometern. So fährt man von hier zum Einkaufen nur neun Mil und ein bisschen. Das verdirbt einem doch gleich viel weniger die Laune, als wenn es 92 Kilometer wären. Vielleicht sollte ich auch in Mil rechnen: Noch 146 Mil bis ans Nordkap, das klingt ermutigend!

Die pinkfarbenen Blüten der Schmalblättrigen Weidenröschen wiegen sich sanft im Sommerwind. Dahinter leuchtet blau der See Fiskåvattnet. Ein paar Vögel rufen, und kleine Wellen branden an. Ansonsten ist die Wasseroberfläche vollkommen still, und die Wolken spiegeln sich darin so klar, dass es aussieht, als versuche der See, den Himmel zu mir an den Strand zu spülen. Ich sitze auf dem Kies und esse Knäckebrot, übertrieben langsam, in der Hoffnung, dass ich, wenn ich jeden Bissen intensiv spüre, länger satt bleibe.

Der Fußpfad hinauf aufs Fiskåfjäll wird offensichtlich nur selten benutzt. Streckenweise ist er so überwuchert, dass ich ihn kaum noch erkenne. Die Markierungen sind von den Baumstämmen abgeblättert. Immer wieder stehe ich ratlos da und halte Ausschau nach spärlichen Farbresten. Manchmal lichtet sich das Dickicht ein wenig, und ich kann in der Ferne die Berge erahnen, doch wollen sie einfach nicht näherkommen. Auf jeden felsigen Anstieg folgt ein Abstieg in die nächste bewaldete Senke, romantisch schön, aber kräftezehrend, denn was ich unter den Füßen habe, ist kein Weg, sondern ein wilder Mix aus Gesteinsbrocken, matschigen Pfützen und dichtem Farn.

Normalerweise bin ich gerne langsam, alles andere wäre auch wirklich albern für jemanden, der zu Fuß quer durch Europa läuft. Im Moment allerdings treibt mich meine Proviantsituation zur Eile. Trotzdem muss ich, endlich oben angelangt, einen Augenblick verschnaufen.

Ich setze mich an einen Gebirgsbach – bunte Blumen, warmer Sonnenschein, eiskaltes Wasser und eine Menge Rentiere. Manche grasen in aller Ruhe vor sich hin, andere preschen in beeindruckendem Tempo über die weite Hochebene hinweg. Wäre ich imstande, ein einziges Mal für wenige Minuten diese Geschwindigkeit zu erreichen, dann hätte ich in Nullkommanichts ein gutes Stück in Richtung Klimpfjäll zurückgelegt und müsste mir um meinen Proviant keine Sorgen mehr machen.

Doch ein bisschen bequemer ist das Vorwärtskommen oberhalb der Baumgrenze selbst für einen Menschen. Der Fiskåvattnet hinter mir wird kleiner, und Schritt für Schritt taucht vor mir eine neue Welt auf – die Berge von morgen, übermorgen und so weiter. Ich schaue hinab ins weite Tal des Flusses Jougdan und entdecke ein einsames, rotes Häuschen, neben dem eine schwedische Fahne weht. Heißt das etwa, dass dort unten jemand wohnt? Im Fjäll darf man nie davon ausgehen, dass etwas nah ist, nur weil man es schon sehen kann. Bis ich tatsächlich vor der Hütte stehe, dauert es deutlich länger als erwartet. Doch als es so weit ist, traue ich meinen Augen nicht. Denn da sitzen wirklich und wahrhaftig ein paar Erwachsene und Kinder rund um einen Gartentisch beim Abendessen.

Sie sind mindestens ebenso überrascht wie ich. Fast jeden Sommer seien sie für ein paar Wochen hier, und es käme so gut wie nie jemand vorbei. Eigentlich seien es bloß die paar Verrückten, die auf dem sogenannten Gröna Bandet der Länge nach über das schwedische Fjäll laufen. 1300 Kilometer, von Grövelsjön im Süden bis hinauf zur Treriksröset, dem Dreiländereck zwischen Schweden, Norwegen und Finnland.

Ich grinse verlegen und erzähle von meiner Tour. War ich schon durch mein bloßes Vorbeikommen eine mittelprächtige Attraktion, so bin ich jetzt die Ausnahmeerscheinung schlechthin. Die zwei kleineren Kinder schauen mich verstohlen an und tuscheln miteinander. Ein etwas älterer Junge fragt neugierig, wie schwer mein Rucksack sei. Einer der Männer steht auf, klopft mir anerkennend auf die Schulter und drückt mir eine Dose Bier in die Hand: »Setz dich«, und ehe ich mich's versehe, habe ich einen vollen Teller Wurst- und Käsebrote vor der Nase stehen.

Es dämmert bereits, als ich nach einem wundervollen Abend satt und zufrieden den nächsten Berg hinauflaufe. Meine eigenen Vorräte kann ich dank reichlicher Bewirtung unangetastet lassen. Damit ist mein Proviantproblem gelöst, denn jetzt muss ich nicht mehr in drei, sondern erst in dreieinhalb Tagen in Klimpfjäll sein. Noch 8,6 Mil, ein Katzensprung!

Die Berge sind verschwunden, so nebelig ist es. Der Sommer scheint ganz plötzlich in den Herbst hinübergekippt zu sein. Eine klamme Kälte, wie ich sie seit Wochen nicht gespürt habe, kriecht mir in die Glieder, und es riecht nach Regen.

Kaum bin ich unterwegs, fallen die ersten Tropfen. In durchfeuchteten Schuhen zu laufen ist nur während der ersten Minuten nasskalt. Durch die ständige Bewegung werden meine Füße schon bald nasswarm und bleiben es auch, sofern ich nicht zu lange anhalte. Was für ein Glück, dass mich das ungemütliche Wetter wirkungsvoll von ausgedehnten Pausen abhält.

Das Vorankommen ist auf rutschig-nassem Untergrund deutlich zeitaufwendiger als auf trockenem, und zu allem Überfluss führt der Weg beinahe senkrecht in die Höhe. Ich kraxele über riesige Felsbrocken, zwischen denen ein paar krüppelige Birken hervorschauen. Manchmal liege ich nahezu flach auf dem Bauch – sofern man das bei einem gefühlten 90-Grad-Anstieg so nennen kann – und klammere mich krampfhaft an irgendeinem dünnen, weißen Stämmchen fest.

Oben angelangt wird es noch unwirtlicher. Die Wolken nehmen in rasanter Geschwindigkeit beängstigende Farben und Formen an. Ein schneidend kalter Wind fegt über karges Gestein hinweg und bläst mir Hagelkörner ins Gesicht. Der Blick ins tief eingeschnittene nächste Tal ist schwindelerregend. Aus dieser Perspektive wirkt Klimpfjäll beängstigend unerreichbar.

Mehr oder weniger kontrolliert rutsche ich die matschigen Hänge hinab. Zugegebenermaßen meistern die Rentiere das Gefälle deutlich eleganter als ich. Und je länger ich sie dabei beobachte, desto häufiger nehme auch ich meine Vorderbeine, sprich Arme, zu Hilfe. Keine schlechte Taktik!

Kaum bin ich unten, führt der Weg erneut steil bergan, nur um hinterher wieder tief hinabzutauchen. Berg, Tal, Berg, Tal, Berg, Tal ... und dazu reichlich Wasser sowohl von unten aus dem

Sumpf als auch von oben aus den Wolken. Als ich auf dem südlichen Borgafjäll endlich ins Zelt falle, bin ich von den Hinterbeinen bis hinauf zu meinen neu entdeckten Vorderbeinen schlammbespritzt und pitschnass.

150 Gramm Haferflocken, zwei Müsliriegel, eine Tüte Nüsse, ein Paket Kekse, 150 Gramm Nudeln und als kulinarisches Highlight vor dem Schlafengehen eine Tafel Schokolade. Soweit mein Speiseplan seit 175 Kilometern und keine Ahnung wie vielen Bergen und Tälern. Ich muss an die dick mit Nutella bestrichenen Waffeln vom Frühstücksbuffet in Undersåker denken. Der Zustand, in dem ich versuche, mich sattzuerinnern, ist erreicht. Zwar habe ich das dumpfe Gefühl, dass das Loch in meinem Magen dadurch eher wächst als schrumpft, doch will es mir einfach nicht gelingen, von irgendetwas anderem zu träumen als vom Verzehr kalorienreicher, ungesunder Nahrung.

An der Brücke über den Fluss Slipsikån steht ein Schild: Västerbotten. Ich verlasse Jämtland und erreiche die vorletzte Provinz auf meinem Weg durch Schweden. Am Flussufer verstreut stehen ein paar Häuser. Ein kleiner Vorgeschmack auf die echte Zivilisation samt Campingplatz und Einkaufsmöglichkeit in der »92-Einwohner-Metropole« Klimpfjäll auf der anderen Seite des nördlichen Borgafjäll. Dreißig Kilometer noch, dann bin ich übern Berg!

Am Slipsikån entlang geht es aufwärts – schon wieder. Die Sonne kommt heraus. Ich merke, wie all das an mir haftende Wasser im Rekordtempo verdunstet, und fühle mich mit jedem Schritt ein bisschen leichter. Hoch oben, wo der Fluss entspringt, liegt am Ufer des Sees Sliptjehke eine unbewirtschaftete Hütte. Schroffe, graue Bergrücken umgeben eine weite Ebene aus beigem Sumpfgras, in die der Wind leise säuselnd seine vergänglichen Muster malt. Dazwischen strahlt die von unzähligen Inseln zerklüftete Wasseroberfläche mit dem tiefblauen Himmel um die Wette.

Ich laufe weiter, bis ich ins nächste Tal hinabblicken kann. Erst dann schlage ich mein Nachtlager auf. Dort unten erstreckt sich der gewaltige Kultsjön mit ein paar Häusern am nordwestlichen Ufer: Klimpfjäll, Ort meiner Träume! Die Abendsonne scheint warm und hell ins Zelt. Ich schmeiße den Kocher an, mache mir einen heißen Kaffee, esse die letzten Reste Schokolade und bin stolz, dass ich den 210-Kilometer-Fjällmarathon von Rötviken bis hierher tatsächlich geschafft habe. Es ist ein absolut perfekter Moment.

65 GRAD NORD
MARSFJÄLL, SORSELE, ARVIDSJAUR

Wer hübsche Städtchen und Dörfer sehen will, der sollte nicht unbedingt in diese Gegend fahren. Nordschweden lohnt sich wegen der Landschaft, nicht wegen puppenstubenhafter Bilderbuchbebauung. Das gilt auch für Klimpfjäll. Der Lebensmittelladen ist in einem kastenförmigen Flachbau untergebracht, davor ein paar Zapfsäulen und Müllcontainer, gegenüber der Campingplatz, drumherum Holzhäuser. Alles entlang der Hauptstraße und mit herrlichem Blick über den See. Wie gesagt, an der Landschaft ist nichts auszusetzen.

Dass in Klimpfjäll alles dicht beieinanderliegt und die Wege kurz sind, weiß ich heute ganz besonders zu schätzen, denn während der letzten Tage bin ich weiß Gott genug gelaufen. Der Laden ist gleichzeitig die Rezeption des Campingplatzes, und auf dem Campingplatz selbst gibt es alles, was das Herz – oder zumindest alles, was mein Herz im Augenblick – begehrt: eine warme Dusche, einen Ofen für meine Tiefkühlpizza, eine Waschmaschine und eine mückenfreie Toilette. Es wird ein Ausruhtag wie aus dem Bilderbuch, mit ein bisschen Nieselregen zwar, doch ich sitze gemütlich im Zelt, lese, schreibe Tagebuch und esse, bis ich platze.

Am nächsten Morgen habe ich wieder trockene Schuhe, doch leider nicht für lange. Auf dem sogenannten Vildmarksvägen, einer der schönsten Straßen Europas mit der Möglichkeit, fotogene Fjälllandschaft direkt vom Auto aus zu erleben, laufe ich am Kultsjön entlang. Normalerweise sind mir die kleinen Fußpfade viel lieber, dennoch beneide ich die Menschen hinter den Windschutzscheiben heute ein wenig.

Auf einem schmalen Stück Strand mache ich Rast. Allgegenwärtiger Regendunst hüllt die Welt in Schwarz-Weiß. Der Wellengang ist beeindruckend heftig, fast wie am Meer. Ein eisiger Wind pustet mir entgegen, und zum Ausruhen ist es viel zu kalt. 1340 Kilometer sind es noch bis zum Nordkap. Gemessen an den 6575 Kilometern, die ursprünglich vor mir lagen, ist das ermutigend wenig. Mit etwas Optimismus bin ich schon beinahe angekommen, doch im Moment habe ich einen Hänger, und positives Denken fällt mir schwer.

Zum Glück bessert sich meine Stimmung auf dem Marsfjäll schlagartig. Zwar steht auch hier alles im Zeichen des Wassers, doch lässt die atemberaubende Landschaft einfach keine schlechte Laune zu. An den höchsten Stellen wirkt die Gegend so karg und unwirtlich, dass man allen Ernstes den Eindruck gewinnt, auf einem fremden Planeten zu stehen – kilometerweit nichts als scharfkantig aufragende Felstrümmer, zwischen denen eine spärliche, rötlich-braune Vegetation aufscheint. Marsfjäll eben, der Name passt gut, doch vermutlich bedeutet er etwas vollkommen anderes.

Um mich herum tost und pladdert, rauscht und heult, prasselt, nieselt und strömt es unablässig. Regenpause bedeutet, dass ich eine Pause im Regen mache, denn der Regen macht keine Pause. Unter mir im Tal erkenne ich Flüsse und Seen, ganz so, als flöge

Im Norden I

ich wie ein Vogel darüber hinweg – hoch über den tiefhängenden Wolken. Und genauso frei fühle ich mich. Ab und zu bleibe ich stehen, schaue zum Himmel, breite die Arme aus, spüre den Regen im Gesicht und bin einfach nur glücklich.

Die Birken tragen, wenn auch sehr vereinzelt, erste gelbe Blätter. Einige sind bereits herabgefallen, und eines klebt an meinem linken Schuh. Ich bücke mich, um es in die Hand zu nehmen und genauer zu betrachten. Der Herbst ist da, meine vierte Jahreszeit unterwegs, falls man den Januar in Andalusien als Winter gelten lassen kann. Falls nicht, dann wird die Gegend rund ums Nordkap sicher noch ein bisschen Schnee zu bieten haben.

Ich entdecke einen Rastunterstand. Meine Chance auf eine regenfreie Pause! Also lasse ich mich nieder und krame ein paar Kekse aus dem Rucksack. Es sind runde Plätzchen mit Vanillegeschmack und einem Klecks Brombeermarmelade in der Mitte. Angeblich soll diese Kreation nach Sommer schmecken: »Sommarens smak«, das steht zumindest auf der Verpackung. Während ich die komplette Rolle in mich hineinstopfe, bemühe ich mich nach Kräften, irgendwelche Sommerassoziationen zu entwickeln, ohne Erfolg. Meine Verfassung bleibt hoffnungslos herbstlich.

Wald, Sumpf, See, Sumpf, Wald, Sumpf, See … Viel Verkehr herrscht nicht auf der E12. Wo sollten die Leute auch hinwollen? Na ja, nach Sorsele vielleicht, da jedenfalls will ich hin und die paar Autos, die mich überholen, höchstwahrscheinlich auch. Manche halten sogar an. Aufgrund des hartnäckigen Mistwetters ist es wirklich schwer, die freundlichen Mitfahrangebote auszuschlagen, aber ich bleibe standhaft.

Als ich knapp 45 Kilometer vor Sorsele am Ufer eines Sees mein Zelt aufschlage, liegt der sechste Regentag in Folge hinter mir, und endlich zeigt sich ein klein wenig Abendrot. Während der Kocher vor sich hin blubbert, starre ich gebannt auf diesen winzigen Lichtblick, dessen Spiegelbild auf den Wellen hin und her schaukelt, und hoffe inständig, der siebte Regentag möge ins Wasser fallen.

Und tatsächlich! Am nächsten Morgen ist der Himmel blau. Ich hatte ganz vergessen, wie die Welt bei Sonnenschein aussieht. Für ein paar Stunden laufe ich wieder im T-Shirt und fühle mich wahnsinnig unbeschwert. Nur gut, dass ich vorsorglich jeden Schritt genieße, denn nachmittags zwingt mich das Wetter zurück in die Regenhose, und bis Sorsele bleibt es nass.

Ich nähere mich der Stadt auf einer Brücke über den Vindelälven mit hübschem Blick auf einen weißen Kirchturm. Mit knapp 1300 Einwohnern ist Sorsele eigentlich kaum der Rede wert, doch hier im Nirgendwo macht es ganz schön was her. Ich habe sogar die Wahl zwischen einem COOP und einem ICA, den beiden großen schwedischen Supermarktketten. Weil ich mich nicht entscheiden kann, kaufe ich die eine Hälfte meines Proviants hier, die andere dort. Sogar etwas Neues zum Anziehen ist drin: eine Signalweste. Mir ist sie zwar ein wenig zu groß, doch meinem Rucksack passt sie perfekt. Sie steht ihm sogar richtig gut. Ich schätze, mit diesem Leuchtpanzer auf dem Buckel bin ich an den dunkler werdenden Nachmittagen nicht zu übersehen.

In Sorsele wechsle ich auf die E45: Wald, Sumpf, See ... Nichts Neues also, aber sehr viel neues Nichts. Farbe und Form der Wolken wechseln im Minutentakt. Manchmal regnet es so stark, dass ich überlege, ob eine Schwimmweste nicht die sinnvollere Anschaffung gewesen wäre. Dann wieder laufe ich im T-Shirt. Ständig tausche ich die Klamotten und bin doch nie richtig angezogen.

Mein Nachtlager im Gestrüpp nahe der Straße nehme ich zunächst eher als Notlösung wahr: Ich bin nun mal hier, und irgendwo muss ich ja schlafen. Doch dann höre ich die Rufe der Kraniche aus den Sümpfen der Umgebung zu mir hinübertönen, den ganzen Abend lang. Auf dem Weg in den Süden machen sie hier Rast für die Nacht. Zusammen mit den gelben Birkenblättern, die als helle Farbtupfer den Waldboden schmücken, ist das eine wundervolle Einstimmung auf den Herbst.

Mittsommer ist inzwischen zwei Monate her, und es wird merklich früher dunkel als noch vor ein paar Wochen. Ich passe mich dem neuen Rhythmus an, gehe zeitig schlafen und krieche mit dem ersten Sonnenstrahl wieder aus dem Zelt. Na ja, das mit dem Sonnenstrahl klappt nicht immer, manchmal ist es bloß ein diffuses morgendliches Dämmerlicht, das mich umgibt. Doch heute verwöhnt mich ein goldenes Spätsommerhoch, und das frühe Aufstehen fällt nicht allzu schwer.

Aus Spaß zähle ich die weißen Streifen am Fahrbahnrand. Mal angenommen, sie hätten etwa vier Meter Abstand voneinander, dann kämen 25 auf 100 Meter und 250 auf einen Kilometer. Bis zum Polarkreis sind es noch rund 200 Kilometer: 50 000 Striche! So richtig wenig klingt das nicht. Vielleicht rechne ich doch lieber in skandinavischen Meilen.

Eine Tafel mit der Aufschrift »Norrbottens län« taucht auf, und mit dem nächsten weißen Strich betrete ich die nördlichste Provinz Schwedens. An einer etwas verwaist aussehenden Baustelle ist die Fahrbahn teilweise aufgerissen, und in regelmäßigen Abständen sind Schilder aufgestellt: dreißig Kilometer pro Stunde. Ich muss schmunzeln. Das entspricht meiner Geschwindigkeit pro Tag. Ich brauche also nicht nur nicht abzubremsen, ich dürfte sogar schneller werden, viel schneller. Aus Spaß renne ich ein Stück, soweit das mit dem Rucksack möglich ist. Dabei grinse ich breit in mich hinein und fühle mich ungeheuer frei. Egal, was ich tue, ich bin sowieso langsamer als der Rest der Welt. Und dabei gewinne ich reichlich Zeit, die ich nutzen kann, um mir an den letzten Sommertagen des Jahres die Sonne auf den Pelz scheinen zu lassen.

Am Abzweig nach Arvidsjaur winkt die Zivilisation. Keine halbe Mil und ich stünde inmitten einer »Metropole« mit 4600 Einwohnern, größer als alles, was mir seit Göteborg begegnet ist. Dennoch bleibe ich stur auf der E45. Ich habe keine Lust auf Stadt, und bis ins knapp hundert Kilometer entfernte Kåbdalis müsste mein Proviant eigentlich noch reichen.

Da irgendwo hinter den Kiefern gäbe es Eis, Pommes und Cola ... doch ich gehe vorbei? »Tapfer oder vollkommen bekloppt?«, frage ich mich selbst immer wieder. Es muss wohl von beidem ein bisschen sein, und vielleicht ist das genau der Mix an Eigenschaften, den man braucht, um einen ganzen Kontinent zu Fuß zu durchqueren. Ich bin ein bisschen tapfer und ein bisschen bekloppt, und nur deshalb habe ich noch nicht aufgegeben.

Nachdem ich ein paar Kilometer zwischen mich und Arvidsjaur gebracht habe, setze ich mich an den Straßenrand, um – halb tapfer, halb bekloppt – ein paar Sonnenblumenkerne zu knabbern, die ja nebenbei gesagt ohnehin viel gesünder sind als Eis, Pommes und Cola. Eine Handvoll genügt, um die nächsten Kilometer ohne knurrenden Magen zurückzulegen. Und für den Fall, dass mir doch mal nach Abwechslung zumute sein sollte, habe ich noch eine Tüte Kürbiskerne im Gepäck.

Abends laufe ich querfeldein auf einen See zu, der irgendwo hinter den Bäumen verborgen sein muss, aber lange nicht auftauchen will. Gerade fange ich an, mich zu fragen, ob ich nicht lieber woanders nach einem Schlafplatz suchen sollte, zumal es ein paar dunkle Wolken, Donnergrollen und Nieselregen gibt, da blitzt zwischen den Stämmen vor mir ein Stück Wasseroberfläche auf. Noch ein paar Schritte, und ich habe das Gefühl, in eine Postkarte hineingeraten zu sein. Am Ufer grast ein Rentier, und über dem See steht ein herrlicher Regenbogen. Eine Weile bleibe ich stehen und schaue auf dieses Bild, verdutzt darüber, dass die wirkliche Welt, die ich höre, sehe, fühle, schmecke, in der ich atme und in der mein Herz schlägt, so vollkommen schön sein kann.

Im Norden I

Als es dunkel wird, sehe ich über den Baumwipfeln am anderen Ufer ein weißes Licht aufgehen. Erst bei näherem Hinsehen begreife ich, dass das der Mond ist. Die Nächte der letzten Wochen waren noch so hell, dass ich ihn lange nicht gesehen habe. Er steigt höher und höher, sein Spiegelbild zittert auf den Wellen, bis auf ein leises Plätschern dann und wann ist es vollkommen still.

Der nahende Polarkreis zieht mich beinahe magisch an, und es läuft sich wie im Flug. Das meiste, was passiert, passiert in meinem Kopf, über zu viel reale Ereignisse kann ich mich nicht beklagen. Es ist alles andere als spannend hier im sumpfig-waldigen Nirgendwo, dafür aber ausgesprochen entspannend.

Die Karte verzeichnet eine Häuseransammlung namens Moskosel in knapp sieben Kilometern Entfernung. Ich setze alles auf Moskosel und wage es, zwei Schokoriegel, die eigentlich für morgen bestimmt waren, schon heute aufzuessen. Falls ich mich verzocke, dann habe ich immer noch ein paar Sonnenblumen- und Kürbiskerne in Reserve. Verhungern werde ich nicht. Es kann nur sein, dass mir Nagezähne wachsen.

Kurz vorm Ortseingang steht tatsächlich ein Schild an der Straße: »Energi på väg«, dazu ein Pfeil: zwei Kilometer. »Energie für den Weg«, das klingt vielversprechend, und prompt rattert ein buntes Daumenkino voller Nahrungsmittelfantasien durch mein Hirn. Doch zu früh gefreut, denn was sich hinter dem Hinweis verbirgt, ist eine Zapfsäule mit Selbstbedienung. Kalorien für Autos. Für mich ist nichts dabei, noch nicht mal ein Snackautomat.

Enttäuscht ziehe ich weiter. Auf nach Kåbdalis, noch 5,2 skandinavische Meilen die Straße runter – das ist ein Euphemismus für übermorgen. Ich lasse die letzten Ausläufer von Moskosel hinter mir und füge mich in mein Schicksal. Da taucht ganz unerwartet ein kleiner Campingplatz mit Imbissbude auf: Eis, Pommes und Cola! Man muss die Feste feiern, wie sie fallen, und wenn ich dazu in Arvidsjaur schon zu blöd oder zu stolz oder was auch immer war, dann will ich es wenigstens hier tun.

Anschließend läuft es sich wie geschmiert. Manchmal muss ein bisschen ungesundes Doping einfach sein. Es ist ein schwüler Spätsommertag, und gegen Abend tauchen beängstigend spektakuläre Wolkenformationen auf. Große schwärzliche Gebilde, die sich wie fliegende Untertassen über die Wipfel der Fichtenwälder schieben und eine ganze Weile unbeweglich dort festhängen. Die Show ist gut, doch zum Glück steckt nicht viel dahinter, zumindest kein Regen.

Auf einer Anhöhe zwischen knorrigen Kiefern genieße ich den Blick in die weite Landschaft. Es gibt nichts Schöneres, als nach einem langen Tag mit viel Bewegung an der frischen Luft die Beine in den Sonnenuntergang zu strecken. Ich schließe die Augen und konzentriere mich ganz und gar auf dieses gute Gefühl.

IM NORDEN II

Rudolph the red nosed reindeer ...
Singen hält warm und
der nordskandinavische Herbst ist locker
kalt genug für Weihnachtslieder

66 GRAD NORD

POLARKREIS, JOKKMOKK UND MUDDUS-NATIONALPARK

Schluss mit Spätsommer, der graue Himmel ist zurück, es nieselt, und die verblühten Weidenröschen am Straßenrand versetzen mich erneut in Herbststimmung. Meine Regenhose zeigt deutliche Gebrauchsspuren. Ich habe sie während der letzten Wochen ein paar Mal geflickt, doch langsam ist der Punkt erreicht, an dem das Verhältnis zwischen Loch und Hose in Richtung Loch zu kippen droht. Ich fürchte, in Jokkmokk muss eine neue her.

Neben mir hält ein Wohnmobil mit Nürnberger Kennzeichen. Der Fahrer kurbelt die Scheibe herunter. »Are you hiking?«, ruft er mir zu.

Was für eine Frage. »Nein, ich trage einfach nur so ein bisschen Gepäck durch den Regen«, würde ich am liebsten antworten und verdrehe innerlich die Augen. In Wirklichkeit sage ich ganz einfach »Ja« und versuche zu lächeln.

»Bist du auch Deutscher?«

Das ist meine Chance! Ich könnte mich als alles Mögliche ausgeben. Vielleicht würde unsere beiläufige Plauderei dadurch ein bisschen lustiger, für mich zumindest. Doch dann nicke ich bloß.

Die Frau auf dem Beifahrersitz hat die Füße lässig auf der Verkleidung des Armaturenbrettes abgelegt und schielt neugierig zu mir herüber. »Dein Rucksack ist ganz schön groß«, stellt sie fest, einen dampfenden Becher Kaffee in den Händen.

»Euer Auto auch«, geht es mir durch den Kopf.

»Braucht man so viel Zeug zum Wandern?«, fragt der Typ.

»Na ja, nicht so sehr zum Wandern, aber zum Übernachten, zum Essen, zum Anziehen und so«, gebe ich zurück.

»Hm«, meint die Frau und beißt genüsslich in einen Apfel, »das muss doch auch mit weniger gehen.«

»Bestimmt«, erwidere ich, »aber ich will zum Nordkap, und da wird es schon ordentlich kalt sein. Deshalb habe ich ein paar Wintersachen dabei.«

Der Typ schüttelt den Kopf. »Nee, wir waren da vor ein paar Tagen. Ist nicht kalt.«

»Ich werde aber erst in sechs Wochen ankommen. Dann ist es vielleicht doch kalt«, gebe ich zu bedenken.

»Was, so lange?« Er sieht mich entgeistert an.

»Mit weniger Gepäck wärst du schneller und bräuchtest die warmen Klamotten gar nicht, weil am Nordkap noch Sommer wäre«, ergänzt die Frau scharfsinnig.

»Mag sein«, sage ich, vielleicht etwas mürrisch. »Ich muss dann mal weiter. Macht's gut! Schönen Urlaub noch!«

Die beiden winken und fahren davon. Ich sehe ihnen nach. Am Heck ist ein Motorrad festgezurrt und auf dem Dach ein Kanu. Braucht man so viel Zeug zum Autofahren? Das muss doch auch mit weniger gehen ...

Noch 986 Kilometer bis zum Nordkap. Ich laufe dreistellig! Darauf darf man schon mal anstoßen, vielleicht sogar mehrmals. Orangensaft, Trinkjoghurt, Cola, Kaffee ... Ich kann mich nicht entscheiden, doch das muss ich auch nicht, denn der kleine Lebensmittelladen in Kåbdalis lässt all meine Träume wahr werden, und die sommerlichen Temperaturen helfen mir, meine Gier zu rechtfertigen. Schließlich soll man reichlich trinken, wenn es heiß ist.

Offenbar hat der Herbst sich während der letzten Tage derart verausgabt, dass er heute eine Pause braucht. Ganz verstecken kann er sich allerdings auch unter blauem Himmel nicht. Die Sonne steht tief, und selbst um die Mittagszeit ist mein Schatten verräterisch lang.

Später im Abendlicht wirkt es, als habe jemand die Welt mit Pastellfarben übergossen. Die scharfen Konturen sind einer verwaschenen Unklarheit gewichen. Ich laufe durch einen verwunschenen Zwischenzustand. Ein Flickenteppich aus Licht und Schatten überzieht die Landschaft. Hell und Dunkel existieren nebeneinander, und der Kontrast zwischen beidem ist so spürbar wie nur selten. Mal gehe ich über düstere Flächen, in denen sich bereits nächtliche Kühle breitgemacht hat, dann wieder wärmen die letzten Sonnenstrahlen mein Gesicht.

Zwischen den Kiefern beginnen die Sterne zu leuchten. Um Polaris zu entdecken, muss ich mir inzwischen ganz schön den Nacken verrenken. Ich erinnere mich noch gut, wie ich ihn zu Beginn meiner Tour dreißig Grad weiter südlich knapp über den Wipfeln der Palmen und Orangenbäumen am Horizont stehen sah.

Am nächsten Tag habe ich schon wieder Grund zum Anstoßen. Zwar muss ich mich diesmal mit Wasser begnügen, dafür jedoch sitze ich neben einem mehrsprachigen Schild, das eine lang ersehnte unsichtbare Linie markiert: Arctic Circle, Polcirkeln, Polarkreis – hier bin ich!

Na ja, strenggenommen noch nicht ganz. In Wahrheit handelt es sich nämlich um keine gleich bleibende, sondern eine wandernde Linie. Innerhalb einer 180 Kilometer breiten Zone, auf deren Mitte wir ihn definitionsgemäß verorten, pendelt der Polarkreis zwischen seinem südlichen und seinem nördlichen Extrem hin und zurück und benötigt für einen kompletten Zyklus 40 000 Jahre. Momentan ist er auf dem Weg nach Norden, um im Jahr 12 000 seine Maximalposition zu erreichen und wieder nach Süden umzudrehen.

Eigentlich bin ich also noch gar nicht nördlich des Polarkreises angelangt, geht es mir durch den Kopf, während ich ein paar

Im Norden II

Kilometer weiter auf dem Kiesstrand eines Sees mein Zelt aufschlage. Andererseits ist es nur eine Frage von verhältnismäßig kurzer Zeit, bis ich ihn einhole. Denn da ich für 360 Kilometer keine 40 000 Jahre, sondern nur etwa zwei Wochen benötige, habe ich vergleichsweise Lichtgeschwindigkeit. Deshalb ist es wohl kaum geschummelt, wenn ich jetzt schon behaupte, dass dies meine erste Nacht nördlich des Polarkreises ist.

Am Himmel beginnen Wega, Deneb und Atair zu leuchten, die Sterne des Sommerdreiecks, das mittlerweile schon früh am Abend tief im Westen steht. Es weht ein kalter Wind, und die Wellen klatschen heftig ans Ufer. Von der Straße von Gibraltar bis zum Polarkreis! Ein bisschen ist mir danach zumute, jetzt den Endspurt einzuläuten, obwohl natürlich auch 930 Kilometer noch eine ganze Menge sind.

Nächster Halt Jokkmokk – Hauptort des gleichnamigen Landkreises, in dem ich schon seit ein paar Tagen unterwegs bin und der sich etwa 200 Kilometer weit bis zur norwegischen Grenze erstreckt. Mit 0,3 Menschen pro Quadratkilometer ist die Gegend maximal dünn besiedelt, und als weit und breit einzige Stadt hat Jokkmokk deutlich mehr Infrastruktur zu bieten, als man bei 2800 Einwohnern erwarten würde: Polizei, Feuerwehr, Krankenhaus, Bahnhof, zwei Kirchen, Restaurants, Tankstellen, Banken, Bibliothek, Schwimmbad, Schulen, ein Museum und Zentrum für Samische Kultur und vieles mehr.

In einem Sportgeschäft an der Hauptstraße ist tatsächlich eine neue Regenhose für mich drin, ein bisschen zu groß zwar, aber mitten im Nirgendwo muss man nehmen, was man kriegen kann.

Überall in der Stadt sind Leute mit bunten Klamotten und Rastazöpfen unterwegs. Sie sitzen auf Bänken, Mauervorsprüngen und kleinen Wiesenstücken, vorm Rathaus und rund um den Marktplatz. Sie spielen Gitarre, singen, jonglieren und unterhalten sich in verschiedenen Sprachen. Ich bin einigermaßen verblüfft. Jokkmokk mag hier in der Region eine Einkaufsmetropole sein, doch ein derart multikulturelles Flair hatte ich nicht erwartet.

Vorm Supermarkt kommen ein paar dieser Leute freundlich lächelnd auf mich zu. Ein Typ schüttelt mir die Hand, ein anderer klopft mir auf die Schulter und zwei Frauen umarmen mich sogar. »Herzlich willkommen! Wo kommst du her? Das Camp ist unten am Fluss.«

Ich gucke irritiert in die Runde. »Das ist total nett von euch, aber wer seid ihr?«

»Willst du nicht zum Rainbow Gathering?«

»Was ist ein Rainbow Gathering?« Ich komme mir ein bisschen blöd vor, aber ich weiß es wirklich nicht.

»Ein Hippietreffen, Hippies aus aller Welt!«, erwidert einer der Männer und spielt ein paar Akkorde auf seiner Gitarre, woraufhin die anderen drei laut losjubeln.

»Du bist gar kein Hippie, oder?«

»Nein, also nicht dass ich wüsste«, stammele ich.

»Ich finde, du passt trotzdem prima zu uns«, sagt eine der beiden Frauen vergnügt und zupft mir an den Haaren.

»Also, wenn du magst, Sweetie, komm runter zum Fluss. Wir machen da Lagerfeuer und essen und tanzen«, meint die andere und streichelt mir über die Wange. Sie trägt einen langen grauen Zopf und ist locker zwanzig Jahre älter als ich. Na ja, vielleicht war das auch einfach nur mütterlich gemeint.

»Ich denk mal drüber nach«, stottere ich und merke, dass ich eine rote Birne kriege. »Jetzt kaufe ich erst mal was ein. Auf jeden Fall vielen Dank für die Einladung.«

Rasch drehe ich mich weg und gehe davon. Ich muss grinsen und kann gar nicht wieder damit aufhören. Vielleicht hat mich diese Wanderung tatsächlich zum Hippie gemacht. Gewisse Tendenzen lassen sich, was mein Äußeres betrifft, in der Tat nicht wegdiskutieren. Doch für ein internationales Hippie-Meeting fühle ich mich noch nicht bereit. Ich finde, ich gehöre auf den Campingplatz.

Auf einem Staudamm überquere ich den Lilla Luleälven. Die Region rund um Jokkmokk ist der wichtigste Lieferant für Strom aus Wasserkraft in ganz Schweden und beherbergt die größten Kraftwerke des Landes. Wo immer man in den strahlend blauen Morgenhimmel blickt, hängen dicke Oberleitungen herum. So etwas gibt es sonst nur in der Nähe von Großstädten. Inmitten menschenleerer Weite jedoch wirken die riesigen Masten in den breiten Schneisen voller schwerer, u-förmig durchhängender Kabelbündel ziemlich befremdlich.

Am späten Vormittag hält ein VW-Bus neben mir. Tatsächlich, es ist die Familie aus München, die ich bereits gestern Abend auf dem Campingplatz getroffen habe. Dani, Tom, Emilie und Oskar wollen in den Muddus-Nationalpark, mein Ziel für morgen. Netterweise sagen die vier mir nicht nur kurz »Hallo«, sondern klappen ihre Campingküche auf und kochen mir einen Espresso, einen richtigen aus der Kanne, keine Instantplörre.

Eine ganze Weile stehen wir am Straßenrand und unterhalten uns. Ich genieße die Abwechslung. Langsam war ich wirklich lange genug allein. So sehr ich mir auf der einen Seite wünsche, ewig weiterzulaufen, so sehr wird es Zeit, dass diese Tour zu Ende geht und ich wieder unter Leute komme. Umso mehr freue ich mich, als die Münchner nachmittags auf dem Rückweg zum Campingplatz erneut anhalten und ich noch einen zweiten Espresso bekomme.

Ein koffeinreicher Tag! Kein Wunder, dass ich unermüdlich in den Abend hineinwandere, solange die Helligkeit es zulässt. Die Sonne steht tief und verbreitet ein durchdringendes, goldenes Licht, das jede Tannennadel, jedes Steinchen und jeden Grashalm zum Glühen bringt. Meine Haut fühlt sich angenehm warm an, als wollte sie den Sommer für immer speichern. Vor mir die leere Straße, irgendwo in der Ferne rattert ein Zug, dazu das knirschende Geräusch meiner Schritte im Schotter des Seitenstreifens. Meine Schuhe sind staubig. Ich trage noch einmal kurze Hosen, vielleicht zum letzten Mal auf dieser langen Wanderung. Es ist ein zauberhafter Moment wie aus einem Film, ganz unwirklich, als liefe ich durch ein Stückchen in den Augenblick gepresste Ewigkeit.

Der Muddus-Nationalpark ist etwa 500 Quadratkilometer groß. Knapp die Hälfte der Fläche ist von Moor bedeckt, der Rest besteht aus Kiefern-, Fichten- und Birkenwald, durchzogen von tiefen, felsigen Schluchten, in denen Flüsse rauschen und gigantische Wasserfälle bilden, manche über vierzig Meter hoch.

Die Sonne schimmert zwischen den Stämmen hindurch und kommt selbst um die Mittagszeit nicht mehr über die Baumwipfel hinaus. Die Welt liegt im Halbschatten, aber dort, wo die Strahlen hinfallen, leuchtet der Boden im Kontrast umso stärker. Die Nadelbäume duften harzig, und ich atme den Geruch des ausgehenden Sommers.

Abends im Zelt umfängt mich die stille, unaufdringliche Schönheit eines vollständig naturbelassenen Waldes. Im Nationalpark wird keine Forstwirtschaft betrieben. Entwurzelte Stämme liegen kreuz und quer, manche vollständig umgestürzt, manche angelehnt an andere Bäume. Am Boden wachsen Blaubeergestrüpp, Moos und Farn, hier und da ragen Felsbrocken aus der Pflanzendecke hervor, und alles ist übersät von Zapfen, herabgefallenen Zweigen und Ästen. Ein heilloses Durcheinander, so meint man, doch was auf den ersten Blick wie Unordnung aussieht, wirkt bei näherem Hinsehen auf eine rätselhafte und ehrfurchtgebietende Weise vollkommen.

Am Himmel erglüht ein farbenprächtiges Abendrot. Rosigviolettes Zwielicht ergießt sich bis in den hintersten Winkel. Alles wird zugedeckt vom letzten Atemzug des Tages, und ich habe das lebhafte Gefühl, selbst mit einbezogen zu sein und mit unter dieser Decke verschwinden zu dürfen, ganz so, als wäre ich kein Mensch, sondern einer der Bewohner dieses Waldes. Ich liege einfach da, auf eine nie gekannte Weise geborgen, und staune mich, erfüllt von Dankbarkeit, in einen ebenso sanften wie tiefen Schlaf hinein.

Am nächsten Morgen löst Moorlandschaft den Urwald ab. Der Vogelbeobachtungsturm am See Muddusluoppal ist nichts für Menschen mit Höhenangst, aber für alle anderen lohnt es sich. Keine Straße, kein Dorf, kein Haus. Unter mir erstreckt sich nichts als der in gelbroten Herbsttönen leuchtende Sumpf, unterbrochen von Inseln aus tiefgrünem Fichtendickicht, durch das der auffrischende Wind wild brausend hindurchfegt. Die Seen und Wasserarme dazwischen werfen den letzten Rest verhaltenen Blaus, der noch unter der Wolkendecke hervorschaut, als mattgrauen Schimmer in die Landschaft zurück.

Kaum bin ich wieder unten, muss ich die Regenhose aus Jokkmokk einweihen. Sie ist wirklich ein bisschen zu groß, und ich fürchte, ich sehe darin aus wie der kleine Muck. Doch sie hält dicht. Das ist das Wichtigste, denn es regnet sich so richtig ein.

Die ganze Nacht hindurch prasseln dicke Tropfen aufs Zelt, und morgens ist noch immer kein Ende in Sicht. Mich umgibt ein feuchter Dunst, ich kann kaum zehn Meter weit blicken. Alles, was von der Welt übrig zu sein scheint, bin ich – in meiner, wie ich mehr und mehr feststelle, viel zu großen Regenhose – und der aufgeweichte Schotter unter meinen Füßen.

Auf langen Touren bleiben Durststrecken nicht aus, Momente, die sich über Stunden hinziehen und in denen ich am liebsten ganz woanders wäre – irgendwo, nur bitte nicht hier. Dies ist so ein Moment, und mal wieder merke ich, wie gut es ist, dass ich gelernt habe, mich weit weg zu träumen. Meine Füße müssen auf dem Weg bleiben, mein Kopf muss es nicht.

Ich lasse meine Gedanken schweifen, denke mir Geschichten über Geschichten aus und bin eigentlich gar nicht hier. Eine Welt in meiner Fantasie, in die ich flüchten kann, gehört, wenn man so will, zu meinen wichtigsten Ausrüstungsgegenständen und hat mich schon mehr als einmal davor bewahrt, alles hinzuschmeißen und zurück nach Hause zu fahren.

Es funktioniert auch diesmal. Ich halte durch, und knapp zwanzig Kilometer später in Nattavaara ist das Schlimmste geschafft. Ich sitze auf einer Bank vor dem kleinen Lebensmittelladen in der Sonne, ringsum ein paar rote Holzhäuschen, und schmiere mir einen Haufen Butterbrote für die nächsten Tage.

Eine alte Frau mit vollen Einkaufstaschen kommt vorbei und sieht mir belustigt zu. »Du har ett stort matpaket.« – »Das ist ja ein ordentliches Proviantpaket.« Ich nicke ihr zu. Mal wieder ärgere ich mich, dass ich immer noch kein Schwedisch spreche. Oft verstehe ich, was die Leute sagen, kann aber abgesehen von ein paar Standardsätzen nichts Sinnvolles antworten.

»Jag pratar inte svenska, men jag förstår lite.« – »Ich kann kein Schwedisch, aber ich verstehe ein bisschen«, erwidere ich entschuldigend.

Sie schüttelt energisch den Kopf: »Du sprichst Schwedisch, das höre ich doch.« Dann lächelt sie. »Woher kommst du?« Ich merke, wie sie sich Mühe gibt, ganz langsam zu sprechen.

»Ich komme aus Deutschland.«

»Wie heißt du?«

»Ich heiße Philipp.«

Sie setzt sich zu mir. »Ich heiße Maria. Ich war Lehrerin in Boden. Ich bin jetzt pensioniert.«

Wir betreiben eine Konversation im Stil der ersten fünf Lektionen eines Schwedischkurses für Anfänger. Maria hat eine Engelsgeduld und scheint sich richtig zu freuen, einen Schüler gefunden zu haben. Sie verbessert meine Aussprache und ergänzt mein

Stammeln durch fehlende Vokabeln. Ich merke, wie viel Spaß es mir macht, diese Sprache, die ich seit zweieinhalb Monaten höre, auch mal zu sprechen.

Nach einer Weile hält ein schwerer Geländewagen auf dem Parkplatz, und ein kurzes Hupen ertönt. »Das ist mein Sohn. Ich muss gehen«, sagt Maria bedauernd und steht auf. »Es hat mich sehr gefreut, dich zu treffen. Ich wünsche dir eine gute Reise.«
»Tschüs und danke!«, rufe ich ihr nach. Sie winkt mir zu, steigt ein und fährt davon.

Ich schultere den Rucksack, ziehe den Beckengurt fest und stapfe weiter. Kurz hinterm Supermarkt überquere ich die Bahnstrecke nach Stockholm. In eineinhalb Monaten wird mein Zug hier durchtuckern auf dem Weg zurück nach Berlin. Für einen Moment stelle ich mir vor, wie ich am Fenster sitze, hinausgucke und den heutigen Tag Revue passieren lasse. Dann schaue ich wieder auf meine staubigen Schuhe und lausche dem Klackern der Wanderstöcke auf dem Asphalt. Kaum vorstellbar, dass diese Reise schon so bald nur noch Erinnerung sein wird.

67 GRAD NORD
PAJALA, KOLARI, YLLÄSTUNTURI

Der äußerste Nordosten Schwedens ist ein ziemlich vergessener Landstrich. Die Ortsnamen scheinen nicht ganz von dieser Welt zu sein, zumindest sind sie schwer zu merken, und nicht selten muss ich, obwohl ich eigentlich immer derselben Straße folge, mehrmals am Tag auf die Karte gucken, weil mir schon wieder entfallen ist, was als Nächstes kommt: Ruokorova, Pikkujako, Palohuornas oder war es Mukkavaara?

Wanderer sind hier offenbar selten, denn immer wieder werde ich neugierig nach meiner Tour gefragt. Dabei fällt mir auf, dass deutlich weniger Leute Englisch sprechen als im Rest des Landes. Umso mehr freue ich mich, dass ich dank Maria wenigstens ein bisschen mehr zusammenstottern kann als nur »Hej« und »Tack«. Allerdings waren nicht alle alten Schweden früher Lehrer in Boden; mit anderen Worten, nicht jeder redet so rücksichtsvoll einfach und langsam wie Maria. Manchmal bleibt mir nichts anderes übrig, als ins Blaue hineinzunicken und zu lächeln, in der Hoffnung, dass das eine ansatzweise adäquate Reaktion sein könnte.

Knapp 2000 Kilometer Luftlinie trennen mich von Berlin. Und doch sieht die Landschaft streckenweise aus wie zu Hause. Manchmal säumen endlose Kiefernwälder den Weg, und viel Fantasie braucht es nicht, um darin mindestens ebenso viel Brandenburg wie Schweden zu entdecken. Zum Glück beweist mir das Nordlicht allabendlich grün auf schwarz, wo ich tatsächlich bin.

Die Wahrscheinlichkeit, Nordlicht, auch Polarlicht oder Aurora borealis genannt, zu beobachten, steigt, je weiter man nach Norden kommt und je dunkler und länger die Nächte werden. Meine Voraussetzungen verbessern sich also gleich in doppelter Hinsicht mit jedem Schritt. Sofern keine Wolken im Weg sind, genieße ich kurz vorm Einschlafen regelmäßig eine Lightshow.

Es ist faszinierend, aber auch ein wenig unheimlich, den grünen Lichtbögen, -ringen und -spiralen zuzusehen. Anfänglich winzige Punkte dehnen sich aus, versprühen Funken, die sich zu Strahlen verlängern, und gleiten schließlich als üppige, wabernde Wirbel langsam in Richtung Horizont hinab. Linien werden zu breiten Bändern, die wie Vorhänge zu Boden fallen und als große leuchtende Flächen weite Teile des Himmels überziehen, bis sie sich eng zusammenrollen, um als mäandernde Streifen noch eine Weile vor sich hin zu züngeln.

Kein Wunder, dass solch geheimnisvolle Phänomene in die Mythen und Sagen der Ureinwohner Eingang gefunden haben. Mal wurden sie als Botschaft der Götter an die Menschen, mal als Kontaktaufnahme der verstorbenen Ahnen mit den Lebenden gedeutet, und nicht selten galten sie als schlechtes Omen für Kriege, Hungersnöte oder gar als Vorboten der Apokalypse.

Heute lassen sich die Erscheinungen wissenschaftlich erklären. Ein beeindruckendes, fesselndes und irgendwie auch ehrfurchtgebietendes Schauspiel bleibt das Nordlicht dennoch, und ich kann gut verstehen, wie man auf den Gedanken kommt, etwas Magisches oder Übernatürliches hineinzuinterpretieren.

Wieder mal prasselt ein Schauer nach dem anderen aufs Zelt. Ich schlafe so lange aus, bis der Tag mit einer Regenpause beginnen kann. Zwar reicht die gerade eben zum Zeltabbauen und Zusammenpacken, aber immerhin.

Nach etwa fünfzehn Kilometern erhebt sich die verschwommene Silhouette einiger Häuser aus dem tropfnassen Kiefernwald. Das ist Ullatti, mein Zivilisationskick für heute. Mit Blick auf ein paar Zapfsäulen sitze ich bibbernd unter einer durchgeweichten Stoffmarkise, umklammere einen Pappbecher Kaffee und verdrücke eine große Tüte Zimtschnecken.

In den Schlaglöchern auf der Straße haben sich kleine Seen gebildet, und die vorbeirasenden Autos lassen das Wasser hoch aufspritzen. Direkt vor mir hält ein Bus. Fahrgäste sehe ich keine. Doch der Busfahrer höchstpersönlich kommt auf mich zu und fragt, ob er mich mitnehmen könne. Ich reiße mich zusammen, schlucke das »Ja, danke«, das ich liebend gerne sagen würde, hinunter, und lehne höflich lächelnd ab.

Kurz hinter Ullatti merke ich, wie das Wasser gemächlich durch meinen Pullover sickert, sich seinen Weg durchs T-Shirt bahnt und schließlich auf der nackten Haut ankommt. Heute wäre ein Neoprenanzug genau das Richtige, eine Regenjacke jedenfalls ist nicht genug für dieses Wetter.

Vollkommen unvermittelt fange ich laut zu lachen an. Wie kann man nur so blöd sein, jetzt hier langzulaufen, anstatt mit dem Bus zu fahren? Andererseits bin ich ungeheuer stolz darauf, dass ich der Versuchung widerstanden habe, 750 Kilometer vorm Ziel doch noch zu schummeln. Da ist sie mal wieder, diese Kombination aus »ein bisschen tapfer« und »ein bisschen bekloppt«, die mich schon so weit gebracht hat.

Am nächsten Morgen ist die Sonne zurück, und alles, was mich noch an das gestrige Unwetter erinnert, ist meine nasse Kleidung, die überall im Zelt ausgebreitet liegt. Etwas schlaftrunken versuche ich, Ordnung in mein Chaos zu bringen, und stelle fest, dass es faszinierend viele unterschiedliche Abstufungen von nass gibt. In meinem Fall ist allerdings nur der Unterschied zwischen »will ich noch anziehen« und »will ich nicht mehr anziehen« relevant. Nach sorgfältigem Abwägen entstehen zwei Klamottenhäufchen. In das eine schlüpfe ich unter verhaltenen Protestlauten Stück für Stück hinein. Das andere befestige ich am Rucksack. Und weiter geht's, heute im Wäscheständermodus.

Plötzlich hält neben mir der Bus von Ullatti nach Tärendö, einfach so auf offener Strecke. Am Steuer sitzt derselbe Fahrer wie gestern, und wieder bietet er an, mich mitzunehmen. Diesmal erkläre ich ihm, warum ich ablehnen muss. Das könne er sehr gut verstehen, sagt er und erzählt von allen möglichen Wanderungen, die er in der Freizeit mit seinen zwei Hunden unternehme. Die Sitzreihen hinter ihm sind leer, und er scheint keineswegs in Eile zu sein.

Gegen Mittag dann ein Déjà-vu: Schon wieder der Bus, nur eben aus der Gegenrichtung, aber mit dem altbekannten Fahrer, und wieder hat er Zeit zu plaudern. Weitere zwei Stunden später: das nächste Déjà-vu. Langsam kenne ich den Fahrplan auswendig, und so sehe ich das dritte Déjà-vu schon voraus, noch bevor es sich ereignet. Der Bus ist leer, wieder leer, noch mal leer und auch beim vierten Mal noch leer. Der Fahrer knüpft gemütlich ein Gespräch ums andere an. Schließlich empfiehlt er mir eine Stelle unten am Kalixälven, wo man sehr gut übernachten könne. Ich folge dem Ratschlag und stoße auf einen idyllischen, menschenleeren Strand, ein wenig Sand, ein wenig Wiese, dazu ein herrlicher Ausblick auf den Fluss und Trinkwasser frei Haus. Keine Frage, hier bleibe ich!

Zurück auf der Straße umfängt mich ein warmer, windstiller Herbstmorgen. Pünktlich um kurz nach zehn geschieht mein viertes und letztes Déjà-vu, und ich bekomme Gelegenheit, mich für den herrlichen Schlafplatz zu bedanken. Gerade noch rechtzeitig, bevor ich Tärendö und damit auch die Buslinie hinter mir lasse.

Die Wärme der Sonne nach und nach an allen Seiten meines Körpers zu spüren vermittelt mir wie so oft ein Gefühl der Geborgenheit. Solange ich nach Norden laufe, ist es immer dasselbe Spiel: Morgens steht sie rechts, wandert dann von hinten um mich herum, um sich schließlich zu meiner Linken wieder dem Horizont zu nähern. Mein Schatten vor mir im Schotter läuft, verlässlich wie der Zeiger einer Uhr, den genau umgekehrten Halbkreis, und mittlerweile kann ich mit einem kurzen Blick auf den Boden ziemlich genau sagen, wie spät es ist.

Kalixälven, Tärendöälven und abends dann der Torneälven. Alle drei gehören zu den letzten naturbelassenen Großflüssen Europas, das heißt, sie bahnen sich ihren Weg noch völlig frei und ungebändigt. Ohne Uferbefestigung, künstliche Staustufen, Staudämme oder Kraftwerke mäandern sie als gigantisch breite, bläulich schillernde Bänder durch unendlichen Fichtenwald.

Mal winden sie sich träge um weite Kurven, dann wieder tosen sie durch ein enges, felsiges Bett, und das Wasser spritzt rund um die größten Brocken schäumend auf. Teils haben sich Kiesstrände gebildet, teils reichen die Bäume so dicht ans Ufer heran, dass die äußersten Zweige die Wellen berühren. Hier und da ragen einzelne Steine oder kleine Sandbänke hervor, und manchmal umspülen die Fluten ganze Inseln, auf denen sogar ein paar Birken wachsen.

Die Sonne versinkt hinter den Baumwipfeln. Geräuschlos, aber gewaltig schiebt sich der Torneälven an meinem Zelt vorbei. Die Nacht bricht herein, das eben noch golden schimmernde Wasser nimmt eine mattgraue Farbe an, und eine feuchte Kälte kriecht zu mir herauf. Im Westen verblasst ganz langsam das letzte bisschen Helligkeit, während am dunklen Osthimmel Pegasus den Herbst einläutet.

Ich frühstücke mit herrlichem Panoramablick über den Fluss. Eine Gruppe Kraniche fliegt vorbei auf dem Weg nach Süden. Nachvollziehbar, denn heute Nacht war es bitterkalt. Auf meiner Isomatte lässt sich eine einsame Mücke nieder. Ihr Anblick ruft ein letztes bisschen Sommer in mir wach. Ich sehe ihr zu, wie sie ihre Beinchen gegeneinanderreibt. Den nächsten Nachtfrost wird sie wohl kaum überstehen. Irgendwie habe ich Mitleid. Mitleid mit einer Mücke? Das wäre mir vor sechs Wochen im Traum nicht eingefallen.

Der Himmel zieht sich zu, und die Welt wird mit jedem Schritt grauer. Den ganzen Tag über fließt der Torneälven neben mir her. Die Ortsnamen werden immer abgefahrener. Auf den Straßenschildern lese ich: Vasikkavuoma, Muodoslompolo, Erkheikki, Peräjävaara. Keine Frage, Finnland naht!

Spektakuläre Wolkenformationen pressen kleine Reste Himmelsblau zu winzigen Inseln zusammen. Die tiefstehende Sonne verbreitet eine Art Dämmerlicht, und alles, was daraus hervorsticht, ist mein Rucksack mit der leuchtend gelben Signalweste.

Abends im Zelt versagt meine Kopflampe den Dienst. Ausgerechnet jetzt im nordskandinavischen Herbst, wo jede kommende Nacht fünf Minuten länger ist als die vorangegangene. Glücklicherweise erreiche ich am nächsten Tag Pajala, einen etwas größeren Ort, wo es sogar einen Elektroladen gibt. Ich stehe am Tresen und versuche dem Verkäufer zu erklären, was ich brauche. Da Englisch nur verständnislose Blicke auslöst und ich mit meinem Schwedisch noch nicht bis zur Lektion »Einkaufen im Elektrofachhandel« vorgedrungen bin, packe ich kurzerhand die alte Lampe aus und stelle das Problem bildlich dar. Der Verkäufer kramt eine Weile herum und kommt schließlich mit einer neuen Kopflampe zurück. Mir fällt ein Stein vom Herzen. Das hätte ein finsterer Endspurt werden können.

655 Kilometer sind es noch bis ans Nordkap. Ja, tatsächlich, von den ursprünglich 6575 Kilometern, die vor mir lagen, als ich am Strand von Tarifa saß und nach Marokko hinübergeschaut habe, sind allen Ernstes nur noch zehn Prozent übrig! Meine Sohlen knirschen über den Schotter, auf meine Schultern drückt der Rucksack, wie immer knurrt mein Magen, und ich bin entsetzlich langsam. Doch trotz allem bin ich hier, im letzten Zehntel Europas.

Ich will nichts mehr und zugleich nichts weniger, als endlich an mein Ziel gelangen, das ist ein merkwürdig paradoxes Gefühl. Noch nie habe ich Abneigung und Sehnsucht, Glück und Traurigkeit so nahe beieinander erlebt. Im Augenblick kann ich mir einen Alltag ohne Wandern kaum vorstellen. Wenn ich mir überlege, wie es sein wird, in einem Monat wieder nach Hause zu kommen, spüre ich neben all der Vorfreude auch eine große Portion Angst. Doch alles wird sich finden. Diese Zuversicht habe ich unterwegs gelernt. Ich habe sie lernen müssen, sonst wäre ich nicht hier. Und sie wird nicht plötzlich verschwinden, nur weil ich am Nordkap bin. Sie wird mich weiter begleiten, auch in Zukunft.

Im Supermarkt in Kaunisjoensuu gebe ich meine letzten Kronen aus. Beim Rausgehen fällt mein Blick auf die Tafel mit den Öffnungszeiten. Sie ist auf Schwedisch und Finnisch beschriftet. Leider sind die finnischen Worte für »Öffnungszeiten« und »Willkommen« nicht annähernd so intuitiv wie das schwedische »Öppettider« und »Välkommen«. Ehrlich gesagt mache ich gar nicht erst den Versuch, sie mir zu merken. Ich fürchte, Finnisch lernt man nicht mal so eben nebenbei.

Einen Moment lang wundere ich mich, dass der Laden für Schweden schon um acht Uhr und für Finnen erst um neun Uhr aufmacht. Dafür dürfen Finnen abends bis zwanzig Uhr einkaufen, Schweden nur bis neunzehn Uhr. Dann wird mir klar, warum: Finnland gehört zur osteuropäischen Zeitzone.

Ich überquere den Muonioälven, der die beiden Länder voneinander trennt, und prompt ist es eine ganze Stunde später.

Drüben in Kolari wartet gleich der nächste Supermarkt. Nach drei Monaten mit dänischen, norwegischen und schwedischen Kronen sind jetzt wieder Euro angesagt. Doch abgesehen von der vertrauten Währung kommt mir alles sehr fremd vor. Ich glaube, das liegt im Wesentlichen an der seltsamen finnischen Sprache.

Schwedisch, Dänisch und Norwegisch sind sich untereinander sehr ähnlich und mit dem Deutschen eng verwandt. Finnisch hingegen ist vollkommen anders und hat mit keiner einzigen indogermanischen Sprache irgendetwas zu tun. Egal, was man liest oder hört, man versteht mit Sicherheit noch nicht einmal Bahnhof.

Aus Spaß versuche ich, wie ich es häufig in anderen Ländern tue, mir einzelne Wörter einzuprägen, die mir in meinem Wanderalltag unterkommen. »Sonnenblumenkerne« zum Beispiel. Ich sitze knabbernd am Wegesrand und studiere die mehrsprachige Beschriftung der Tüte. Das schwedische »Solroskärnor« ist mal wieder kein Problem, aber »Auringonkukansiemeniä« kann ich mir beim besten Willen nicht merken. Ich murmele es bestimmt fünf Kilometer lang vor mich hin, doch kaum höre ich für hundert Meter damit auf, will es mir einfach nicht wieder einfallen.

Abends im Zelt verbuche ich schließlich doch noch ein kleines Erfolgserlebnis. Zum Nachtisch esse ich einige Stangen Lakritsi, das erste finnische Wort, das ich nicht gleich wieder vergesse.

Indian Summer in Finnland! Ich erwache unter strahlend blauem Himmel, und die ganze Welt ist von einem rotbraunen Leuchten überzogen. Selbst der Asphalt wirkt jetzt bunt. Es ist vollkommen windstill, einzelne Blätter rieseln leise auf die Straße hinab, und manchmal lugen Rentiergeweihe aus dem Wald. In der Ferne sehe ich den 1287 Meter hohen Ylläs aufragen. Jenseits dieses Berges, am Beginn des Pallas-Yllästunturi-Nationalparks, will ich nachher mein Zelt aufstellen.

Kurz vor dem Ort Ylläsjärvi spricht mich ein älterer Mann freundlich an. Da er nicht über Lakritz redet, verstehe ich kein einziges Wort. Ich erwidere etwas auf Englisch. Er lächelt unsicher und sagt noch mehr auf Finnisch. Dann macht er einladende Handbewegungen und deutet immer wieder in Richtung einiger Häuser.

Schweden ist ja noch nicht so weit weg, denke ich mir, und versuche es mit der Sprache des Nachbarlandes. Ein »Entschuldigung, ich spreche kein Finnisch« kriege ich gerade noch hin. Und es funktioniert.

»Bist du Schwede?«, fragt mich der Mann.

»Nej, jag är tysk.«

»Tyskland!«, ruft er begeistert und zeigt erneut auf die Häuser am Ortsrand. Dort wohne er, und er wolle mich zu einer »Bratwurst« einladen. Tatsächlich benutzt er das deutsche Wort.

Er winkt mir, ihm zu folgen. Kaum stehen wir auf seiner Terrasse, wirft er den Elektrogrill an, schiebt mir einen Gartenstuhl zu und gießt mir ein großes Glas Milch ein. Unsere Unterhaltung beschränkt sich im Wesentlichen darauf, dass ich ihm Fotos zeige. Doch mir macht das Spaß, und ich glaube, ihm auch.

Zum Abschied drückt er mir zwei Dosen in die Hand: »Öl för kvällen.« Bier für den Abend. »Olut« steht auf dem Etikett. Wieder ein finnisches Wort gelernt!

In Ylläsjärvi kaufe ich für sechs Tage ein, mit dem Ergebnis, dass mein Rucksack viereinhalb Kilo zulegt. Da ich nicht mehr als nötig mit mir herumschleppen will, gönne ich mir, obwohl noch lange nicht Abend ist, ein Päuschen im mittlerweile mückenfreien Kiefernwald mit einem und danach noch einem zweiten Olut in der Hand.

Hinterher laufe ich, ein bisschen müde zwar, aber irgendwie auch sehr entspannt und auf jeden Fall um zweimal 0,33 l leichter, weiter dem Ylläs entgegen. Ein einsamer Pfad führt mich über die Ostflanke des Berges in den Nationalpark hinein. Die Gegend wird wilder und karger. An den höchsten Stellen gibt es nichts als graues Geröll. Etwas weiter unten macht sich rötlichbraun verfärbter Bodenbewuchs breit, wie um zu beweisen, dass Indian Summer auch ohne Bäume funktioniert.

Im nächsten Tal schließlich finde ich einen wunderschönen Schlafplatz am See. Der herbstliche Farbenreichtum der Birken am Ufer spiegelt sich prächtig im klaren Wasser. Nach und nach legt sich ein beinahe unwirklich knalliges Rot über die Landschaft. Hell und Dunkel existieren nebeneinander, und für eine Weile scheinen alle Gegensätze aufgehoben. Nur der Kesänki ragt schroff und schwarz in den dunkelblauen Abendhimmel.

Auf allen vieren klettere ich über wackliges Geröll und habe im wahrsten Sinne des Wortes alle Hände voll zu tun, um nicht auszurutschen. Belohnt werde ich mit einem herrlichen Ausblick zurück auf den See. Perspektivwechsel sozusagen, denn von da unten habe ich gestern hier hochgeblickt.

Mit 519 Metern ist der Kesänki eigentlich nicht besonders hoch. Nach Deutschland versetzt wäre er ein unscheinbarer Mittelgebirgshügel unter vielen. Doch auf dem 67. Breitengrad befindet man sich in dieser Höhe bereits deutlich jenseits der Baumgrenze. Der Pfad führt unwegsam über eine Wüste aus dicken Gesteinsbrocken hinweg, nichts als Felsen, so weit das Auge reicht. Erst als es wieder bergab geht, kommen erneut Bäume in Sicht.

Unten angelangt umgibt mich ein urwüchsiges Dickicht aus Birken, Fichten und Kiefern. Mitten auf einem einsamen Waldweg knacke ich die 6000 Kilometer. Als ich vor etwa einem Jahr diese Etappen am Schreibtisch geplant habe, sah ich mich mein Jubiläum irgendwo in den Schnee schreiben. Aber so schnell schlägt der Winter selbst nördlich des Polarkreises nicht zu. Noch kann ich die Zahl mit ein paar Steinchen auf den sandig braunen Boden legen. Glück gehabt!

Der Himmel hat sich bezogen, und die Wolken hängen tief wie ein Dach, das sich auf die höchsten Baumwipfel stützt. Die Luft ist feucht, ohne dass es tatsächlich regnet. Zwischen den Stämmen stehen dicke Nebelschwaden, so unbeweglich, als würden sie sich nie wieder auflösen wollen. Mich umgibt eine Stille, wie ich sie noch selten gespürt habe. Kein Windhauch und kein bisschen Vogelgesang. Ich setze mich neben meine 6000 und versuche, die Ruhe in mich einströmen zu lassen, in der Hoffnung, davon zehren zu können, wenn ich wieder im lauten Alltag stecke.

Fast schon andächtig laufe ich weiter. Auf nahezu gespenstische Weise schluckt der weiche Boden das Geräusch meiner Schritte. Die Landschaft scheint erfüllt von einem tiefen, kompromisslosen Frieden. Die Leuchtkraft der Herbstfarben wirkt bei düsterem Licht beinahe noch intensiver als unter klarem Himmel.

Ein geheimnisvolles Glühen durchdringt jedes Blättchen, jedes Stückchen Moos, jeden Halm und jeden Büschel Farn, ganz so, als trügen die Pflanzen selbst Lichtquellen in sich.

Abends reißt der Himmel völlig unvermittelt auf. Prompt stimmen die Vögel ein Konzert an, so laut und eifrig, als müssten sie einen ganzen verschlafenen Tag nachholen. Viel Zeit allerdings bleibt ihnen nicht. Denn wenig später fällt wie aus dem Nichts ein schwärzlicher Wolkenvorhang auf den Sonnenuntergang herab, und ohne jede Vorankündigung beginnt es, in Strömen zu regnen.

Doch verdeckt die finstere Wand den Horizont nicht komplett. Durch einen winzigen Spalt brechen einzelne Sonnenstrahlen hindurch, wie der Schimmer unter einer geschlossenen Tür, wenn man selbst draußen im Dunkeln steht. Ein Regenbogen scheint bei dieser Konstellation vorprogrammiert, und tatsächlich: Kaum ist der Wolkenbruch vorbei, beginnt über dem ohnehin schon so farbenprächtigen, herbstlichen Fjäll auch noch der Himmel bunt zu glänzen – fast ein bisschen zu viel des Guten. Ich reibe mir die Augen und gucke zweimal hin. Ist das wirklich alles echt?

68 GRAD NORD
PALLASTUNTURI, ENONTEKIÖ, SÜDLICHE FINNMARK

Meine über Nacht gefriergetrockneten Klamotten sind zwar nicht mehr nass, dafür jedoch bretthart und eiskalt. Das Gefühl, dass meine Kleidung mich wärmen könnte, will sich heute beim besten Willen nicht einstellen. Es ist eher umgekehrt: Ich bin der, der mit seiner Körperwärme ganz allmählich Hose und Pulli wieder auftaut. Meine Hauptbeschäftigung an diesem ungemütlichen Herbsttag besteht darin, mich auf den Abend im Schlafsack zu freuen.

Irgendwo vor mir muss der Taivaskero sein, mit 809 Metern der höchste Berg im Nationalpark. Ich kann gerade zwei bis drei Felsbrocken weit blicken, dann verliert sich der Pfad im Nebeldunst. Eine schöne Aussicht wird es da oben nicht geben, so viel steht fest. Ich sehe kein Tal mehr, doch auch noch keinen Gipfel. Ich hänge irgendwo dazwischen, wo genau, ist schwer zu sagen. Der Wind weht immer heftiger, je höher ich komme. Manchmal lösen sich die undurchsichtigen Luftmassen für einen kurzen Moment zu einzelnen Wolkenfetzen auf, die in rascher Folge über ein unermessliches Meer aus scharfkantigen Felsen hinwegjagen. Dann wieder peitscht mir Regen ins Gesicht, und alles verschwimmt zu einer milchigen Suppe.

Eine knappe Stunde noch bis zur Dämmerung. Mir rennt das Licht davon. Endlich erhebt sich wenige Schritte entfernt ein verschwommener Steinhaufen mit Gipfelkreuz. Ich schieße ein Selfie: Mensch auf Geröll vor Nebelwand, sturmzerzaustes Haar, eingefrorener Bart und ein breites Grinsen gegen die Angst.

Dann stolpere ich weiter, um einen Schlafplatz zu finden, und zwar möglichst bald. In vier Kilometern Entfernung gibt es eine Hütte. Kein Problem, wenn ich mich beeile, doch das ist mit Sturmböen im Gesicht, Regentropfen auf der Brille und rutschigen Steinen unter den Füßen leichter gesagt als getan.

Ich fühle mich unbehaglich. Wenn ich jetzt hinfalle, geht es mir durch den Kopf, mich verletze und hilflos liegen bleibe, nachts bei Wind und Wetter ... Doch halt, solche Gedanken sollte ich gar nicht erst aufkommen lassen.

Um mich abzulenken, fange ich laut zu singen an. Irgendwann fallen mir nur noch Weihnachtslieder ein. Warum nicht? Allein auf weiter Flur kann man sich so ziemlich jede Verrücktheit erlauben, zumal der Wind ohnehin jeden Laut im Keim erstickt.

Ich singe aus vollem Halse und bin gerade bei der letzten Strophe von »Macht hoch die Tür, die Tor macht weit«, als unten im Tal kurz vor der Hütte eine Rentierherde auftaucht. Spontan wechsle ich zu »Rudolph, the Red-Nosed Reindeer«, und zehn Köpfe drehen sich synchron in meine Richtung. Was die wohl von uns Menschen oder in diesem speziellen Fall von mir denken mögen? Ich schaffe es noch knapp im Hellen bis zur Hütte. Mit dem letzten bisschen Tageslicht wühle ich die Kopflampe hervor, schlüpfe in trockene Klamotten und fache den Ofen an. Auf diese Weise endet ein durch und durch nasskalter Tag doch noch im Warmen.

Der Himmel ist eisigblau und glasklar. Klirrende Kälte erfüllt eine geruchlos wirkende Luft, die beim Ausatmen zu dicken Wolken kondensiert. Ein weißlicher Schimmer von Reif hat die goldene Pflanzendecke über Nacht erstarren lassen. Der Boden beginnt zu gefrieren, und das Geräusch meiner Schritte klingt auf der steinharten Erde ungewöhnlich hohl.

Früh am Morgen ist der einziehende Winter bereits deutlich zu spüren. Doch gegen Mittag kommt der Indian Summer zurück, und das drei volle Tage lang. Grandiose Panoramablicketappen ohne einen einzigen Tropfen Regen, ein nicht enden wollender Spaziergang vor spektakulärer Herbstkulisse, und es läuft sich so leicht, als wäre die Schwerkraft geringer als sonst.

Am Pallas-Yllästunturi-Nationalpark-Center in Enontekiö beginnt der 124 Kilometer lange Wanderweg nach Ylläsjärvi, den ich während der letzten fünf Tage gegangen bin. Offenbar war ich mal wieder gegen den Strom unterwegs, aber egal, das Visitor Center besuche ich trotzdem.

In einer Ausstellung über die Urbevölkerung in Finnisch-Lappland erfahre ich, dass die Sami acht Jahreszeiten kennen. Ich erlebe selbst gerade, wie rasant der Herbst hier oben fortschreitet und wie schnell sich die Landschaft verändert. Nachvollziehbar, dass vier Jahreszeiten nicht ausreichen, um so rasche Wechsel zu beschreiben. Aufgrund dieser Dynamik, und ein bisschen auch wegen des schicken Nationalparklogos, kaufe ich hinterher im Shop eine Mütze und einen Pullover.

Die Temperaturanzeige über dem Eingang zum Supermarkt zeigt vier Grad Mittagshitze. Ich statte mich mit Proviant für die nächsten Etappen aus und laufe noch so weit von Enontekiö weg, wie die hereinbrechende Dämmerung es zulässt. Dann schlage ich mein Zelt in einem Birkenwäldchen neben der Straße auf. Unter mir rascheln die herabgefallenen Blätter, und die kahlen Zweige leuchten weiß im Schein des aufgehenden Mondes.

Zum ersten Mal auf dieser Tour zücke ich meine Geheimwaffe: eine Babywärmflasche. Dank Miniformat ist sie deutlich leichter als jede ausgewachsene Variante, genügt aber trotzdem, um meinen Schlafsack kuschelig warm aufzuheizen. Es mag albern klingen, aber dieses kleine hellblaue Ding mit lustigem Pinguinaufdruck gehört seit Jahren zu meiner Wintercampingausrüstung und hat mir schon bei so manchem Nachtfrost den Schlaf gerettet.

Morgens fällt der erste Schnee – na ja, noch ist es Schneeregen. Die weißen Flocken rieseln nicht, sondern stürzen wie schwere Tropfen aus dem grauen Himmel und schmelzen, kaum dass sie den Boden berührt haben. Von den Seen und Sümpfen her erklingen lautstark die Rufe der Wildgänse, und über mir sehe ich sie in keilförmigen Formationen in Richtung Süden ziehen.

Ein bitterkalter Wind zerrt die letzten Blätter von den Bäumen. Dreißig Kilometer sind es noch bis zur norwegischen Grenze. Meine Pausen fallen kurz aus, denn ohne Bewegung lässt es sich hier draußen nur schwer aushalten, es sei denn, ich stecke im Schlafsack, die Babywärmflasche an den Füßen. Ich setze alles daran, diesen paradiesischen Zustand möglichst bald wieder herzustellen, und sehe zu, dass ich vorwärtskomme.

Kälte verleiht Flügel, manchmal jedenfalls, und nach etwa sieben Stunden bin ich zurück in Norwegen. Kaum 200 Meter hinter dem Grenzzaun schlage ich am Ufer eines Sees mein Zelt auf. Das Wasser sieht aus, als sei es kurz vorm Gefrieren, und fühlt sich, als ich davon trinke, auch exakt so an.

Ich ziehe mir den Schlafsack über den Kopf und lese *Die Schatzinsel*. Ringsumher verwandelt sich die Welt in einen stockdunklen Eisschrank, doch solange ich mich weit weg träume, ist mir warm. Leider geht die Nacht allzu schnell vorbei. Am liebsten würde ich mich umdrehen und wieder einschlafen, aber keine Chance. Ich hänge nun mal am Tropf der wenigen Lebensmittelläden in dieser Region und sollte das Tageslicht nutzen, um weiterzulaufen. Morgen Mittag muss ich in Kautokeino am Supermarkt sein: 45 Kilometer, und davon, dass ich hier herumliege, werden es nicht weniger.

Finnmark heißt die Provinz, die ich jetzt erreicht habe und an deren äußerstem Ende das Nordkap liegt. Sie ist Norwegens flächenmäßig größter Verwaltungsbezirk bei geringster Bevölkerungsdichte. 75 000 Menschen auf 48 000 Quadratkilometern. Mit anderen Worten: Die Gegend ist bestens geeignet, um sich darin sehr, sehr klein und verlassen zu fühlen, besonders mit knurrendem Magen. Immer wieder setze ich den Rucksack ab, öffne das Deckelfach und stopfe mir etwas zu essen in den Mund. Nach etwa zehn Kilometern ist nur noch meine Abendration übrig.

Als der Regen aufhört und die Wolkendecke sich lichtet, nutze ich die Gunst der »Mittagshitze« für eine längere Rast. Ich wage es sogar, die Handschuhe auszuziehen. Wenn ich nicht so großen Hunger hätte, dann wäre das ein absolut perfekter Moment.

Ich wühle in meinem Proviantbeutel. Alles, was ich so reichlich habe, dass ich es nicht für nachher oder morgen aufheben muss, sind Kaffee und Kakaopulver. Warum eigentlich nicht? In einem Bächlein neben mir strömt mehr als genug Wasser vorbei. Wie wäre es also mit einer schmackhaften Eiskaffee-Eisschokoladen-Kombination, so extrastark und extrasüß, dass der Campinglöffel in der Alutasse steht?

Ich muss nicht lange überlegen. Die zu diesem Getränk passende Wohlfühltemperatur bringt die Sonne zwar nicht mehr zustande, aber ein zauberhaftes Licht, das gute Laune macht, kriegt sie doch noch hin. Koffein, Schokolade und ein paar Sonnenstrahlen – manchmal reicht das aus, um einen Hänger zu überwinden. Und plötzlich komme ich wieder richtig flott voran.

69 GRAD NORD
VON KAUTOKEINO NACH ALTA

Durch Kautokeino verläuft der 69. Breitengrad. Den Campingplatz kenne ich bereits, denn hier treffe ich wieder auf meine Berlin-Nordkap-Strecke. Warme Dusche, Steckdose, WLAN, eine Küche mit Backofen ... und der Supermarkt mit einer großen Auswahl an Tiefkühlpizza ist bloß ein paar hundert Meter entfernt. Was will man mehr? Nur eine Waschmaschine gibt es leider nicht. Also lasse ich mich zur vielleicht kühnsten Aktion der ganzen Tour hinreißen: Ich wasche meine Klamotten per Hand und versuche, sie bei sonnigen fünf Grad an der Luft zu trocknen. Wenn man eines lernt auf so einer Wanderung, dann ist es Optimismus.

Als ich vom Einkaufen zurückkomme, hat meine nasse Wäsche trotz Mittagshitze leider noch keinerlei Fortschritt in Richtung trocken gemacht, eher im Gegenteil. Zum Glück bin ich so ziemlich der einzige Gast auf dem Campingplatz. Außer mir parken nur noch zwei Wohnmobile in weiter Ferne. Sieht aus, als hätte ich die Küche für mich allein. Also verteile ich ganz ungeniert meine Klamotten über dem Mobiliar. Hinterher packe ich die Einkäufe aus und verteile ebenso ungeniert ein ganzes Glas Nutella auf einem Paket Weißbrot – Nervennahrung für die nächsten paar frostigen Etappen.

Ein warmer Raum mit Tisch und Stuhl, heißer Kaffee und ein Stück Kuchen. Das reicht vollkommen aus, um mich in einen mehrere Stunden anhaltenden, selbstvergessenen Zustand wunschloser Glückseligkeit zu versetzen. Ab und zu bequeme ich mich zum Heizkörper hinüber, der gerade meine Unterhosen und Socken toastet, und wende sorgfältig die Wäschestücke. Ansonsten vermeide ich jede unnötige Bewegung.

Einfache Dinge wertschätzen, das ist neben Optimismus noch so eine wichtige Erkenntnis meiner Wanderung. Für alles, was nicht selbstverständlich ist, sollte man dankbar sein. Und was ist schon selbstverständlich? Auf 69 Grad Nord zu dieser Jahreszeit so ziemlich gar nichts, außer dass es arschkalt ist.

Kaum liegt Kautokeino hinter mir, kann ich wieder unendlich weit gucken. Nichts hier ist groß genug, um mir die Sicht zu verstellen. Die Bäume haben Strauchformat, und die Höhenrücken, die wie kahle Podeste aus diesen Miniaturwäldern hervorragen, sind so flach, dass der Blick über sie hinweg reicht zu den nächsten und übernächsten und überübernächsten … Dazwischen funkelt hier und da eine silbrig graue Wasserfläche. All das schachtelt sich wie zufällig ineinander, um in der Ferne zu einer einzigen braunen Linie zu verschmelzen. Es fühlt sich an, als schaute ich mit den Augen der Wildgänse über mir auf das Land hinunter.

Entgegen einer weit verbreiteten Annahme ist im nordskandinavischen Herbst nicht alles nur trüb und düster. Ich bin immer wieder erstaunt, wie farbenprächtig diese scheinbar so monotone Landschaft im Abendlicht zu strahlen beginnt. Je höher der Breitengrad, desto mehr Zeit nimmt sich die Sonne zum Untergehen. Anders als am Mittelmeer, ist sie nicht – schwupps – verschwunden, sondern kratzt stundenlang am Horizont und erzeugt dabei ein einzigartiges Spektakel.

Im Norden II

Ein intensives Dämmerungsleuchten senkt sich ganz langsam herab und schmiegt sich der Welt so sanft und eindringlich an, dass selbst die schärfsten Kontraste weich ineinanderfließen. Verhalten schillerndes Gelb tief im Westen geht allmählich in feurig loderndes Orange über, das den gesamten Himmel überzieht. Die Erde nimmt das Licht in sich auf, bis der steifgefrorene Boden unter meinen Füßen zu glühen scheint. Zum Ausklang löst sich durchscheinend wogendes Violett in schleierartige Streifen auf, die wie die Schleppe der letzten Sonnenstrahlen nach und nach hinter den Horizont gezogen werden, um den Sternen Platz zu machen.

Von Nacht zu Nacht wird es kälter. Gegen Morgen friere ich am meisten. Eine Weile verharre ich in einem von Zitteranfällen unterbrochenen Dämmerzustand. Dann zähle ich innerlich bis drei und schäle mich aus dem Schlafsack. Beim Wechsel in die Wanderklamotten muss ich wohl oder übel die eisigen Temperaturen an meine nackte Haut lassen. Doch sobald dieser Augenblick hinter mir liegt, habe ich allen Grund, bester Laune zu sein, denn egal, was heute noch kommt, schlimmer kann es nicht mehr werden.

Kaum bin ich losgegangen, fallen ein paar weiße Flocken vom Himmel. »Leise rieselt der Schnee«, geht es mir durch den Kopf. Zumal die kleineren Seen so früh morgens eine dünne Eisschicht tragen und tatsächlich still und starr vor sich hin ruhen. Hier und da trinke ich ein paar Schluck von dem schmerzhaft kalten Wasser. Überall schmecke, sehe und rieche ich nichts als Kälte, und wenn ich in eine der zugefrorenen Pfützen trete, dann höre ich sie unter meinen Schuhen krachen.

Ich kraxele hinauf auf das Beskades-Gebirge. Düstere Wolkenformationen überlagern den weiten Blick, und schließlich verwandelt heftiger Schneefall die Welt in ein milchig-konturloses Einerlei. Ich sehe immer nur den nächsten Schritt, setze einen Fuß vor den anderen und gebe jede Kontrolle ab. Zuerst habe ich Angst, doch dann gehe ich einfach drauflos, als hielte mich jemand an der Hand, der weiter sehen kann und dem ich bedenkenlos folge.

Auf dieser Reise habe ich gelernt, mich vorm Kleinsein nicht zu fürchten. Im Gegenteil, es beruhigt mich sogar, denn je kleiner ich werde, desto weniger schreckt mich meine eigene Vergänglichkeit. Es ist ein bisschen, als schaute ich in den Sternenhimmel, sähe das Universum in seinen zeitlichen und räumlichen Dimensionen vor mir ausgebreitet und mich mitten darin als verschwindend geringfügigen Punkt auf einer gerade so eben mikroskopisch großen Erde.

Am nächsten Morgen erwache ich unter einer geschlossenen weißen Decke. Richtiger Schnee hat gegenüber Schneeregen einen entscheidenden Vorteil: Gefrorenes Wasser kriegt man leichter von der Plane runter als flüssiges, und so verstaue ich nach einigem Schütteln ein beinahe trockenes Zelt in meinem Rucksack.

Dann stapfe ich los. Oder vielleicht sollte ich sagen, ich humpele los, denn das Leder meiner feuchten Schuhe ist über Nacht steif geworden, sodass die zwei Eisklötze, die früher einmal meine Füße waren, nur sehr notdürftig umschlossen sind. Es ist, als steckte ich mit jedem Bein in einem Eimer, den ich mit dem nächsten Schritt zu verlieren drohe.

Ab und zu halte ich an, um die Schnürsenkel ein klein wenig fester zu ziehen. Erstaunlicherweise funktioniert das tatsächlich, obwohl ich mir beim besten Willen nicht vorstellen kann, wo die Körperwärme herkommt, die meine Wanderstiefel wieder auftauen lässt.

Die größeren Seen sind noch nicht zugefroren und leuchten im hellen Licht des Tages strahlend blau aus dem frischen Schnee hervor. Über mir steht eine ebenso weiß-blau gefleckte, unbewegliche Wolkendecke, deren Muster dem des Bodens zum Verwechseln ähnelt. Erde und Himmel scheinen sich ganz nah zu sein, indem sie sich ineinander spiegeln. Es sieht aus, als schlängelte sich mein Weg genau dort entlang, wo beide aufeinandertreffen.

Im Norden II

Ich sehe mich um und betrachte meine Fußspuren. Durch meine Erinnerung huscht ein Bild vom Strand in Tarifa mit den Abdrücken meiner Sohlen im Sand. Unterschiedlicher könnten sich die ersten und beinahe letzten Schritte meiner Wanderung kaum anfühlen.

Je tiefer ich ins Tal gelange, desto mehr Bodenbewuchs wird sichtbar. Schließlich verschwindet auch das letzte bisschen Weiß, und unten auf Meeresniveau ist wieder Herbst. Es gibt grünes Gras, an den Bäumen hängen Blätter, es riecht nach frischem Heu, und auf den Weiden stehen Kühe und Pferde.

Dann kommt Alta, mit 20 000 Einwohnern für mich die größte Stadt seit Göteborg. Ich laufe auf einem Spazierweg am Fluss entlang und bekomme von der Zivilisation gegenüber lange kaum etwas mit. Meistens rauscht das Wasser direkt neben mir lauter als der Verkehr am anderen Ufer. Die Bäume leuchten golden, und nach den Tagen oben in den Bergen kann ich noch immer nicht recht glauben, was ich sehe. Ein Herbstspaziergang so kurz vorm Nordkap, damit hatte ich nicht gerechnet.

Das eigentliche Zentrum von Alta umgehe ich, aber am östlichen Stadtrand gerate ich doch noch zwischen Häuser und wandere, ganz ungewohnt, an Vorgärten und parkenden Autos vorbei. Schließlich stoße ich auf die E6, und kurz darauf auf ein Schild, nicht irgendein Schild, sondern *das* Schild: »Nordkapp 229 km« – der erste offizielle Hinweis direkt auf mein Ziel. Plötzlich ist der Augenblick des Ankommens nichts Abstraktes mehr, sondern in greifbare Nähe gerückt. Jetzt steht es da, schwarz auf gelb, direkt vor meiner Nase.

Ich bekomme weiche Knie, es läuft mir heiß und kalt den Rücken hinunter, und Tränen schießen mir in die Augen. »Sevilla 50 km«, »Limoges 32 km«, »Hannover 85 km« … – in meinem kleinen Wanderkosmos waren auch das schon Hinweisschilder in

Richtung Nordkap, jedoch sehr indirekte. Um eine Verbindung zu meinem eigentlichen Ziel zu erkennen, musste ich mit einer mehr als gesunden Portion Optimismus um ziemlich viele Ecken denken. Dass die E6 zum Nordkap führt, ist hingegen absolut offensichtlich. Ich bin zweifelsohne auf der Zielgeraden.

Die Luft fängt an, salzig zu schmecken. Wenig später stehe ich auf einem Parkplatz mit Zugang zum Strand. Das Nordmeer! Die Sonne über dem Fjord, deren fahles Orange sich hier und da durch die graue Wolkendecke kämpft, ist dieselbe, die damals an meinem allerersten Abend im Mittelmeer versunken ist. Wann war das, in einem anderen Leben? Ein bisschen fühlt es sich so an, doch ebenso gut könnte es gestern gewesen sein. Ich ziehe die Handschuhe aus und berühre den Saum einer anbrandenden Welle. Das Wasser ist eigentlich auch dasselbe, geht es mir durch den Kopf, denn die Meere sind ja miteinander verbunden.

Ungläubig starre ich auf meine Füße in den dreckigen Schuhen. Ich wackle mit den Zehen, wie um mich davon zu überzeugen, dass das, was ich da sehe, wirklich zu mir gehört. Auf diesen zwei Beinen will ich quer durch Europa gelaufen sein? Ich bin doch bloß ein Träumer, der gern spazieren geht – und nun überschreite ich den 70. Breitengrad!

70 GRAD
VOM ALTAFJORD BIS AN DIE BARENTSSEE

Die Autos, die an mir vorbeidüsen, schaffen es heute noch bis ans Nordkap. Na und? Für mich ist der Weg das Ziel und jeder Augenblick ein kleines Ankommen. Reisen muss nicht bedeuten, dass ich von einem Highlight zum nächsten rase und alles dazwischen nur lästige Distanz ist. Ich will mich immer genau an dem Ort wohlfühlen, an dem ich gerade bin, und in jeder Sekunde unterwegs etwas Besonderes erkennen.

Ich schaue mir ein unscheinbares Pflänzchen Schafgarbe im Straßengraben so lange an, bis ich es als spektakuläre Sehenswürdigkeit empfinde. Mir muss niemand sagen, was eine Reise wert ist, denn beim Wandern ist alles eine Reise wert. Das ist der unwiderstehliche Zauber der Langsamkeit.

Die E6 entfernt sich vom Meer und windet sich bis in den Nachmittag hinein unerbittlich bergauf. Mit Einbruch der Dämmerung erreiche ich die Hochebene Sennalandet, und der Weg verläuft endlich wieder eben. Ich laufe bis zum letzten Sonnenstrahl. Der Himmel leuchtet lange nach, und obwohl im Osten schon erste Sterne aufgehen, reicht die Sicht nach Westen noch erstaunlich weit über die dunkler werdenden Silhouetten der Gebirgsketten hinweg.

Nachts kommt Wind auf und rüttelt gegen Morgen zusammen mit peitschenden Regengüssen heftig am Zelt. Mit Ach und Krach gelingt es mir, meine Behausung abzubauen und die wild flatternde Plane so weit zu bändigen, dass sie in den Rucksack passt. Windstärke sechs auf einer baumlosen Hochebene, das wirkt wie ein Föhn, ein kalter zwar, aber er sorgt sehr erfolgreich dafür, dass kein Regentropfen lange auf mir liegen bleibt. Verblüffenderweise werde ich nicht einmal richtig nass.

Die Weihnachtsmannmatte unter meinem Kinn ist mittlerweile lang genug, um verlässlich die Windrichtung anzuzeigen. Dass der momentane Föhn von vorne kommt, wüsste ich allerdings, auch ohne auf meinen Bart hinabzuschielen. Hätte ich Rückenwind, wäre ich in wenigen Stunden am Ziel. So hingegen sind die Kilometer hart erkämpft, und ich bin froh, als ich endlich ins Repparfjorddalen absteige, wo der Wind deutlich abflaut.

In dem Örtchen Skaidi wartet eine Tankstelle auf mich, und es winken ein paar Zusatzkalorien. Ich esse nicht direkt neben den

Zapfsäulen, sondern ein paar Kilometer weiter im Birkenwald. Auf dem Boden zu sitzen, mit dem Rücken an einen Baumstamm gelehnt, das ist für mich Normalität geworden. Es fühlt sich kein bisschen unbequem an, auch nicht bei Nieselregen. Im Gegenteil, es hat etwas angenehm Vertrautes. Lange Zeit musste ich mir einreden, dass der Weg mein Zuhause sei. Jetzt ist das tatsächlich so, und ich kann mir kaum vorstellen, wieder drinnen am Tisch mit Messer und Gabel zu essen. In einer Woche bin ich am Nordkap, dann ist das alles hier vorbei. Mal freue ich mich darauf, dann wieder will ich es absolut nicht wahrhaben.

Die Straße führt bergab in Richtung Barentssee. Im Schein der Dämmerung breitet sich eine sanft hügelige, von silbrig schillernden Wasserarmen durchzogene Sumpflandschaft vor mir aus. Am Ufer eines Sees schlage ich auf einer etwas erhöhten, trockenen Lichtung mitten im weichen Heidekraut mein Zelt auf. Hier und da zwischen den Bäumen liegen Rentiere, nicht ganz nah, aber doch so, dass sich ihre Silhouetten deutlich erkennbar vor dem glasklaren Abendhimmel abzeichnen. Vom Wasser her ist dann und wann ein leises Gluckern oder Platschen zu hören. Ansonsten ist es kalt und still.

Als ich morgens den Reißverschluss aufziehe, erhebt sich eine Ahnung von Sonne über den Horizont, um sich nach einigen Kilometern tatsächlich zu wolkenlosem Bilderbuchwetter zu mausern. Plötzlich macht die Straße eine scharfe Kurve, und unter mir blitzt die Barentssee auf. Ich muss daran denken, wie am 5. Januar die Straße von Gibraltar hinter mir verschwand. Zu Fuß vom südwestlichsten zum nordöstlichsten Meer Europas! Nordkap, ich komme!

Olderfjord ist meine letzte Campingplatz-Station. Ich werde hier nichts weiter tun als Faulenzen und Auftanken für den ultimativen Endspurt. Zunächst steuere ich den kleinen Dorfladen an. Die frisch gebackenen Waffeln mit Käse schmecken noch genauso gut wie damals, als ich von Berlin zum Nordkap gewandert bin.

Der Campingplatz liegt direkt am Meer. Jetzt, in der absoluten Nachsaison, bin ich völlig allein. Waschmaschine, warme Dusche, WLAN und Waffeln – so verbringe ich einen sehr erholsamen Nachmittag am Strand. Noch 130 Kilometer. Morgen beginnen die letzten zwei Prozent der Strecke.

Ich zweige von der E6 auf die E69 ab, die kaum mehr woanders hinführt als zum Nordkap. Im Sommer ist hier halb Europa unterwegs, doch so spät im Jahr überholen mich nur ganz vereinzelt ausländische Kennzeichen. Die meisten Nummernschilder sind einheimisch, allerdings wäre bei einem Menschen pro Quadratkilometer selbst dann, wenn sämtliche Bewohner gleichzeitig vorbeikämen, nicht mit allzu viel Verkehr zu rechnen.

Die E69 ist eine atemberaubend schöne Küstenstraße. Teils fällt das Land so steil ins Meer, dass die Fahrbahn in den Fels geschlagen ist, teils bleibt zwischen Bergen und Wasser ein schmaler, ebener Streifen, der Platz bietet für weiße Sandstrände, ein paar Holzhäuschen, ein wenig Fjällvegetation und die allgegenwärtigen Rentiere.

Bucht für Bucht und Landzunge für Landzunge schlängele ich mich vorwärts. Im Gegensatz zu gestern ist der Himmel nicht mehr andalusisch blau, sondern eher skandinavisch grau. Neben mir rauscht die Barentssee, und manchmal spritzen die anbrandenden Wellen hoch auf. Vier Tage noch darf ich in unbeschwerter Langsamkeit vor mich hin träumen, und dann? Wieder einmal geht mir die Frage durch den Kopf, was nach der Tour werden soll.

Ich fürchte mich vor dem Ende meiner Reise, aber willkommen ist es mir dennoch. Es gehört dazu und muss dazugehören. Jeder Schritt ist Abschied und Neubeginn zugleich, denn eins ist ohne das andere nicht zu haben.

Wahrscheinlich bin ich unheilbar genug mit dem Wandervirus infiziert, sodass ich, so lange ich irgend kann, immer wieder losziehen werde, doch bedeuten mir die Jahre zwischen den Touren mindestens ebenso viel wie das Unterwegssein selbst. Kostbare Erinnerungen entstehen nicht, während man noch mitten drinsteckt, sondern im Prozess der Verarbeitung aus der Distanz und Rückschau. Sie brauchen Zeit zum Wachsen, und wenn sie groß geworden sind, dann muss man sie pflegen und bewahren, indem man in ihnen schwelgt und es sich dabei gut gehen lässt. Erst das Wandern im Nachhinein in Gedanken formt aus all den vergänglichen Augenblicken, die mir gegenwärtig Schritt für Schritt durch die Finger rinnen, etwas, das für immer in meinem Kopf lebendig bleibt.

Der Skarvbergtunnel ist mit 2920 Metern der kürzeste von drei langen Tunneln, die mir in den nächsten Tagen bevorstehen. Schon auf meiner Wanderung von Berlin zum Nordkap hat mich das Tunnelwandern einige Überwindung gekostet, und diesmal ist es nicht anders. Nur begegnen mir jetzt in der Nachsaison deutlich weniger Autos, im Tunnel sogar kein einziges, ich bin die ganze Zeit über vollkommen allein.

Von den Wänden kommt reichlich Wasser herunter, manchmal bilden sich richtige kleine Bäche, und ein Widerhall aus Tröpfeln, Plätschern und Strömen erfüllt den Felsen mit unheimlichen Lauten. Es klingt wie ein Gebrabbel unverständlicher Stimmen, das mich – mal leiser, mal lauter – von allen Seiten umgibt.

Die Beleuchtung ist spärlich. Zumindest aus Fußgängerperspektive sind die Abstände zwischen den Lampen unter der Decke entschieden zu groß. Immer wieder laufe ich durch ziemlich schummerige Abschnitte. Ich blicke stur geradeaus, rechts und links die zerklüftete Felswand, die bizarre Schatten auf den feuchten Asphalt wirft. Vor mir gelbliche Funzelbeleuchtung und das fahle Glänzen riesiger Pfützen, so weit die nächste Lampe reicht, dann wieder Dunkelheit.

Als ich endlich den Ausgang erreiche, kommt mir das hereinströmende Licht sehr hell vor. Unwillkürlich muss ich blinzeln, als zöge ich an einem strahlenden Sommermorgen die Gardine zurück. Meine Augen brauchen ein paar Sekunden, bis sie begreifen, dass sie in einen bedeckten Herbsttag hineinblicken, der obendrein bereits auf den Abend zugeht.

Ich übernachte auf einem Felsvorsprung hoch über der Barentssee. Hier und da haben sich krautig bewachsene Flecken zwischen die Steine gemogelt, und so finde ich einen Platz, an dem ich weich liegen und das Zelt vernünftig verankern kann – ein Zimmer mit Meerblick sozusagen.

Es ist zugig, regnerisch, wild und rau. Zwischen weiß schäumenden Wellenkämmen tauchen die Flossen von Schweinswalen auf und ab. Mantelmöwen kreisen durch die diesige Luft und stoßen ihre tiefen, krächzenden Schreie aus. Heute Nacht soll es schneien, mal sehen. Zur Szenerie würde es jedenfalls passen. Und wenn Eisberge in den Fjord geschwommen kämen, würde mich das kaum wundern.

Am nächsten Morgen weht mir ein schneidend kalter Wind entgegen, und auf den Höhenrücken ringsum liegen kleine, weiße Häubchen. Vielgestaltig und in rascher Folge wälzen sich Wolkenberge über den Himmel. Erste Strahlen der sich aus dem Meer erhebenden Sonne bringen die stürmisch zerzauste Wasseroberfläche zum Glänzen. Das glühende Licht des emporkommenden Tages steht zum klirrenden Stahlgrau der Wellen in faszinierendem Kontrast. Die Farben prallen unsanft aufeinander, ohne sich im Geringsten zu vermischen. Wenn Bilder Töne machen könnten, dann wäre das hier ein schrecklich schrilles Quietschen, wie von Messern, die in Glas ritzen.

Ich frühstücke mit atemberaubendem Ausblick auf dieses Spektakel aus Feuer und Wasser. Die Welt gibt sich ebenso anziehend prächtig wie abweisend kalt. Obwohl ich nach kurzer Zeit festzufrieren drohe und ein dumpf-tauber Schmerz meine unbeweglichen Hände und Füße hinaufkriecht, kann ich mich nicht recht trennen von meinem Logenplatz. Loszugehen ist wohl die einzige Möglichkeit, wieder Gefühl in die Zehen zu bekommen, überlege ich mir, ganz langsam, als handele es sich um einen hochkomplexen, schwerverständlichen Gedankengang. Ich packe den Proviantbeutel ein und schultere den Rucksack, alles in Zeitlupe. Dann stehe ich wieder unschlüssig herum und starre in den Sonnenaufgang. Auch mein Hirn scheint auf Energiesparmodus runtergekühlt zu sein.

Es beginnt zu schneien. Ich bahne mir meinen Weg durch die tanzenden Flocken, singe vor mich hin, damit auch mein Gesicht in Bewegung bleibt, mache die Fäuste auf und zu, wedele mit den Armen und bin froh, dass auf der leeren Straße genug Platz ist für diesen Frostschutztanz.

Eine aufmunternde, schwarz-gelbe Zwischenstandsmeldung verkündet: »Nordkapp 98 Kilometer.« Ich laufe zweistellig! Jetzt kann mir nichts und niemand mehr die Laune verderben, soll doch das Wetter machen, was es will. Solange ich noch flüssiges Trinkwasser finde, ist alles im grünen Bereich.

30. September. Ich starte in meine vorvorletzte Etappe. Zwar ist es auch heute nicht warm, aber es sieht wenigstens so aus: Die Polarsonne klettert in einen beinah azurblauen Himmel empor – als wollte sich die Gegend zum Abschied noch einmal von ihrer andalusischsten Seite zeigen. Ich gehe direkt am Strand entlang und liege sogar einen Moment im weißen Sand, wenn auch nur einen kurzen. Doch was unterm Strich zählt, sind die schönen Augenblicke, und das hier ist einer – voller Seeluft und Wellenrauschen.

Zurück auf der Straße passiere ich den nächsten Zwischenstand: »Nordkapp 68 Kilometer.« Ein paar Schritte noch, dann beginnt das letzte Prozent meines Weges. Vom südlichsten bis zum nördlichsten Punkt Europas sind es eigentlich nur 300 ausgedehnte Spaziergänge von knapp 22 Kilometern Länge. Hört sich gar nicht so viel an, jedenfalls nicht an einem Tag wie heute, an dem einfach alles stimmt: Sonnenschein, herrliche Landschaft und dann auch noch Zimtschnecken. Ja, tatsächlich Zimtschnecken, und zwar wie aus dem Nichts.

Ein Auto kommt mir entgegen. Die Leute winken und halten an. Es sind Franzosen. Sie sagen, sie hätten mich gestern schon gesehen, als sie auf dem Weg zum Nordkap waren, und gehofft, mich heute auf dem Rückweg ein zweites Mal zu treffen.

Mit den Worten »un petit cadeau«, ein kleines Geschenk, reichen sie mir eine Tüte Zimtschnecken aus dem Wagenfenster. Die hätten sie gerade eben frisch in Honningsvåg gekauft. Dann fragen sie neugierig nach meiner Tour und können gar nicht fassen, dass ich so weit gewandert bin. Von Frankreich aus mit dem Auto bis hier hoch, das sei ihnen schon weit vorgekommen, aber von Spanien und zu Fuß, das sei »incroyable«.

Incroyable – unglaublich, geht es mir durch den Kopf, während ich weiter die Straße hinunterschlendere. Meine Füße bewegen sich unverdrossen Schritt für Schritt vorwärts. Eigentlich ist vollkommen offensichtlich, wie ich hierhergelangt bin, doch begreifen kann ich es trotzdem nicht, noch nicht. Vielleicht wird es mir gelingen, wenn ich übermorgen am Nordkap stehe. Übermorgen!

Ich setze mich an den Straßenrand und beiße in eine Zimtschnecke. Sie ist noch warm. Ich kaue ganz langsam – incroyable! Ich kann kaum glauben, was ich da esse. Es ist schwer zu entscheiden, was sich in diesem Augenblick unwirklicher anfühlt, dieses abstrakte »Übermorgen«, das mir schwindelerregend durch den Kopf wirbelt, oder der Geschmack von frisch gebackenen Zimtschnecken auf der Zunge.

»... gerade eben in Honningsvåg gekauft.« Die haben das gesagt, als wäre es das Normalste von der Welt. Für mich jedoch ist es wie ein Traum, aus dem ich jederzeit erwachen könnte, mit einem Päckchen zerkrümelter Kekse in der Hand.

Honningsvåg erscheint mir im Moment noch unerreichbar weit weg, obgleich ich nur den Blick über den Magerøyasund schweifen lassen muss, um den Ort am anderen Ufer liegen zu sehen. Mit dem Auto dauert das keine halbe Stunde. Für mich sind es dreißig Kilometer und zwei verdammt lange Tunnel.

Die zweite Zimtschnecke packe ich ein für später. Die gibt's erst, wenn ich den Nordkaptunnel hinter mich gebracht habe – zur Belohnung. Als ich mich dem Eingang nähere, rutscht mir ganz schön das Herz in die Hose. Ich hab's nicht so mit engen Räumen, schon gar nicht, wenn sie 6870 Meter lang sind und unter dem Meer hindurchführen.

Gerade will ich alle Angst hinunterschlucken und mutig ins Dunkel abtauchen, da höre ich ein schnarrendes Fiepen. Nicht sehr laut, aber laut genug, als dass sich mein Hirn nicht davon abbringen lässt, es als potenziellen Alarmton zu interpretieren, und anfängt, lebhafte Fantasien von Feuer, Autounfall oder Wassereinbruch zusammenzuspinnen.

Aus der Belohnungsschnecke im Nachhinein wird eine Beruhigungsschnecke vorweg. Zimtschnecken helfen gegen einfach alles! Kaum habe ich den ersten Bissen im Mund, entspannt sich mein Herzschlag, und ich kann wieder klar denken. Ich beschließe, so lange zu warten, bis der Tunnel ein unversehrtes Auto ausspuckt, sozusagen als Beweis dafür, dass da drinnen alles in Ordnung ist.

Gut zwanzig Minuten später ist es so weit, ein Tanklaster rollt an mir vorbei – mein Startsignal. Ich gehe da jetzt rein, bevor ich an der Leitplanke festfriere. »Lächeln«, ermahne ich mich und verziehe krampfhaft die Mundwinkel.

Das mysteriöse Geräusch ist immer noch da, doch tiefer im Tunnel wird es wenigstens leiser. Nach ein paar hundert Metern kommt mir die rettende Antipanikidee. Der Nordkaptunnel ist in Metern etwa so lang wie meine Wanderung in Kilometern. Auf der Felswand neben mir sind in regelmäßigen Abständen Zahlen notiert, die die wachsende Entfernung vom Eingang angeben. Ich lasse meine Tour im Schnelldurchlauf Revue passieren mit dem sagenhaften Tempo von knapp zwei Kilometern pro Sekunde. So bin ich auf wunderbare Weise abgelenkt, und nur noch meine Füße sind hier im Tunnel, mein Kopf schwelgt in Erinnerungen.

Ich denke an die Palmen und Orangenbäume, die rötlich staubigen Endloswege durch die spanische Meseta, an pittoreske französische Städtchen, an den absurden Baguetteautomaten, die Porta Nigra in Trier und den Schnee im Sauerland.

Dann erreiche ich den tiefsten Punkt, 212 Meter unter der Barentssee, doch in meinen Gedanken ist Frühling in Schleswig-Holstein: Rapsblüte, Kuhweiden und Schäfchenwolken. 3725 Meter – langsam geht es aufwärts: Dänemark mit noch mehr Kuhweiden und Kornfeldern voller Mohnblumen, die Ostsee, Göteborg, Wälder, Seen und rote Holzhäuschen.

Zehn Prozent Steigung. Da passt es perfekt, dass ich noch einmal auf den Helags hinaufkraxele. An einem brütend heißen Sommertag in Jämtland stolpere ich über meine eigene 5000, die plötzlich aussieht, als hätte jemand anders sie in die Schotterpiste geritzt. Ich überquere erneut den Polarkreis, in Finnland ist wieder Indian Summer, und dann bin ich auch schon im Hier und Jetzt. Ein paar Schritte später kommt die 6575 – übermorgen! Das Nordkap! Ich laufe weiter aufs Meer hinaus in Richtung Nordpol ... und da, endlich, endlich sehe ich Licht. Die Tunnelöffnung spuckt mich aus, Kopf und Füße finden wieder zusammen, und ich bin auf Magerøya.

Ich übernachte an derselben Stelle wie vor knapp drei Jahren. Etwa zwei Kilometer jenseits des Tunnelausgangs, auf den Bergen über der Straße, mit Blick aufs Meer. Es ist beruhigend, an die Orte von damals zurückzukehren oder auch einfach nur an ihnen vorbeizulaufen und zu wissen, dass es sie gibt. Ich empfinde Sicherheit dabei, Vertrauen und Geborgenheit, als käme ich nach Hause. Es ist wundervoll zu erleben, dass man dieses Gefühl nicht nur einem Raum zwischen vier Wänden, sondern auch einem Platz in der Natur entgegenbringen kann.

71 GRAD NORD
VON HONNINGSVÅG ZUM NORDKAP

Die Sonne steht so tief, dass sie selbst am helllichten Tag noch meterlange Schatten wirft. Vor dem Hintergrund eines aufgewühlten Himmels umgibt die scharf konturierten, schwärzlichen Bergmassive ein zwielichtiger Glanz. In den unteren Lagen sind die Hänge von einer robusten, krautigen Pflanzendecke überzogen. Dürres Gras biegt sich im Wind. Ansonsten ist es felsig.

Übersetzt bedeutet Magerøya »karge Insel«, und der Name ist Programm. Die Baumgrenze liegt bei null, anders ausgedrückt: Es gibt keine Bäume. Sogar die Birke, die, wenn auch in strauchförmigem Miniaturformat, bis über die siebzig Grad hinaus tapfer durchgehalten hat, ist verschwunden.

Es ist stürmisch. Düstere Wolkenformationen spucken von Zeit zu Zeit einen Schwall Hagelkörner über mir aus, die wie winzige Nadeln auf mich niederprasseln, manchmal so heftig, dass ich mich am Straßenrand zusammenkauern und mir die Hände vors Gesicht halten muss. Unter diesen Umständen entfaltet der Honningsvåg-Tunnel ganz neue Qualitäten: Knapp viereinhalb erholsame Indoorkilometer – vielleicht komme ich doch noch auf den Geschmack des Tunnelwanderns.

In Honningsvåg tätige ich auf 71 Grad Nord in einem der wohl nördlichsten Supermärkte der Welt den letzten Einkauf meiner Tour. 31 Kilometer noch, dann ist Europa zu Ende.

Jenseits des Skipsfjord geht es in steilen Serpentinen aufwärts. Tief unter mir schmiegt sich die stahlblaue See an ein zerklüftetes Ufer aus graubraunem Gestein. Zum Wassersaum hin ist der Boden noch spärlich bewachsen und sieht aus wie mit olivgrünem Samt bespannt. Weiter oben werden aus mäßig ansteigenden Hängen schroffe Steilwände. Bergketten schachteln sich ineinander, umfassen ringförmig eingeschnittene Buchten und reichen als schmale zungenförmige Halbinseln bis weit aufs Meer hinaus, wo in den aufspritzenden Fluten einzelne Felsen liegen, die aus dieser Perspektive winzig wirken, als hätte ein Riese sich den Scherz erlaubt, ein paar Kieselsteine hinabzuwerfen.

Der Wind fegt völlig ungebremst über mich hinweg und macht es mir zusehends schwerer, mich auf den Beinen zu halten. Höchste Zeit, in die horizontale Position zu wechseln. Die Frage ist nur: Wie soll ich unter diesen Bedingungen mein Zelt aufbauen?

Auf einer baumlos ins Nordmeer vorspringenden Insel sind hohe Windstärken kein seltenes Phänomen. Vor drei Jahren wehte selbst Anfang August ein ordentliches Lüftchen. Damals waren viele Rentiere auf Magerøya, die sich in den Tälern an ganz bestimmten Punkten aufhielten und mir dadurch erstaunlich verlässlich gezeigt haben, wo der Sturm nicht ganz so sehr pfeift.

Es gelingt mir, meinen ehemaligen Schlafplatz wiederzufinden. Tatsächlich ist der Wind hier deutlich schwächer. Nur Rentiere sind keine da. Vermutlich haben sie die Insel bereits verlassen, denn sie weiden nur im Sommer auf Magerøya. Im Herbst schwimmen sie zurück aufs Festland.

Schlaftrunken ziehe ich den Reißverschluss auf. Flocken wirbeln durch die Luft, und eine weiße Schicht bedeckt den Boden rund ums Zelt. Jetzt oder nie, geht es mir durch den Kopf, das Nordkap ruft, und ich komme da heute an! Noch 23 Kilometer. Das nahende Ziel entfaltet eine Art Sogwirkung, die dazu führt, dass ich völlig ohne Heulen und Zähneklappern die Klamotten wechsele und meinen Kram zusammenpacke.

Der Beginn meiner letzten Etappe führt über das Gråkallfjäll, die höchste Erhebung auf Magerøya. Besonders schnell voran komme ich nicht, denn die Straße ist unter der dünnen Schneedecke spiegelglatt. In Kombination mit dem heftigen Wind führt das dazu, dass ich mich streckenweise an der Leitplanke entlanghangeln muss, um nicht von der Fahrbahn gefegt zu werden.

Das Nordkaphaus schließt um fünfzehn Uhr. Ich wäre gern rechtzeitig da, um mich aufzuwärmen, Wasser nachzufüllen, das Handy zu laden und mich am Luxus einer Toilette zu erfreuen. Merkwürdigerweise denke ich fast mehr an diese eigentlich nebensächlichen Annehmlichkeiten als daran, dass ich heute an den unwiderruflichen Endpunkt meiner Wanderung gelange. Es kommt mir vor, als näherte ich mich bloß irgendeinem Zwischenstopp mit ein wenig Zivilisation.

Weiter unten sind die Wetterbedingungen weniger hart, und das Gehen fällt leichter. Die letzten Kilometer erlebe ich sogar im Sonnenschein. Ich laufe mechanisch, wie aufgezogen, Schritt für Schritt, die Stöcke klackern auf dem Asphalt, mein Rhythmus, meine liebgewonnene Langsamkeit seit neun Monaten.

Ganz zum Schluss führt der Weg noch einmal kräftig bergan, denn das Nordkap ist ein 307 Meter aus dem Meer aufragender Felsen. Als ich endlich über alle Hügelkuppen hinwegblicke, ist mein Ziel zum Greifen nah. 500 Meter verkündet ein Schild, und plötzlich gehe ich ganz langsam. Unter meinen Füßen beginnt der Boden zu schwanken, so als dürfte es ihn gar nicht geben. Für einen Augenblick verschwimmt die Welt vor meinen Augen und fühlt sich sehr unwirklich an. Was, wenn ich jetzt aufwache und alles nur ein Traum war? Ich ziehe den Jackenärmel hoch und kneife mich in den Unterarm. Nichts passiert. Ich bin und bleibe auf dem letzten halben Kilometer Europa.

Das Plateau rund ums Nordkaphaus ist verschneit. Auf dem Parkplatz stehen ein paar einsame Autos. Ich fühle mich merkwürdig leer. Dem Pförtner am Eingang erzähle ich in beinahe gleichgültigem Tonfall, wo ich herkomme. Die Situation ist so unbegreiflich für mich, dass ich nicht die leiseste Ahnung habe, was ich empfinden soll.

Ich bin eine kleine Sensation, die rasch die Runde macht. Anerkennende Kommentare, ein bisschen Klatschen, scherzhaft angedeutete Verbeugungen, und ich grinse dazu – hohl, aufgesetzt und irgendwie dämlich. Was habe ich denn schon getan? Ich bin doch nur ein bisschen spazieren gegangen.

Draußen auf den Klippen am Metallglobus, dessen Bild seit Tarifa in meiner Vorstellung herumgeistert, bin ich wieder allein. Ich schaue aufs Meer hinaus. Noch 2093 Kilometer bis zum Nordpol. Am 4. Januar habe ich an der Straße von Gibraltar gesessen mit Blick auf die afrikanische Küste. Heute ist der 2. Oktober, und dennoch erinnere ich mich an den Beginn meiner Wanderung so lebhaft, als wäre ich noch immer dort. Ich muss nur die Augen schließen, und schon habe ich die Sonne im Gesicht und spüre unter mir den warmen Sand am Strand von Tarifa.

Ich hätte noch Kraft, ein paar Kilometer zu wandern. Schließlich waren das heute erst 23 und damit eine eher kurze Etappe. Doch der Weg ist zu Ende und vor mir nur noch Wasser, so weit das Auge reicht. Seit Anfang des Jahres mache ich nichts anderes, als nach Norden zu laufen, und nun geht das plötzlich nicht mehr. Ich bin wie aus den Schienen gesprungen, ausgesetzt, liegen gelassen, weggeworfen.

Ich muss schluchzen, und Tränen rinnen über meine Wangen. Mich überwältigt ein wilder Mix aus sich widersprechenden Gefühlen: Wehmut, Freude, Trauer, Erleichterung, Angst, Dankbarkeit, Stolz, Ratlosigkeit, Glück und noch viel mehr.

Zwei Besucher nähern sich dem Globus. Verstohlen wische ich mir mit dem Handschuh über das Gesicht. Die beiden sind Spanier, so schließt sich der Kreis. Sie sprechen kein Englisch, aber dass sie es kalt finden, verstehe ich trotzdem.

»Frío, frío«, sagen sie immer wieder, verschränken die Arme vor der Brust und ziehen die Schultern hoch.

»Sí, sí«, erwidere ich und ziehe ebenfalls die Schultern hoch, obwohl mir gar nicht kalt ist.

In einer Senke südlich des Nordkapplateaus schlage ich mein Zelt auf. Das Meer sehe ich auch von hier, doch nicht mehr aus 307 Metern Höhe, sondern nur wie durch ein Fenster zwischen den Felsen und Hügeln hindurch, die mir den Sturm vom Leib halten. Ist das jetzt die letzte Nacht auf oder schon die erste nach meiner Tour? Wie dem auch sei, ich bin tatsächlich angekommen!

Ich poste und schreibe eine Weile, in der Hoffnung, dadurch besser zu verstehen, dass ich wirklich am Ziel bin. Immer mehr Glückwünsche trudeln ein. Ich bin überwältigt, wie viele Menschen an mich gedacht und meine Tour mitverfolgt haben, sogar Menschen, die ich gar nicht persönlich kenne.

Lange am Stück schlafen kann ich nicht. Ich bin viel zu aufgeregt, völlig aus dem Takt und irgendwie außerhalb der Zeit. Ich nicke ein, wache auf, esse ein bisschen, schreibe weiter, nicke wieder ein, esse noch mal, und so geht es bis zum Morgen. Nach dem Frühstück stehe ich erneut auf dem Parkplatz vorm Nordkaphaus, ein bisschen wie bestellt und nicht abgeholt. Laut Internet soll es einen Bus nach Honningsvåg geben. Fröstelnd schaue ich nach Süden, verschneite Berge, so weit das Auge reicht, im Osten und

Westen klatscht der Ozean gegen die Felsen. Ein Bus ist nirgends zu sehen.

Ich gehe zum Pförtnerhäuschen. Der Typ von gestern schüttelt bedauernd den Kopf. Der Bus sei schon die letzten Tage nicht mehr gekommen, er wisse auch nicht genau, wieso, wahrscheinlich wegen des kalten Wetters und der fehlenden Nachfrage.

Was nun? Ich schlendere zwischen den Autos umher. Vielleicht gibt es ja jemanden, der mich mitnehmen kann. Groß ist die Auswahl nicht. Ein PKW aus Köln und ein Campingmobil aus Heidelberg. Der PKW ist ziemlich klein, die haben vielleicht gar keinen Platz für mich samt Rucksack. Aber mit dem Campingmobil könnte es klappen, und fragen kostet schließlich nichts.

Volltreffer! Die unendliche Glückssträhne, die mich von Tarifa bis hierher begleitet hat, reißt noch immer nicht ab. Sabine und Sven sind supernett, wollten sowieso gerade los und können mich mitnehmen.

Kaum bin ich eingestiegen, rumpeln wir vom Parkplatz, ich lasse das Nordkap hinter mir zurück und bin auf dem Weg nach Süden. Nur zwei Stunden später erreichen wir den Campingplatz in Olderfjord, wo ich vor sechs Tagen zum Endspurt aufgebrochen bin. Wahnsinn, wie schnell das mit dem Auto geht!

Ich brauche unbedingt noch ein paar von den leckeren Käsewaffeln. Also mache ich einen Abstecher zum Supermarkt. Hinterher bummele ich über die stockfinstere Landstraße zu meinem Zelt und lasse es mir so richtig schmecken. Doch nach ein paar Bissen habe ich schon wieder diesen ekligen Bart zwischen den Zähnen. Jetzt reicht es!

Bis hierher habe ich sämtliche Nachteile meines Hiker-Bartes tapfer ignoriert, denn er gehörte einfach dazu. Wer quer durch Europa läuft, der sollte auch so aussehen. Doch nun ist Schluss damit. Ich bin angekommen und kann mir die Matte aus dem Gesicht nehmen, und zwar jetzt!

Ich mache auf dem Absatz kehrt und gehe zurück in den Laden. Als ich das Rasierzeug auf das Kassenband lege, kann sich die Verkäuferin ein Grinsen nicht ganz verkneifen. Ich muss ebenfalls lachen.

Im Waschraum des Campingplatzes stelle ich mich vor den Spiegel und lege los. Dieses Ding abzumachen ist wie ein Signal an mich selbst, damit ich begreife, dass meine Tour wirklich vorbei ist. Zwar ist es leichter gesagt als getan, mein Gesicht wieder freizulegen, und ganz unblutig schaffe ich es nicht, doch das Massaker hält sich in Grenzen, und das Resultat ist okay.

Im Zelt ist mir ganz schön kalt um Kinn und Wangen herum, und ich muss mir das Buff bis zur Nase hochziehen. Wie eine dicke Raupe liege ich im Schlafsack und bestaune das Nordlichtspektakel, das der Himmel über der Barentssee zu bieten hat. Meine letzte Nacht im Freien, geht es mir durch den Kopf, während ich auf die grünlich wabernden Wellen und Wirbel dort oben zwischen den Sternen starre. Noch einmal spüre ich die Erde direkt unter mir. Ich fühle mich geborgen in undurchdringlicher Stille und allumfassender Finsternis. Die eisige Luft senkt sich schwer herab und wiegt mich in den Schlaf. Ich lasse alles los, viel beruhigter, als ich es in geschlossenen Räumen jemals könnte.

Mein Zelt steht am selben Platz wie vor sechs Tagen. Alles sieht genauso aus, und doch ist es ganz anders. Damals, vor einer gefühlten Ewigkeit, war ich dabei, Altes zu vollenden. Jetzt stehe ich im Begriff, Neues zu beginnen. Was genau, weiß ich noch nicht, doch ich vertraue darauf, dass es gut wird.

DANK

Beim Schreiben dieses Buches durfte ich meine Wanderung auf wunderbare Weise noch einmal neu erleben. Ich danke meiner Lektorin Susanne Kiesow für unzählige wertvolle Ideen und Hans Peter Buohler für die großartige Möglichkeit, im Knesebeck Verlag zu veröffentlichen.

Während ich auf Wanderschaft war, habe ich Geld für ein Wiederaufforstungsprojekt im Senegal gesammelt. Ein Euro = ein Kilometer = ein Baum, das war die Idee. Eure Spendenbereitschaft war überwältigend! Gemeinsam konnten wir das ursprüngliche Ziel um einige hundert Bäume übertreffen. Ich danke euch für eure Großzügigkeit und der Naturfreundejugend e.V. in Berlin für die engagierte Betreuung der Aktion.

Ich danke meinem Mann Martin, der meine lange Abwesenheit stets liebevoll erduldet hat und nicht müde wurde, mich in Gedanken und immer wieder auch in Person zu begleiten. Ich danke meinen Eltern, Familie und Verwandten, neuen und alten Freunden, Kollegen, den Menschen aus der Martha-Kirchengemeinde, dem Team vom *Wandermagazin* und all denjenigen unter euch, die ich nur flüchtig oder gar nicht persönlich kenne, für euer unermüdliches Interesse an meiner Tour.

Ihr habt mich mit Proviant, neuer Ausrüstung oder motivierenden Nachrichten versorgt, mir unterwegs Gesellschaft geleistet oder mir für eine Nacht ein Zuhause gegeben. Tausend Dank dafür! Auf vielfältige Weise habt ihr mir geholfen, ans Ziel zu gelangen. Immer wieder konnte ich spüren, dass ich nicht allein bin. In meiner Vorstellung habt ihr alle am Wegesrand gestanden und mich angefeuert. Ohne euch hätte ich das nicht geschafft!

Ich packe meinen Koffer …

Reisen – was bis vor Kurzem noch selbstverständlich war und unbedingt dazugehörte, ist auf einmal so weit weg. Daher machen sich nun 25 deutschsprachige Autor:innen auf den Weg – und wir können mit ihnen reisen. Ob erinnerte Reisen, Fantasiereisen, Zeitreisen oder Reisen durch das eigene Zimmer – es sind ganz besondere Postkarten, die wir von ihnen erhalten, anregende, beglückende, gegen den Strich gebürstete, befreiende. Wir reisen mit Weltatlas und Lupe, gehen durch Grenzgebiete und manchmal Wände. Oder verlieren uns einfach zu Hause.

ANSICHTSKARTEN
25 Geschichten über das Reisen
gebunden mit Lesebändchen, 356 Seiten
mit Vignetten von Jörg Hülsmann hg. von Hanna Hesse
€ 25,– [D] | € 25,50 [A]
978-3-95728-509-6

Deutsche Originalausgabe
Copyright © 2021 von dem Knesebeck
GmbH & Co. Verlag KG, München
Ein Unternehmen der Média-Participations

Projektleitung: Hans Peter Buohler, Knesebeck Verlag
Lektorat: Susanne Kiesow, Wiesbaden
Fotografien: Philipp Fuge, Berlin
Grafikelemente: © Shutterstock (Artisticco, Excellent Dream,
Lemon Workshop Design, MongPro, Roman Bykhalov)
Umschlaggestaltung und Layout: Favoritbüro, München
Satz und Herstellung: Arnold & Domnick, Leipzig
Druck und Einband: Livonia Print, Riga
Printed in Latvia

ISBN 978-3-95728-462-4

Alle Rechte vorbehalten, auch auszugsweise.

www.knesebeck-verlag.de